冒険と探検の近代日本

——物語・メディア・再生産

鈴木康史 SUZUKI Koshi 編著

せりか書房

目次

冒険と探検の近代日本——物語・メディア・再生産

はじめに

鈴木康史

異郷《よそ》へ旅したものは往々、正確には真実とは申しがたい事まで、主張しがちなものであります。

『ほらふき男爵の冒険』[1]

冒険者・探検者とは何者なのだろうか。

彼らや彼女ら（以下彼ら）は人の行かないところに行き、人の見ないものを見、人の経験しないことを経験する。冒険者・探検者とは自分しか知らないものを語ることのできる特権的な語り手である。

彼らが前人未踏の地にたどり着いたとき、その風景を知るのは彼らのみである。彼らが誰も為し得なかったことを達成した時、その困難と快楽を知るのは彼らのみである。それゆえに彼らが見てきたものや経験したことは、まずは彼らによって語られる以外にはない。何を語り、何を語らないかは彼らに全面的にゆだねられている。冒険者・探検者とは特権的な贈与者である。

われわれは、そうした冒険者・探検者からの贈与を欲望する。われわれは彼らのおかげで未知の世界に触れることができる。彼らの持ち帰るものはわれわれを感動させる。われわれは彼らを欲望し、消費し、時に模倣する。

冒険者・探検者とは、世界をまなざし尽くそうとするわれわれの代わりに、未知の世界を見て来てくれる人々である。彼らのまなざしはわれわれのまなざしでもある。われわれは、彼らが見たものをあるがままに見たいと思う。彼らの経験を臨場感たっぷりに追体験したいと思い、時にはその嘘にだまされたいとも思う。冒険者・探検者とは、未知のものを未知のままにとどめ置けないわれわれの欲望の代表者であり、そのためには危険を冒してでも未知に踏み出してしまうわれわれの好奇心の代理人なのである。

それゆえに、彼らは、ある時には、見たものをそのままに、客観的に、伝達する透明なメディアであることが求められ、またある時には危険を切り抜けてゆく勇気と知性と身体を持つ生身の人間であることが求められる。時に矛盾するこうした二つの要求を体現する者こそが、すぐれた冒険者・探検者として称賛されることとなる。こうした二つの要素を兼ね備えた冒険記・探検記が高い評価を得ることとなる。

逆に、彼らは大きな非難をあびることがある。われわれの代表者である彼らは、無邪気な旅行者・観光者ではいられない。本当にそこに行ってきたのか、嘘や大袈裟はないのか、無謀な挑戦ではないのか、一獲千金狙いの山師ではないのか。時には国家を、時には人類を、時には個人を代表する彼らは、それゆえに、常にこうした批判にさらされ、自らの真正性を証明せねばならなくなる。もちろん真正性の基準は社会的に共有されているものであり、彼らにどうにかなるものではない。

このように、冒険者・探検者たちはすでに、出かける前から、どこに行き、何を見、何をどのように語るべきか、何をすべきで、何をしてはいけないのかなどの社会的な文脈に規定されている。「国家」の外側に、「文明」の外側に、「制度」の外側に、「システム」の外側に、出ようとする彼らは、しかし結局は帰ってきて、社会のただ中で自らの経験を物語らねばならない。冒険者・探検者は移住者ではない。彼らは帰ってきて、語る人々である。帰って物語らねば、彼らの経験は誰にも伝わらず消え去るのみである。そして、そこで語られる言説や、それに対抗して語られる多くの言説が、その冒険・探検を社会的に意味づけてようやく、その冒険・探検は「冒険・探検」として完結する。さまざまに語られ、流通する数多の言説もまた冒険・探検を構成しているのである。

「アウトロー」、「好事家／ものずき」[2]などと呼ばれることもある冒険者・探検者たちには、あたりまえの生き方を拒み、決められたライフコースから逸脱する人も多い。もちろん彼らは卓越した人物であり、並外れた仕事を為しとげた人々である。だが、並外れていることも、逸脱していることも、また社会の内部でそのようにまなざされ、意味づけられたものである。言葉遊びを許してもらえるなら、彼らは「法外」

な人々であり、「法外」なことを成し遂げるが、しかし「法」の外側に出られるわけではないのである。

本書『冒険と探検の近代日本――物語・メディア・再生産』は冒険・探検研究会による共同研究の成果である。近現代日本を中心に、中国との比較史的視点も加味しながら、冒険・探検がわれわれの社会でいかに語られ意味づけられてきたのかを歴史的に跡付けたものであり、それほど数の多くない「冒険・探検史」研究に、これまでとは異なった視点から新しい一ページを書き加えようとするものである。

＊

では、これまでの冒険・探検史とはどのようなものであったのか。これまでの冒険・探検史では、卓越した冒険者・探検者たちの足跡を再構成し、彼らの個人的経験を物語ることに焦点があてられていた。

わが国におけるこの分野の第一人者である長沢和俊は、サイクスの翻訳『世界探検史』の序文で、こうした探検史を読むことで「先人の輝やかしい業績と各地域の特色を知り、思いがけぬ未知の領域を知ること」ができ、「未知の世界に挑んだ先人の悲惨な最期や、思いがけぬ幸運に、人生の複雑な経緯や運命をしみじみと感ずること」[3]ができるという。また『日本人の冒険と探検』では自らの研究を、「華々しくもはかなく淋しい人生を送った日本の探検家たちの曼陀羅である。」とし、彼らの「活動それ自体を〔中略〕克明に追求」[4]するものだという。

長沢に代表されるようなこれまでの冒険・探検史は、こうした卓越した冒険者・探検者の伝記が地域別に、そして時系列に並べて論じられるという、いわば「列伝」形式をとっていた。そこではまず、冒険者・探検者たち個人の経験が再構成されて、描き出される。彼らが冒険・探検を決意し、準備し、出発し、苦難の道程を踏破し、帰還するまでの一連の経緯がその中心となるのはもちろん、さらには、そうした冒険行に至った前半生や、その後の生涯までもが描き出され、そして、そうした個人の経験が、当該地域の開発史に位置づけられ、その学術的な評価がなされ、その偉大さが確認されたり、時には忘れ去られていた探検者が復権されることとなるのである。これは、長沢のいう「先人の輝かしい業績」を知るにはうってつけの形式であるといえる。

しかし、われわれは、そうした経験は彼らの中にとどまるものではないと考える。彼らの経験は本人によって語られ、冒険記・探検記として出版され、メディアで報道され、多くの人々に共有される。今ではネット上でリアルタイムで中継すらされることもあるほどだ。このように、冒険・探検はさまざまな形で社会に流通し、人々にまなざされる。時にはそれが賞賛されることもあれば、批判され、真正性をめぐる議論が沸騰することもある。それが次の冒険・探検の資本を生み出すこともあれば、次代の冒険者・探検者を生み出すこともある。これは個人に完結させることのできない、社会的な経験である。われわれはこうした経験の総体を描きだしたいと考えた。それは、冒険者・探検者のみの経験ではなく、観衆であるわれわれの経験でもあるのだ。

「列伝」形式ではしばしば冒険者・探検者の卓越した能力や、規格外の人間性や、悲劇的な生涯などがクローズアップされることとなる。先人の輝かしい業績やその波乱に満ちた生涯を知ることはもちろん魅力的であるが、しかしそれはどうしても冒険・探検を、われわれの日常と隔絶した場所で行われる、偉人による例外的な経験(もしくは好事家による奇矯な経験)として描き出してしまう。

しかし、それらは決してわれわれの世界と隔絶したものではない。冒険・探検が実践される空間は確かにわれわれの日常と隔絶した場所にあるが、それはわれわれの経験でもある。われわれが持つ「未知への欲望」に「冒険・探検」という形式を与え、冒険者・探検者を産みだすのはわれわれの社会であり、彼らはわれわれの代表者なのである。われわれが本書で対象とするのは、遠い空間で行われた偉大なる冒険行・探検行の経緯だけではなく、そうした個別の経験が言説化され、われわれの社会に流通し、冒険・探検が再生産されてゆく過程や、それが制度化してゆく社会的なプロセスなのである。

こうした一連の過程において重要な位置を占めるのは、冒険・探検をめぐる諸言説である。従来の研究においては、冒険記・探検記は冒険者や探検者の経験やその内面までをも伝える唯一の証言として、さらには地域研究者にとっては貴重な地誌や民族誌として、使用される「資料」としてあった。その時、それらの言説は、彼らの経験や観察をあるがままに、客観的に写し取っている（べき）ものであると暗黙に前提される。

だが、述べてきたように、冒険・探検は、行って帰ってきただけでは、誰にも知られない個人の経験に留まるのであって、それが社会に向けて語られてはじめてその経験は「冒険・探検」となる。正確に言うなら、その経験が語られ、言説化されるその瞬間こそ、彼らの「空間移動」の経験が「冒険・探検」として意味づけられる瞬間であり、観衆であるわれわれの持つ未知への想像力――すなわち「冒険的想像力」――や、あるべき冒険・探検をめぐる暗黙の前提を否応なく反映した、「物語」としての「冒険・探検」が生成する瞬間なのである。

学術探検は、「科学的、客観的であるべき」とされるがゆえに、科学的なまなざしで観察され、客観的に記述され、「学術探検」となる。バンカラ学生の徒歩旅行は「勇壮かつ滑稽たるべき」とされるがゆえに、勇壮に行われ、なおかつ滑稽に物語られ、「徒歩旅行」となる。

われわれが注目するのは、このようにして生成する諸言説と実践とが取り結ぶ関係である。ある冒険・探検がどのようなあるべき冒険・探検観や冒険的想像力を反映して行われ、物語られたのか、そしてそうした物語がどのようにメディア上を流通し、どのように社会的に承認／反発され、観衆の冒険的想像力をいかに変え、いかにして新たな冒険・探検を生み出していったのか、われわれが見ようとしたのはこうした一連の過程、すなわち冒険と探検の「物語」と「メディア」と「再生産」をめぐる一連のプロセスなのである。

こう考えるとき、冒険小説などのフィクショナルな言説もまた重要な位置を占めることとなる。荒唐無稽な冒険小説も、虚実入り混じった冒険テレビ番組も、われわれの冒険的想像力から生み出されたものであり、それらがメディアを流通することで新たな冒険・探検を生み出し得るからである。それゆえ、本書では、冒険小説や冒険漫画、冒険テレビ番組などの分析にも章を割き、また、いくつかの章でも物語と現実のとかかわりについて言及している。本書においては、フィクショナルな冒険物語から、リアリティに富んだ探検記まで、冒険・探検をめぐるあらゆる言説が等価に分析対象となるのである。

本書の構成であるが、各論文やコラムはおおよそ時系列に配列されている。順にお読みいただくことで、近代日本（と中国）の冒険・探検の変容について、おおよその流れは理解していただけるだろう。

ここでは、明治以来現代までの近代日本の冒険・探検を、一九六〇年前後を分水嶺に二部に分けた。第Ⅰ部は「近代化する日本と中国の冒険と探検」、第Ⅱ部は「現代日本社会における冒険と探検」とした。

もちろんこれは便宜的なものではなく、近代日本の冒険・探検史を大きく二つに時代区分するとすればこのように分かれると考えたからでもある。ここで時代を分かつのは、冒険・探検が社会的に意味づけられる形式の変化である。一九六〇年代以前には、冒険・探検とは国家、経済、学術など社会的に有用な目的を持つことでその真正性が承認されるものであった。冒険者・探検者は国家的に、学術的に何か意味あるもの、有用なるものを持ち帰ることを要請された時代といえる。それに対して、一九六〇年代以後には冒険・探検が自分のためと語り得るようになる。公に何かを持ち帰ることなく、自分の楽しみのため、自分探しのため、自分の人生を変えるために冒険・探検を行う、と語ることが社会的に承認されるようになり、その真正性をめぐる判断基準は大きく変容していったといえるだろう。本書の各章をお読みいただく際にも、こうした大きな変化を念頭に置いていただければと考えている。

また、このように、本書では冒険・探検の真正性、すなわちあるべき冒険・探検の基準の変容を取り扱っているがゆえに、「冒険・探検とは何か」という魅力的な問いに直接答えることはしていないし、メンバー間でのその統一的な定義などもあえて行っていない。われわれが答えようとしたのは、それぞれの時代において「冒険・探検とは何であったのか」という問いであるからである。

では、各章とコラムについて以下簡単に触れておきたい。まずは第Ⅰ部「近代化する日本と中国の冒険と探検」である。

第一章「明治日本への「冒険」の導入」は、明治前半期にわが国においてadventureという用語がどのように翻訳され、導入されたのかについて論じたものである。もともとわが国に存在しなかったadventure概念がわが国に導入され、中国由来の「冒険」という言葉がadventureの訳語にあてられてゆく経緯について当時の辞書から明らかにし、またロビンソンクルーソーの翻訳や、山田長政、天竺徳兵衛について書かれたテクストを通して、わが国における「adventure＝冒険」概念の受容について論じたものである。

コラム1「探検される日本、日本人冒険者の発見――ロンドン時代の南方熊楠」は第一章と同時代に、日本人がみずから冒険・探検という実践を発見してゆくその一例を、ロンドン留学中の南方熊楠のノートを手掛かりに論じたものである。そこで発見されたのは、これまで自らは行ってこなかった冒険・探検という実践によって、否応なく世界に組み込まれていく日本の姿であったのかもしれない。

第二章「一八九三年の「探検熱」と壮士たちの「殖民熱」――福島安正・郡司成忠と明治二〇年代の冒険・探検」では、第一章とあわせて、明治前半期の冒険・探検について論じた。ここでは、近代日本ではじめて「冒険・探検」が社会的な問題となった一八九三年の福島安正のシベリア単騎遠征と郡司成忠の端艇による千島行を取り上げ、そこで語られた奇妙な「冒険」の禁止に注目しながら、当時国策としてあった「壮士授産」のための殖民探検について論じ、さらにそうした状況で登場した、福島と郡司の冒険行の意味と、「冒険・探検」概念の変容について検証したものである。

第三章「学術探検と大陸浪人――白瀬矗の南極探検と明治三〇～四〇年代の冒険・探検」では明治後半期の冒険・探検について考察した。冒険小説の流行や「学術探検」という概念の前景化を経た明治末、日露戦後に企てられた白瀬矗の南極探検をめぐって、対立する二つの言説を取り上げ、壮士～大陸浪人に代表されるような豪傑によるバンカラで勇壮なる冒険が、組織的で科学的な学術探検にとってかわられようとするその経緯と論理を確認した。

第四章「『少年世界』が媒介する「冒険・探検」――冒険小説作家、江見水蔭と押川春浪の形成と拠点」

は、第三章と同じ明治後半期にメディアに流通し始める冒険小説について論じたものである。博文館という出版産業に注目し、雑誌『少年世界』上で江見水蔭や押川春浪といった「冒険小説作家」が誕生してゆく経緯を論じたものであり、さらにはそうした出版産業によって作り出される冒険的想像力のあり方についても議論を行っている。

第五章「遺族にとっての「冒険」と「物語」――春日俊吉の山岳遭難記と小説における鎮魂・癒し」は大正から昭和にかけて、アルピニズムの影響を受けた冒険的登山がなされてゆく中で増えゆく遭難死とその物語について、山岳遭難記作家の草分けともいえる春日俊吉の小説「傷跡」を取り上げて考察したものである。遭難死とは単なる個人の死ではなく、その冒険・探検の経験が語られずに消失することであり、それゆえに、遭難記とは語られ得なかったその経験を何とか甦らせ完結させようとするテクストといえるだろう。本章はそうしたテクストが、遭難死について正確に事実を再構成しようとするだけではなく、遺族の癒しや死者の英雄化といったロマンティックな想像力をも抱え込み、小説に近接してしまうことを論じたものである。

コラム2「植民地台湾と登山」は、植民地台湾において日本が主導した冒険・探検が現地の人々と取り結ぶ複雑な様相を論じたものである。探検を通した帝国日本による原住民の不可視化や、台湾人のスポーツ登山が再生産する帝国日本の支配について論じられている。

第六章「もうひとつの冒険・探検――近代中国を例に」は他の章と異なり、比較史の試みとして、近代中国の冒険・探検について論じたものである。日本において冒険・探検にはその受容の当初から積極的な意味が付与されてきたが、必ずしも中国ではそうでなかった。国民や国家を所与の前提とできない近代中国においては、冒険・探検を価値づけるような実践も思考も生まれにくかったのである。こうした状況下で展開してゆく中国の冒険・探検を追うことで、われわれは日本の冒険・探検史を相対化することが可能となる。それは、特定の社会的条件の下で生じたものなのであって、賛否をこえて冒険・探検の存在を自明視するというわれわれの思い込み自体が疑われねばならないのである。

コラム３「一九三〇年代から四〇年代の「学術探検」「学術調査」の意味するもの」は第三章に続く学術探検の時代を扱う。「学術探検」とは学者たちにとっていったい何を意味していたのかについて、いくつかの言説が紹介されるが、特にここでは学者たちが自らの実践を「学術探検」「調査」と語る、その背後に見え隠れする欲望について批判的に言及されている。

第Ⅱ部「現代日本社会における冒険と探検」冒頭の第七章は「堀江謙一インタビュー『太平洋ひとりぼっち』とは何だったのか――共鳴しあう冒険と日本社会」である。ここでは日本を代表するヨットマンにして海洋冒険家である堀江謙一氏にご登場いただく。堀江青年が小型ヨット「マーメイド号」で太平洋単独横断に成功し、社会の耳目をさらった一九六二年は、「ひとりぼっち」の「自分のための冒険」の時代の幕開けの年として、わが国の冒険・探検史において特記すべき年であると考えられる。新時代を切り開いた堀江氏のインタビューは第二部の冒頭にふさわしいものであろう。インタビューでは堀江氏に過去の航海について振り返ってもらいながら、堀江氏にとって冒険とは、ヨットとは何であったのか、また氏があの時代に登場した意味などについて伺った。

第八章「『サイクル野郎』にみる一九七〇年代の自転車日本一周の意味と価値」では、冒険を通したビルドゥングスロマンを描いた漫画『サイクル野郎』が分析される。これはフィクションであるが、しかし主人公が作品中で経験する葛藤は、現実の世界の変容を反映したものであり、紆余曲折を経つつも主人公の冒険は「自分自身のための旅」という当時のあるべき冒険像へと収斂してゆくのである。冒険・探検をめぐるフィクショナルなテクストが物語の論理だけでなく、現実と常に呼応しあいながら構築されてゆく様をここでは見て取ることができるだろう。

コラム４「冒険・探検と映画」はテレビ時代以前の、欧米、そして日本の冒険・探検をめぐる映画についてのものである。戦時中の国策映画の中の探検記録映画、戦後の学術探検のための記録映画など、折々の状況の中で産み出される冒険・探検の映画が整理されている。

第九章「「川口浩探険シリーズ」と「真正性」の変容――テレビ時代のスペクタクルな冒険・探検」は

本書の中でも目を引く章であるだろう。この章では、多くの人にとっては真正の探検家としては承認し難いであろう川口浩を取り上げている。メディアリテラシーの変化が偽物の探検を「嗤う」という新しいテレビの視聴スタイルを産みだし、これまで冒険・探検の世界において前提とされてきた「真正性」が無効化していったこと、その上でもなお川口浩の番組ではスペクタクルな探検の魅力が提示されていることがここでは論じられる。もしかすると、川口は「偽者」というレッテルを貼られてなお、視聴するに足る探検を提示できた特筆すべき探検家なのかもしれない。ここにあるのは映像というリアリティが真に冒険の真正性を担保するのかという問題でもある。

コラム5「冒険とスポーツと資本主義」はヘンリー・ウィッカムというイギリス人冒険家を取り上げ、大きな社会の変化に冒険家が果たした役割について論じたものである。イギリスにゴムの種子もたらしたウィッカムの影響がスポーツにまで及んだことがここでは論じられている。

第十章の「「人跡未踏の地」なき時代の冒険」は、もはや地球上に人跡未踏の場所がなくなった現代社会においてもなお冒険に挑戦する人が後を絶たないのはなぜかについて考察したものである。すでに誰かの手によって達成された冒険を上書きすることしかできない現代において、国家や経済などの外部の価値で冒険を意味づけることはますます困難となってゆき、冒険は商業化し、ごっこ化してゆく。本章は、そうした冒険受難の時代に冒険家たちが「自分自身」にとっての価値を追い求めてゆくさまを描き出す。冒険が「私」という参照点を見出したことで、冒険はもはや他者にまなざされずとも自らのみで形式的に再生産され得る、そのような地平に達したことを本論文は指し示しているのではないか。ここにおいて、もはや「真正性」は社会ではなく各個人に分有されるものとなってしまうのである。

コラム6「冒険とリスクマネジメント」は他の章やコラムとは視点を変えて、認知科学の視点から、冒険者が危険な状況をいかに認知し、リスク回避のプランニングを行っているのかについて、最新の研究を紹介していただいた。ここでは、これまで冒険の魅力としてしばしば語られた「危険であること」が「オンサイトにおけるリスクマネジメントの楽しみ」として概念化されている。これまで言語化されずに、ともすればロマンティシズムに回収されていた「危険への誘惑」がこのように言語化されることで、われわれは「冒険」を新しい視点から見ることができそうである。
巻末には簡単な年表を添付した。この年表は、本書をお読みいただく際の大まかなガイドラインであり、本書収録の論文やコラムに関連するトピックのみを拾い上げたものであって、近代の冒険・探検に関わる重要事項すべてを拾い上げたものではない。これをきっかけに、お読みいただいたみなさまが、この年表を埋めていってくだされば幸いである。

＊

すでに述べたように、冒険・探検とは、冒険者・探検者が彼方の地で行う、その実践だけでできあがるものではない。それらについて読み、それらについて語ることもまた冒険・探検の実践であり、それは冒険・探検をめぐる新たな経験が作りあげられるプロセスなのだ。冒険・探検について語った本書がどなたかに届き、それが読まれ、そしてその中から冒険・探検をめぐる新たな経験が生まれてくるとすれば、われわれにとってそれにまさる喜びはない。

注

1　ビュルガー著、新井皓士訳、岩波文庫版、一九八三年、八二頁。
2　前者は長沢和俊「はしがき」『日本人の冒険と探検』白水社、一九七三年、九頁。後者は坂野徹『帝国日本と人類学者』勁草書房、二〇〇五年、五三頁。
3　長沢和俊「訳者はしがき」パーシー・サイクス著、長沢和俊・上村盛雄訳『世界探検史（上）』社会思想社（教養文庫版）、一九七四年、四頁。
4　前掲『日本人の冒険と探検』九頁。

第Ⅰ部　近代化する日本と中国の冒険と探検

第一章　明治日本への「冒険」の導入

志村真幸

一　内田魯庵『文学一斑』における「冒険物語」

冒険という言葉はもともと日本語にはなかった。では、日本に入ったのはいつであり、どのように受け入れられたのか。[1] これを考える際の手がかりとなるのが、一八九二年三月に博文館から出版された内田魯庵の『文学一斑』である。内田魯庵（一八六八年～一九二九年）（図1参照）は、評論家、翻訳家、小説家など多様な顔をもった文化人として知られる。『文学一斑』は、魯庵が二四歳のときに本名の内田貢名義で執筆したもので、彼の単行本デビュー作でもあった。

魯庵は主として雑誌上で文芸批評家として活躍しており、『文学一斑』は、その文学観の集成として書かれたものとされる。[2] 内容的には文学の形式についての教科書的な総論である。翻訳や翻案ではなく、魯庵が独自に執筆したもので、ただし、『維氏美学』（E・ヴェロン『美学』の中江篤介による翻訳）、D・プライドの『文学の高き道』やA・ベインの『英語の構成とレトリック』などの英米で出た教科書的な文献、さらにヘーゲルやベリンスキイらの著作の英訳版が参考にされている。[3] しかし、西洋に加えて日本や中国の文学作品、人物、事例もりこまれるなど、日本人にも理解しやすい内容となっている。

全体は、総論、詩、叙事詩、叙情詩、戯曲、の五部構成となっており、このうち叙事詩の下位分類として、第一 純正叙事詩、第二 仮作物語、第三 雑躰叙事詩が置かれる。第二 仮作物語が現在でいうところの小説であり、さらに第一 英雄物語《ローマンス》、第二 冒険物語、第三 美術的《アーチスチック》社会物語、第四 教義的《ダイダクチック》物語と四つに細分され、ここに冒険物語という節があらわれる。なお、この枠組み自体に原型があるのかはわかっていない。

冒険物語の節は、一〇四頁から一〇七頁にかけての、実質的にはわずか二頁半のものだが、他の箇所と比べて極端に短いというわけではない。

それでは、その中身を見ていこう。まず、魯庵は「冒険物語は冒険事業を骨と為して編みしものにして、デフォーの魯敏孫漂流記は実に此種の代表者として古今に超出する大傑作なり」（一〇四～一〇五頁）とする。魯敏孫漂流記とは、すなわちデフォーの『ロビンソン・クルーソー』で、これが冒険小説の代表とされているのである。このこと自体には、現在でも異論は出ないであろう。ただ、冒険事業という表現がなされている点については、違和感を覚えるかもしれない。この点は後述したい。また、第六章に見るとおり、『ロビンソン・クルーソー』は中国における冒険小説の受容においても、重要な役割を果たした。

図１　内田魯庵

つづいて魯庵は、「我国は世界の一隅に僻在して、僅かに支那朝鮮と交通せしの外絶えて冒険を試みるの機なかりしを以て、古へより特に冒険者《アドベンチュラー》と名くべきはなく、漸く山田長政天竺徳兵衛等二三を伝ふるのみなれば、此種の物語は頗る欠乏したりき」（一〇五頁）と述べる。すなわち、日本は地理的環境によってほとんど海外へ進出できず、冒険が存在しなかった。そして、かろうじて以下の二人だけが冒険者として挙げられるのだという。山田長政（?～一六三〇年頃）は、朱印船で長崎から台湾、さらにタイへわたった人物で、傭兵隊長として日本人町の頭領になり、のちにタイ南部の知事に任命された。天竺徳兵衛は、一七世紀の商人で、角倉家の朱印船貿易に携わってベトナムやタイへ渡航し、さらにヤン・ヨーステンとともにインド（天竺）まで至り、ここから天竺徳兵衛と呼ばれるようになった。この二人については第三節で詳述するが、いずれも鎖国以前の江戸初期に海外で活躍した人物であった。ここまでさかのぼる必要があったのは、鎖国期の江戸期には冒険が存在しないと魯庵が考えているからである。しかし、現在の我々の目からすると、山田長政も天竺徳兵衛も、冒険家というにはいささか違和感がある。なお、『文学一斑』において冒険者がいないことと、冒険物語が存在しないことが、因果関係をもって語られている点も注目すべきだろう。

『文学一斑』のつづきを見ていくと、一方でこれは冒険小説ではない、と否定されるものもある。「唯兵乱時代より引続きて武者修行なるもの行はれしを以て、蕞爾たる一小国裡の山川猛獣を材と為したる岩見重太郎佐野鹿十郎等の物語ありと雖ども、是等は冒険物語と曰はむよりは寧ろ英雄物語と云ふの当れるに近からむ」（一〇五頁）というのである。武者修行のたぐい、また岩見重太郎、佐野鹿十郎らの物語は英雄物語だとして排除されている。岩見重太郎（薄田兼相）は織豊期から江戸初期に実在した人物で、宮津の天橋立で父の仇を討った逸話で有名だ。江戸後期にそのキャラクターが一人歩きして多様な物語がつくられ、諸国を漫遊しながら狒々や大蛇を退治したことになっている。佐野鹿十郎も一六～一七世紀の薩摩の剣客で、義父の敵討ちをしたことで知られる。これらの人物は、現在でこそ馴染みが薄いものの、『文学一斑』の出版当時は誰もが知っている物語であった。それがなぜ冒険物語にふくまれないかというと、魯庵は冒険物語に必須の条件として、「冒険物語に於て重んずべきは実際有るべき如き質実なる事柄と簡約なる文字」（一〇五頁）を挙げ、事実とまちがえられるくらいリアルなのが望ましく、「然らずんば虚偽の文とな」（一〇七頁）ってしまうとするからである。すなわち、空想的なストーリーは冒険物語とはいえず、現実的なもののみがあてはまると考えられていた。ここに当時の冒険概念をめぐるポイントがある。第九章、第十章で論じられるとおり、昭和末期以降は「真正」な冒険と、そうでないものの区別が問題となるが、実はこの時期から早くも区別されていたのである。また、武者修行についても、第八章で論じられる。

『文学一斑』にあらわれた冒険観は、もちろん魯庵の個人的なものではあるものの、文学入門書として文学書生たちに広く読まれ、版を重ねた。[4] 明治二〇年代の日本において、それなりに共有されていた感覚と考えられる。ここから読みとれるのは、冒険という行為も物語も、鎖国以降の江戸期には存在せず、明治以降に外国からもたらされた新しい概念だったということである。鎖国によって海外への進出が規制された江戸期には冒険は不可能で、明治維新によって国が開かれたことで、ようやく日本人にも冒険が可能になったのである。

二　辞書のなかの「冒険」

では、次に冒険という語が辞書において、いつごろあらわれたかを見てみよう。冒険は明治維新以降に入ってきた外来語であり、直接的には英語のアドヴェンチャーないしヴェンチャーを訳したものと考えられる。ヴェンチャーのほうは、いささか馴染みが薄いかもしれないが、後述のようにアドヴェンチャーときわめて近い意味内容をもつ単語である。

　さて、幕末から明治にかけての日本では、多くの英和辞典がつくられたが、ここで見落としてはならないのは、中国においても同様にして英中辞典が編まれていたことである。そうした視点のもと、この時期のさまざまな辞書を日本と中国とでたどっていくと、ウィルヘルム・ロプシャイト（一八二二年〜一八九三年）の『英華字典』にスタート地点を発見することができる。ロプシャイトはドイツ出身の宣教師で、一八四八年に香港で布教を始め、一八五四年には中国語・ドイツ語の通訳としてペリーに同行して日本にも来ている。ロプシャイトの『英華字典』は、一八六六〜六九年に香港で出版された英語と中国語の対訳辞書（全四巻）であった。

　この一巻三〇頁にアドヴェンチャーの項があり、

Adventure：incident, 偶然之事、適然之事、乍然之事、不期而然、行険之事（中国語発音については省略。以下同）, to hazard　固意行険、自尋危険

Adventurer：行険者、勢兇

とされている。こちらには冒険の訳語はない。

　しかし、四巻一九一五〜一九一六頁にヴェンチャーの項があり、

Venture：hazard, 行険之事、冒険之事、賭彩：an undertaking of chance, 賭者：to run the venture, 試、賭命跌；a successful venture, 好彩数：to leave to the venture, at the venture, 随命、依命：to throw one's fortune at a venture, 賭身家、賭家業：to run the last venture, 敗陣銃

Venture, to dare, 敢、敢胆：to run a risk, 冒険、行険、拚、拌〔中略〕

Venture, to expose, 拚、拌、賭、冒〔中略〕賭命

Venturer：冒険者、行険者

とされている。ヴェンチャーに冒険之事、そしてヴェンチャーを行なう人物としてのヴェンチャラーに冒険者という訳語があてられている。これが辞書上においてヴェンチャーに冒険の語が対応させられた最初の例と思われる（なお、アドヴェンチャーとヴェンチャーのいずれにも、行

険之事という訳語があてられている点からは、両者の意味内容の近さがうかがえる）。ただし、冒険という表現は、この論集にも参加している高嶋航によれば、中国語においてはかならずしも特殊な言い回しではないという。文字どおり、「（危）険を冒す」という意味であり、かなり古い時代から使われてきたものの、あまりよい意味ではなく、好ましくない行為であったとされる。そのあたりは、第六章で扱われるとおり、中国において、冒険が積極的に推奨されてこなかったこととも関係しているだろう。なお、探検については英語でいくつか該当する語があるが、Exploration と Expedition について確認したところ、前者には「考査者、訪査、稽査、捜査」（一巻七八〇頁）、Expedition には「急速、快捷者」（一巻七七七頁）の訳があてられていた。

さて、『英華字典』は、日本の辞書への影響がきわめて大きかったことが知られ、柴田昌吉・子安峻『附音挿図英和字彙』（一八七三年）、津田仙・柳沢信大・大井鎌吉合訳、中村正直校正『英華和訳大字典』（一八七九年）、羅布存徳《ロブシャイト》著、井上哲次郎訂増『増訂英華字典』（一八八三〜八四年）などの編纂に利用された。中村正直訳『西国立志編』や『自由之理』、西周訳『利学』の訳語にも採用されているという。[5]

つづいて、日本の辞書を見ていくことにする。まず早い時期のものとして、江戸幕府の洋学研究・教育機関であった開成所による、一八六二年発行の堀達之助編、堀越亀之助補『英和対訳袖珍辞書』をとりあげたい。

八頁に、アドヴェンチャーの項がある。

Adventure：周リ合セ、時運
Adventurer：先キ見ズニ物スル人、俗ニ云ヤマシノ類ナリ

四五五頁には、ヴェンチャーの項がある。

Venture：賭ケゴト、商売ノ為メ海上ニ送リ出サレタル品物
At a venture：運マカセニテ
To run the venture：ヤツテ見ル 出来ルカ出来ヌカ
To have no venture：損込セヌ
Venturer：先キ見ズニ物スル人

いずれも、「冒険」の語はまだあてられていない。[6] なお、Exploration には「詮議スルコト、吟味スルコト」（一三八頁）、Expedition には「手早キコト、急速、軍勢ヲ出シ遠方ヲ征スルコト」（一三八頁）とある。

次に柴田・子安『附音挿図英和字彙』である。イギリスのJ・オグルヴィの『英英辞典』（一八六三年）をもと

にした辞書で、訳語に関しては『改正増補英和対訳袖珍辞書』（一八六六年）やロプシャイト『英華字典』を利用したことがわかっている。[7] 柴田は、長崎出身で漢学、蘭学、英語を修めた人物で、横浜裁判所や神奈川裁判所において通訳・翻訳官を務めた。そして通訳時代に知り合った子安峻とともに、横浜で日就社を創業し、上海から印刷機と欧文活字を、長崎の本木昌造から和文活字を購入して、『附音挿図英和字彙』を出版することとなった。活字印刷による英和辞典としては、日本で最初のもので、全一五四六頁、収録語数は約五万五〇〇〇、挿絵も五〇〇枚あまりが入った豪華なものであった。「附音」とは発音記号が示されているということである。

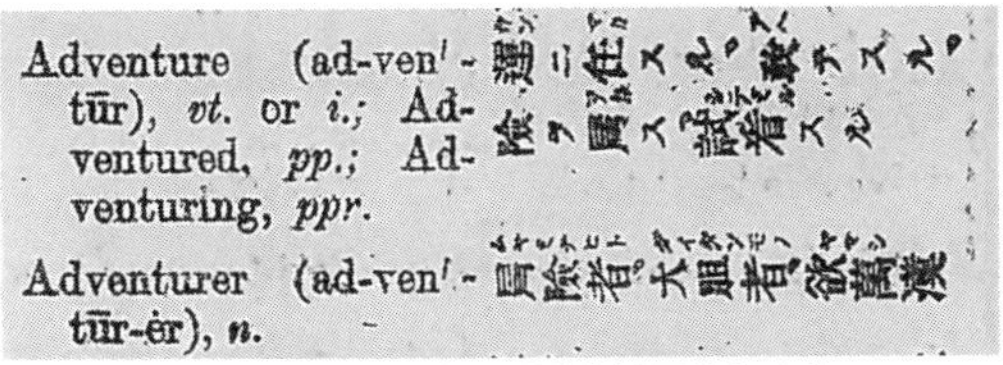
Adventure (ad-ven'-tūr), vt. or i.; Adventured, pp.; Adventuring, ppr. 運ニ任スル。試看スル。敢テスル。險ヲ冒ス。
Adventurer (ad-ven'-tūr-ėr), n. 冒險者。大胆者。欲萬漢

図2　柴田昌吉・子安峻『附音挿図英和字彙』のアドヴェンチャーの項

　この二〇頁に、アドヴェンチャーの項がある。（図2参照）

Adventure（名詞）：偶然ノ事。時運。危険ノ事。

Adventure（動詞）：運ニ任スル。試看スル。敢テスル。険ヲ冒ス。

Adventurer：冒険者《ムヤミナヒト》。大胆者。欲萬漢《ヤマシ》

　さらに、一三二三頁に、ヴェンチャーの項があり、

Venture：冒険《ムヤミ》。試《タメシ》。運。賭。海運ノ貨物

Venturer：冒険者《ムヤミモノ》

となっている。

　ヴェンチャーに冒険の訳語があらわれ、アドヴェンチャラーも冒険者とされている。これが日本語に冒険および冒険者の語が入ってきた始まりのようである。『英華字典』から冒険の語を採用したのはほぼまちがいなく、ただアドヴェンチャーの語そのものにはまだ冒険の訳語は付けられていない。

　また、『英華字典』にも見られたことだが、偶然や危険といった要素こそが、アドヴェンチャーの意味内容だと認識されていた。これは現代の日本人の感覚とはずれている点だろう。さらに、ルビも注目される。なお、Explorationには「検査、穿鑿」（三五一頁）、Expeditionには「急速、快手、遠征」（三五〇頁）の訳があてられている。

　ともかく、『附音挿図英和字彙』は活字印刷されたこと

もあってよく売れ、一八八二年に第二版、一八八七年に第三版がつくられるなど広く流通した。以後の英和辞典にも大きな影響を与え、結果として多くの辞書で冒険という訳語が用いられていくことになるのである。

　なお、国語辞典的には、冒険の語の一般化はもっと先のようで、大槻文彦『言海』（一八八九〜九一年）には、まだ項目がない（「探検」の項目もない）。だいぶ時代は下るが、『大言海』（一九三二〜三五年）には、第三分冊八〇四頁に、

・「冒険」

　ばうけん　冒険　（一）危険ヲ冒シテ、事ヲ行フコト。北史、陳元康伝「元康冒レ険求得レ之」（二）転ジテ、成否ノ確実ナラヌ事ヲ企《クハダ》ツルコト。一六勝負。[8]

と見つかる。『北史』が初出となっているが、高嶋の指摘によれば、実際には中国の文献にはもっと古い用例が多数あるという。「探検」については、「探険」と「探検」の二項目が立てられており、前者は「危険ヲ冒シテ、探リ索ムルコト」、後者は「（英語、Exploration. の支那訳語）（一）サグリ、シラブルコト。（二）前條ノ語ト同ジク用キル。」とされている（第三分冊二八二頁）。Exploration の中国訳語だという点については未詳だが、探検という言葉もまた、冒険と同様に英語から中国経由で日本にもたらされたものだったようである。

　さて、いくぶん後手となってしまったが、ここで英語のアドヴェンチャーとヴェンチャーの意味内容について確認しておきたい。『オックスフォード英語大辞典』からそれぞれいくつか抜き出せば、アドヴェンチャーについては、（一）思いがけず起こったり、出来したりするもの。チャンス、偶然、幸運、運。（二）偶然に起きること、ある出来事や事件、アクシデント。（三）チャンスや結果を試すこと、危険、ヴェンチャー、実験。（四）経済的なリスク、ヴェンチャー、投機、商業的な事業、などと定義されている。ヴェンチャーのほうは、（一）幸運、運、チャンス。（二）危険、危ういこと、災厄、災禍。（三）チャンスや運を試すような行為や出来事。（四）収入のチャンスと同様に損失のリスクも高いような性質の事業や企画、投機、といったように説明されている。

　両者がかなり近い意味内容をもつ単語であることがわかるだろう。日本では冒険といえばアドヴェンチャーと連想されるが、ヴェンチャーも見逃してはならないのである。また、運や偶然といったものが意味内容として重要な点も、改めて指摘しておきたい。さらに、投機などの経済的行為も意味することにも注目すべきだろう。これらは、

初期の英中、英和辞典では認識、反映されていたのだが、現代的な冒険の語からは抜け落ち、結果としてかなりのずれが生じている。明治期の、とくに翻訳を通して日本にもたらされた冒険には、右記のような意味があった事実にはもっと注意する必要がある。

翻訳語として冒険の語が用いられた早い時期の例を、いくつか見ておこう。『ニューナショナル第四読本直訳』（河瀬清太郎訳、一八八六年）は、アメリカで一八八四年に出たチャールズ・J・バーンズ編の教科書『ニュー・ナショナル・フォース・リーダー』を翻訳したものだが、そのなかに「第五課　淡黒色ノ狼ヲ以テ一ノ冒険（第一部）」という節がある。メイン・レイドの *An Adventure with Dusky Wolves* という小説の一章を教材として採用したもので、少年たちがオオカミの群れに襲われながらも、何とか切り抜ける物語だ。これなどは現代的な冒険とほぼ一致するだろう。そのほか、翻案小説の奥村玄次郎『砂中の黄金——冒険立志』（一八八九年）や、東西のエピソードを集めた小沢吉行（東海居士）『説教の栞——賛題因縁』（一八八九年）中の「賭命冒険　ナイヤカラの瀑布の話」、また『亜弗利加《アフリカ》探検近世偉業 前編』（前野芳造編訳、一八九〇年）中の「ブルースノアビシニヤ旅行、其冒険及アビシニヤノナイル河ノ水源へ到着」などがある。これらは英語の小説や紀行文を訳すにあたってアドヴェンチャーを冒険とした例だが、いずれも現在でも違和感のない用法だろう。

ただし、『商海狂瀾』（久松義典訳、一八八七年）は、『ジョン・カッセルの図版イギリス史』（翻訳に用いられた版は未詳）を抄訳したものだが、そのなかの「蘇格蘭の大冒険家」は、一八世紀フランスで財務長官を務めたスコットランド出身のジョン・ローを指して、夢想的財政家や投機家といった意味で the grand adventurer と呼んだものが、冒険家と訳されている。これなどは現在の日本語では考えられない用法だが、実は英語としてはごく一般的なものである。たとえば、イギリス経済史の用語には、マーチャント・アドベンチャラーズというものがあり、以前は冒険商人と訳されるのが通例であった。これも投機的な投資家や商人を意味する。アドヴェンチャーやヴェンチャーの語には、危険や偶然の意味があり、その点からしても、冒険と投機は分けられるべきではなく、英語においては両者が融合・同居しているとみなすのが適当だろう。

ともかく、内田魯庵の『文学一斑』は、まさにこのようにアドヴェンチャーが「冒険」として日本に入りつつあった時代に書かれたものだったのである。

三　『ロビンソン・クルーソー』と山田長政

この節では、魯庵が冒険物語の代表とみなした『ロビンソン・クルーソー』の日本への翻訳と、かろうじて日本の冒険者として認められた、山田長政および天竺徳兵衛についてとりあげたい。

『ロビンソン・クルーソー』は、イギリスの小説家ダニエル・デフォーが一七一九年に発表した小説で、好評のため同年のうちに続編、翌一七二〇年には続々編も書かれた。ただ、一般には初編のみが有名で、邦訳もほぼこれにかぎられる。早くも幕末期には複数の翻訳がなされるが、いずれもオランダ語版からの重訳であった。もっとも早いのは、膳所藩出身の洋学者・黒田麹廬（行次郎）によるもので、一八五〇年頃に『漂荒紀事』のタイトルで抄訳され、写本として流通した。出版された最初のものは、国学者の横山保三（由清）による『魯敏遜漂行紀略』（一八五七年）であった。箕作阮甫が序文を、口絵を川上冬崖が担当したこともあり、広く出回った（図3参照）。さらに明治維新後の一八七二年には、斎藤了庵による『魯敏遜全伝』が出版され、これは一八八三年には『英国魯敏孫嶋物語――一名 英国漂流記事』とタイトルを変えて再刊された。同じ一八八三年には、井上勤（春泉）の訳した『魯敏孫漂流記――絶世奇談』が出た。井上は魯庵の遠縁にあたり、一八八四年頃から魯庵がアシスタントを務め、下訳なども請け負っていたという。[9]さらに一八八七年には牛山良助による『魯敏孫漂流記』も出ており、幕末維新期に海外への関心が高まった状況のなかで、いくつものバージョンの翻訳がつくられ、流布していたことになる。『文学一斑』で魯庵がとりあげたのも、自身が井上のアシスタントとして親しんでいたとともに、誰もがよく知っている物語だったからにほかならない。

『ロビンソン・クルーソー』が冒険物語であることに異議を唱えるものはいないだろうが、原題を見ても、『ロビンソン・クルーソーの生涯と、不思議で驚くべき冒険 *The Life and Strange Surprising Adventures of Robinson Crusoe*』[10]とアドヴェンチャーの語が入っている。しかし、右に見てきたように、それが「冒険」と訳されることはなかった。そもそも前節で述べたように、黒田から斎藤に到る時期には、まだ日本語には冒険の語がなかったのである。

さて、『ロビンソン・クルーソー』は、当初はデフォーの名を出さず、一種の実録ものとして出版された。しかし、孤島に漂着したロビンソンが、やがて島を統治し、現地民を支配し、最終的には経済的な成功をおさめていく姿には、植民地主義へとのめりこんでいくイギリスへの強烈

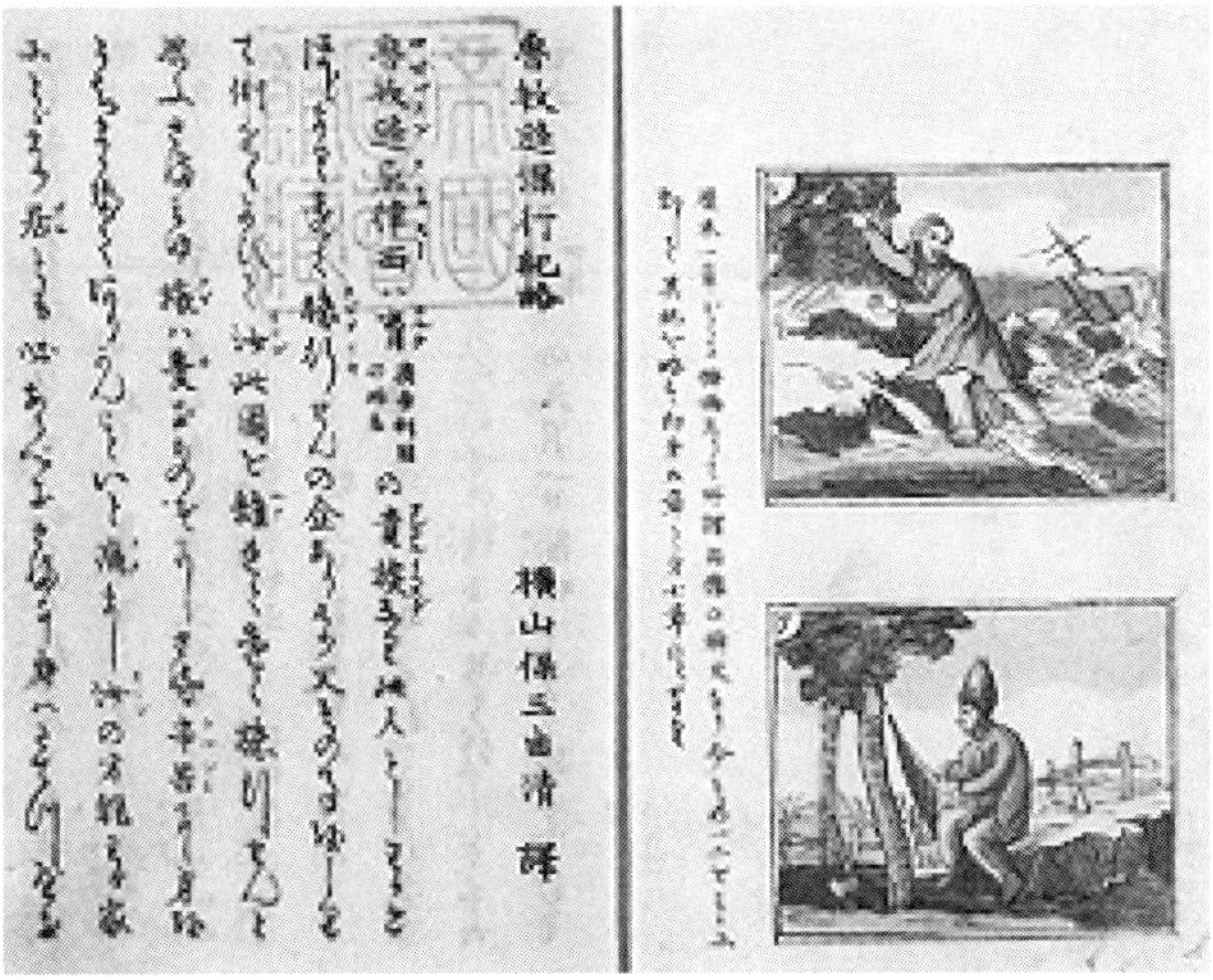

図３　横山保三訳『魯敏遜漂行紀略』

な諷刺がこめられていたとされる。一七二〇年にサウスシー・バブルがはじける一方で、一八世紀初頭は大西洋帝国の形成時期にあたり、ロビンソンは奴隷貿易に従事し、ブラジルでサトウキビのプランテーションにとりくむなどするのである。デフォーは投機やブローカーに批判的だったことで知られる。[11]

そして、そのメッセージは後世に引き継がれ、たとえばマルクスが『資本論』で、ロビンソンを経済的人間の例として挙げたり、マックス・ウェーバーが『プロテスタンティズムの倫理と資本主義の精神』で、ロビンソンのなかにプロテスタントの合理的倫理観を指摘するなどしている。日本では、イギリス経済史の大塚久雄が、ロビンソンを一八世紀に力を伸ばしたミドルクラスにたとえたのが有名だろう。ロビンソンの島での暮らしが、ミドルクラスに特有の勤勉さや篤い信仰心、それらに支えられた起業精神に重ね合わされたのである。[12] 実際、前節で指摘したように、イギリスにおけるアドヴェンチャーという語には、経済的・投機的な色合いが濃く、偶然によって苦難に投げこまれながらも財産を築いていくロビンソンの姿は、まさにアドヴェンチャラーと呼べるものであった。ロビンソンを単なる冒険者ではなく、そのような経済的・商業的な側面から位置づけるなら、魯庵が山田長政や天竺徳兵衛と重ね合わせた点も納得されよう。

日本で山田長政のタイでの活躍が知られたのは、一七〇〇年頃に出た智原五郎八による『暹羅《シャム》国風土軍記』と『暹羅国山田氏興亡記』が最初とされる。つづいて一七九四年に著者不明の『山田仁左衛門渡唐録』、一八〇八年に近藤重蔵の『外蕃通書』、一八一三年に平田篤胤の『気吹颷《いぶきおろし》』が出て、山田長政の事蹟を紹介した。しかし、江戸期においては、それなりに名は知られていたものの、さほどメジャーな存在ではなかったようだ。

ところが、明治維新後に多数の書物でとりあげられるようになり、山田長政神話が形成されるのである。[13]鎖国が解かれて海外への関心が高まり、渡航も可能になったことが大きく影響しているのだろうが、まず一八七五年に大鳥圭介ほかの『暹羅紀行』が工部省から発行される。工部四等出仕であった大鳥らが、明治政府の命でタイを視察した報告書だが、そのなかに「山田長政の説」があり、「慶長元和の頃山田長政暹羅国に入り高位に登りし説ありがゆへ我曹其事蹟を探らむ為め」（一一九頁）、調査を行なったというのである。「日本の商船多く首府に来て交易を行へり」（一一九頁）と当時の商学の状況も書かれている。

つづいて一八八一年には、政府修史局が智原五郎八の著作の写本を作成している。そして一八八七年には森貞次郎による『山田長政暹羅偉績』が出て、「山田長政が我が国航海事業の開らけ居たる時代に在つて、遠く外国に渡りて種々の経歴を積み、偉功を建てて高官に拝し、彼の国王の女と婚して、終に王位に」（例言一〜二頁）就いたなどと述べた。一八九〇年の岡田宗吉・楠美六五郎『軍人精神叢談』中の「山田長政遠征ノ志ヲ逞フス」の節では、「今ヤ我国已ニ功名ヲ立ツル処ナシ唯日本海外以テ吾志ヲ展フヘキノミ」（四四頁）と、山田が武勲をたてようと海外へ飛び出したことが述べられるとともに、「貿易ノ事業ヲ海外ニ試ミ」（四四頁）とも書かれている。以後も数々の文章が出て、とくに一八九二年には、青池晃太郎「シャム国王山田仁左衛門は駿府の人なり」（『明治会叢誌』四二号）、関口隆正『山田長政伝』、間宮武『山田長政偉勲録』の三点がまとまってあらわれている。

これらにおける山田長政の描かれ方は、いずれも似通ったものであり、大志を抱いて出国したこと、最初は貿易に携わっていたこと、タイで日本人町が形成されたこと、武勲あって高官に取り立てられたことなどが語られる（ただし、王女と結婚したことや王位に就いたかでは意見が分かれる）。こうした書物がさかんに出版された理由はあきらかで、たとえば間宮武の『山田長政偉勲録』（図4参照）の冒頭部には、「今より后《のち》の吾国の人をして美名を異国に輝かせし長政に耻《はづ》るなき輩を出さしめんとせるの婆心より先づ其の事蹟の一班をも書記《かきし》るし置んものとて」（三頁）と、山田長政を顕彰するのは、いままさに彼のような人材が求められているからだと述べられる。

山田長政は教科書でも定番の登場人物となり、歴史、国語、修身と複数の教科で用いられた。[14]一八七六年に出た高島正清編『習文必用』には、「山田長政為逸比留王」の節があり、「山田長政は駿府市人なり少して大志あり」と始まり、「商船」に乗ってタイに渡り、「海買」、すなわち貿易に携わったのち、国王の求めに応じて外冠を討ち、爵位を授けられたなどと書かれている（一巻三三丁表～裏）。ほかの節には、為朝善射、義経詣法皇宮、楠木正成築複垣、藤堂高虎請禁殉、酒井空印造二橋、徳川光圀教頑民などが並んでおり、国の偉人として位置づけられていることが読みとれる。江東散史編『小学生徒教育修身の話』（一八八八年）では、「山田長正の武略」[15]として、「幼き時より大なる望みを抱き 一国の主とならんことを欲せり〔中略〕然れども其頃は 徳川幕府の時代なれば 我が国よく治りて戦争もなく〔中略〕遠く外国に赴き 身を立んことを思ひたち」（四頁）、商船に乗ってタイへ渡り、国王に重用されて戦争に成果を上げ、ついには政権を任されるようになったとしている。このあたりの書きぶりは、いずれも判を押したように同じであり、海外雄飛の重要性を説いている。

図４　間宮武『山田長政偉勲録』

　天竺徳兵衛についても、ほぼ同様の傾向が認められる。その事蹟は、もともと本人が長崎奉行に提出したとされる見聞録『天竺渡海物語』や、九〇歳くらいになってからの回想録とされる『天竺徳兵衛物語』（一七〇七年）によって知られ、江戸期から浄瑠璃や歌舞伎の題材となって人口に膾炙していた。そして明治以降は、柳沢武運三『天竺徳兵衛実記』（一八八八年）、福地桜痴『天竺徳兵衛』（一八九二年）などでさかんに描かれるようになるのである。いくぶん時代は下るが、一九一一年に出た河本亀之助編『英雄物語』には、「大冒険家天竺徳兵衛」の節があり、「足利時代の立派な冒険家で、今日で云へば、南極探検の白瀬中尉のやうな人であります」[16]（一一頁）とされ、白瀬矗と重ねられている。なお、「印度を探検」という言葉も見える。

　一方で、岩見や佐野らの武者修行は、一文の利益も日本にもたらさないのである。

四　明治初期の日本人にとっての冒険

本章では、内田魯庵『文学一斑』を出発点として、明治初～中期における日本への「冒険」の導入と浸透について検討した。

日本における冒険を考える際には、まず前提として冒険・探検の空白期間としての江戸期があったことを忘れてはならない。そして明治期になり、外来の概念として「冒険」がもたらされたのである。英語のアドヴェンチャーないしはヴェンチャーが『英華字典』や『附音挿図英和字彙』を通して冒険と訳されたものであったが、もともとは偶然や危険、投機といった意味もふくまれており、現在のイメージとは異なる点も確認された。すなわち、明治期から現在までのあいだに、冒険の概念が変化したわけで、この点については、次章以下であきらかになろう。そして、それにともなって冒険や探検の内実も変化していく。

魯庵が冒険物語の理想として挙げたのは『ロビンソン・クルーソー』で、幕末期から多数の邦訳が出ており、広くイメージが共有されていた。ロビンソンの冒険には、経済的側面が色濃く、その点も山田長政や天竺徳兵衛に重ねられたと考えられる。彼らの特徴は、海外で財産を築いたり、栄誉を得たりしたことにあった。なおかつ国家の支援を受けた公人ではなく、あくまでも私人として活動した。明治維新後の日本では、海外への渡航や貿易が可能になり、大きなチャンスが生まれていた。一方で政府などが海外進出に資金を出すことはなかった。そうしたなかで山田長政の名がしきりに挙げられたのは、日本人を叱咤激励し、彼のような冒険をさせるためであった。海外進出、貿易の発展、経済的成功、世界的な名声の獲得などが、当時の日本の国策に合致していたことは言うまでもない。

すなわち、この時期の日本人の冒険とは、個人が自発的に海外への進出を目指し、なおかつそれが全体として日本という国家の利益にもなる状況だったのだと結論づけられるだろう。

注

1　本章では冒険のみを扱い、探検については扱わない。ただ、辞書での用例についてはとりあげた。なお、探検も従来の日本語には見られず、一八八〇年代後半になって登場する語のようである。

2　野村喬『内田魯庵傳』リブロポート、一九九四年、一一五頁。

3　同、一〇八－一〇九頁。

4　同、一一六頁。

5　宮田和子「井上哲次郎『訂増英華字典』の典拠――増補訳語を中心に」『英学史研究』三二号、一九九九年。／陳力衛・倉島節尚「19世紀英華字典5種　解題」『或問』一一号、二〇〇六年。

6　『改正増補英和対訳袖珍辞書』（一八六六年）でもほぼ踏襲されているが、新たに「To venture at, upon：ヤツテ見ル」が加えられるなどしている。

7　宮田、前掲。

8　一六勝負とは、サイコロで一が出るか六が出るかを賭ける勝負のこと。

9　野村、前掲書、二六‐二七頁。

10　厳密にはもっと長いが省略する。なお、続編は『ロビンソン・クルーソーのその後の冒険 *The Farther Adventures of Robinson Crusoe*』、続々編は『ロビンソン・クルーソーの生涯と驚くべき冒険におけるまじめな反省 *Serious Reflections During the Life & Surprising Adventures of Robinson Crusoe, With His Vision of the Angelic World*』という。

11　坂本優一郎『投資社会の勃興――財政金融革命の波及とイギリス』名古屋大学出版会、二〇一五年、二〇〇‐二〇一頁。

12　岩尾龍太郎『ロビンソンの砦』青土社、一九九四年、九および三五頁。

13　矢野暢『「南進」の系譜』中央公論社、一九七五年。

14　土屋了子「山田長政のイメージと日タイ関係」『アジア太平洋討究』五号、二〇〇三年。

15　長「正」となっているのは、酒井雅楽頭宛の書簡に「長正」とあるためという。

16　この本には、「暹羅国で立身した山田長政」の節もある。

コラム1　探検される日本、日本人冒険者の発見――ロンドン時代の南方熊楠

志村真幸

第一章では、イギリスの冒険小説や冒険概念が日本に与えた影響について論じた。では、一九世紀イギリスにおける冒険・探検をとりまく状況は、どのようなものだったのか。しかし、それを論じるのはあまりにも大仕事なため、このコラムではイギリスにおける旅行記の位置づけを、南方熊楠というひとりの日本人を通して見ていきたい。

熊楠は一八九二年から一九〇〇年までロンドンで過ごした。一八九五年四月二四日に大英博物館閲覧室（現在の大英図書館のもととなった施設）の入館許可証を得て以降は、ひたすら閲覧室に通って欧文文献をノートに筆写する作業をつづけた。このロンドン抜書（全五二冊）と呼ばれるノートが、のちに熊楠の学問を支えることになる。そのなかには無数の旅行記や探検記がふくまれている。

南方熊楠（写真提供：南方熊楠顕彰館）

松居竜五『南方熊楠――複眼の学問構想』（慶応義塾大学出版会、二〇一六年）によれば、熊楠は約六〇〇件の資料を筆写（書籍約四八〇件、雑誌論文・新聞記事約一二〇件）している。その内容を分野別に見ると、地誌・旅行記一七五件、風俗三七件、博物学三一件、事典・類書二七件、歴史二六件、宗教学二三件、医学二二件、植物学二一件、人類学二〇件、動物学一九件、文学一八件、古物学九件、伝記八件、物理学五件、美術四件、雑・その他四四八件となる（熊楠本人の第五一巻での算定にもとづく。その時点では全四九三件）。

注目すべきは地誌・旅行記の多さであろう。とくに欧米人によるアフリカ、アジア、南北アメリカ、オセアニアへ

の冒険、探検、旅行、航海にまつわるものが多い。第一巻冒頭の筆写もJ・ムーラ『カンボジア王国』（一八八三年）という、一九世紀半ばにカンボジアへ旅行したフランス人の見聞録であった。カンボジアに関しては、のちにムオ『シャムとカンボジアへの旅行』、トムソン『カンボジアの古美術』、ガルニエ『ヒンドスタンとインドシナへの旅行』、周達観『真臘風土記』なども筆写し、論文に利用している。周達観『真臘風土記』は、一二九六～九七年に元の使節団の一員としてカンボジアを訪れた人物の滞在記である。熊楠が西欧の旅行記と、漢文での情報の両方に目配りしていたことがわかる。また、東南アジアへの注目という点は、第一章でふれた、同時期の日本における山田長政や天竺徳兵衛への関心と重ね合わせることができるだろう。

地誌・旅行記が圧倒的に多いのは、熊楠自身の関心ももちろんあるが、当時のロンドンでそうした書籍の出版が相次いでいた影響が大きい。なかでも、一八四七年に刊行の始まった「ハクルート叢書」は見逃せない。一八四六年に結成されたハクルート協会（初代会長は地質学者のロデリック・マーチソン。イギリス王立地理学協会のメンバーが多数参加し、大英博物館長エリスも加わっていた）は、旅行記集成の出版事業を推進した。約半世紀をかけ、一八九九年に第一期一〇〇巻が完結するのだが、なんと熊楠はそのうち四〇点をロンドン抜書に筆写しているのである。

出版の背景としては、大英帝国の形成とアフリカやアジアへの進出、それにともなう海外への関心の高まり、さらに旅行者、軍人、商人、植民地官僚、入植者などによる旅行記や地誌的記録が大量に出現したことが挙げられる。

熊楠は日本が探検の対象となっていたことについても発見していくことになる。ロンドン抜書第一巻の二番目の筆写は、内藤如安によるイエズス会東インド管区副管区長宛て書簡（一六〇二年）である。内藤如安は丹波八木城主であったが、キリスト教弾圧で所領を棄て、小西行長らに仕えるも、のちマニラに追放され、同地で没した人物である。さらに第二巻、第五巻の二ヶ所で、ラムージオ『航海・旅行記』（一五五四年版。ヴェネツィアで一五五〇年に刊行が開始された旅行記・航海記の集成）の「北方に新たに発見された日本という島に関する短報」の章を写している。これは、ザヴィエルの依頼でゴアの聖パウロ学院長ランチロットがアンジローの語る日本情報をまとめた書簡、ザヴィエルの二通の書簡、さらにイエズス会宣教師二人の書簡を編集したものであった。アンジロー（またはヤジロー）は、一五四七年にマラッカでザヴィエルと会って日本の情報を伝え、ザヴィエルが一五四九年に鹿児島上陸を果たす手引きをした人物である。

第五巻には、ピンカートン『航海・旅行集成』収録のカロン「日記」も見える。カロンは一六世紀前半の平戸のオランダ商館長で、この「日記」も、のちに熊楠の英文、邦文論文でしばしば引用されることになる。

そのほかにも、ロンドン抜書における日本関連書の筆写として、下記が挙げられる。

・カール・ツンベルク『ヨーロッパ、アフリカ、中国紀行』(一七九五年)
・イサーク・ティチング『日本風俗図誌』(一八二二年)
・エンゲルベルト・ケンペル『日本誌』(一八二七年)
・ドン・ロドリゴ「日本見聞録」『アジア協会誌』(新シリーズ二巻、一八三〇年七月)
・フィリップ・フランツ・フォン・シーボルト『ファウナ・ヤポニカ』(一八四二年)
・トマス・ランドール『日本帝国の記録』(一八五〇年)
・レオン・パジェス『日本切支丹宗門史』(一八六九年)
・W・ウェストン『日本アルプスの登山と探検』(一八九六年)
・B・H・チェンバレン『日本事物誌』(一八九八年)

このようにして熊楠は、いわば「冒険・探検される対象としての日本」を発見したのであった。

やがて熊楠は日本人冒険者たちをも見出していくことになる。ひとりは金剛三昧という日本人僧侶で、入唐ののち北インドのナーランダー寺まで行き、ふたたび中国に戻ったといい、インドへ行った最初の日本人とされる。一八九四年三月四日付の書簡で真言僧の土宜法龍に対して、この人物を「発見」したことが喜々として述べられているほか、「西暦九世紀の支那書に載せたるシンダレラ物語」(『東京人類学雑誌』二六巻三〇〇号、一九一一年)で発表され、広く日本でも知られるようになった。

「ペルー海岸に漂着した日本人」（一九一二年に『ネイチャー』に投稿も謝絶）や「ペルー国に漂着せる日本人」（『人類学雑誌』二八巻一〇号、一九一二年）で言及のある平田某次郎は、江戸末に兵庫を出航したものの嵐にあってペルーへ漂着し、現地に定住した船乗りであった。「ペルー国に漂着せる日本人」には、第二次南アフリカ戦争にイギリス軍の一員として加わり、賞牌ももらった玉村仲吉という日本人が出てくる。熊楠は、こうした日本人冒険者たちに自分自身を重ね合わせていたのかもしれない。

明治期に海外へ飛び出した日本人は、まずお手本となるべきイギリス人探検家たちを見出し、日本がかつて探検される対象であったことに気付き、やがては日本人探検家の先人たちを発見していったのであった。

第二章　一八九三年の「探検熱」と壮士たちの「殖民熱」
――福島安正・郡司成忠と明治二〇年代の冒険・探検

鈴木康史

一　一八九三年の「探検熱」――福島安正と郡司成忠

近代日本において、そしておそらくはわが国の歴史においても、はじめて社会的な事件となった「冒険・探検」とは、福島安正のシベリア単騎横断と、郡司忠成の端艇（手漕ぎボート）による千島行である。一八九二年から九三年にかけて行われたこの二つの冒険行はメディア上で大いに喧伝され、一八九三年の福島の帰朝の際には、各地で歓迎会が挙行されるなど、その熱狂ぶりは「福島熱」「探検熱」[1]、「頃日来〔中略〕一種の流行語と化成するもの、実に『探検』の文字を然りと為す」[2]などと言われるほどのものであった。

本章では、第一章に続く明治中期のこの一年、一八九三年（明治二六年）を取り扱う。第一章では辞書や翻訳を資料として、西洋の adventure 概念がいかにわが国に取り入れられてきたのかについて論じられたが、本章では実際に日本人が行った冒険・探検行とそれを語る言説を取りあげ、当時の冒険・探検の状況の中にそれらを置きなおしながら、冒険・探検概念がいかに変容しようとしたのかについて論じることとする。[3]

まずは簡単に二人の冒険行について概観しておこう。当時陸軍少佐の福島はベルリン駐在官であったが、駐在を終えての帰国に際して単騎によるシベリア横断を試みた。一八九二年二月一一日にベルリンを発ち、一八九三年六月二九日に東京着。出発当初、国内ではそれほど大きな話題にならず、時折小さい記事が出る程度であったが[4]、一八九三年二月上旬に参謀本部が公式の旅行日誌を発表すると、多くの新聞がそれを連載し、福島に注目が集まりはじめる。

同二月、千島拓殖のために報效義会を組織した郡司による端艇での千島行が発表されると、以下のように、二つが結び付けられるようになる。

一葉の端艇に身を託して迢々数千里の波浪を蹴り北海無人の氷原に航して拓地殖民の大偉業を試み海国男子の一新生面を開くあらんとするもの、之れを是れ海軍予備大尉郡司成忠氏なりとす。嗚呼嚢《さき》には孤身鉄馬に鞭ち万里の遠征を試み、今や将さに西比利亜大原を横断して帰朝数旬を出でざらんとする福島中佐の快挙あり。今又郡司大尉の壮図を耳にするに逢ふ、吾人豈に亦其壮絶快絶を歌はずして可ならんや。（毎日、九三・二・二八）

また、遠く在米日本人からも

一鞭を携へ、一馬に騎り、欧亜の大陸を横断し無事帰朝せられんとするものは福島中佐なり。端艇六艘万里の激波に漕行せられしものは軍司《ママ》大尉一行百余人なり。〔中略〕一は陸軍の壮挙とし、一は海軍の壮挙とし、美名を天下に挙げしを喜び[5]〔後略〕

と二人はともに語られる。

おそらく単独ではこれほどの騒ぎにならなかったと思われるが、二つの冒険行が重なったことで、「冒険企業者漸く多く出でんとす、元亀天正時代に於ける放胆的日本人の本色は再び応に発揮せらるべき乎《か》。ア、曙光は国の前途に見ゆめる。」[6]などのように、彼らの出現を時代的な必然と解釈することも可能となり、「危険を冒すの点に於ては相譲ら」[7]ない「壮」で「快」な二つの冒険行が話題となりはじめる。新聞・雑誌の記事は増え、錦絵や双六、彼らの名を冠した煎餅などの便乗商品もたくさん出され、特に福島は、病気になった愛馬との別れのシーンが演劇化されるなど[8]、時の人となってゆくのである。[9]

三月二〇日、郡司一行は多くの人々に見送られながら五艘の端艇で墨田川を出発、太平洋岸の各地で歓迎にあいながら北上してゆく。しかし、危惧されたとおり、八戸出航後の五月二二日に遭難、隊員十人が溺死、郡司自死報道すらなされる状況となった。そのため、最終的には軍艦などの助けを借り、目的地である千島の占守島に向かうこととなるが、新聞などの報道は一気に下火になる。

ちょうど福島の帰国の日時が明らかになり始めたのはこの頃であった。郡司の挫折を打ち消すかのように「福島熱」は高まってゆくこととなる。各地で歓迎会が企画され、福島の現在地は逐一新聞で報道され、「憲法発布以来絶えて見ざるほど」[10]のお祭り騒ぎの中で、福島は東京に凱旋したのであった。

こうした状況を受けて、新聞、雑誌はこぞって社説などで冒険・探検について論じることとなる。依田学海が「殆ど全国狂の如し」[11]とまで言うほどの過熱の中で、彼らの冒険行をどう評価すべきか、真正の「冒険・探検」とはどうあるべきかについての言説が近代日本においてはじめて大量に産出されたのだ。この意味でも、一八九三年は近代日本の冒険・探検史にとって時代を画する、非常に重要な年だということができる。

では、こうした二人の熱狂を生み出した当時の社会において「冒険・探検」とは一般にどのようなものと考えられていたのか。福島と郡司はどのような状況に登場したのだろうか。

二　冒険・探検と殖民事業

明治二十年代前半の新聞記事から、当時の「冒険・探検」をいくつか紹介してみよう。

「南洋探検者の奮発　昨年の秋仙台人横尾東作氏と与に南洋無人島探検の為め遠く航海をなしたる同地の人細谷真英氏は〔後略〕」（東雲、八八・三・一八）横尾東作は玉置半右衛門らとともに南洋諸島の開発者として名を知られる人物であり、一八九〇年には南洋貿易会社「恒信社」を設立した。

「欧米白皙人は世界を以て家となし、今日人の耳目に触れたる世界を以て尚ほ狭小となし、或は遠征隊を北極地方に発し、或は探検者を極南地方に発し〔中略〕何ぞ胆の大にして事業の快濶《かつ》なるや」（毎日、九〇・一一・一四）これは毎日新聞の当時の主張である「殖民よりも出稼ぎすべし」という社説の一節である。

「殖民地探検　日本移住組合発起人にして海外殖民論の著者たる福島県の恒屋盛服〔中略〕青森県高野周省〔中略〕は来る十五六日頃横浜を出帆して北米合衆国に渡り先づ同国及び墨其哥《メキシコ》内地を旅行し〔中略〕日本人移住の適否を調査する筈なりと云ふ」（東朝、九二・三・八）これは榎本武揚が推進したメキシコ殖民のための調査である。

「天祐丸の風信　南洋貿易の冒険者一行を搭載して五千里外の蛮烟瘴雨《ばんえんしょうう》に帆影を没し杳々として絶て其音信を聴かず〔中略〕天祐丸の安否は、是等冒険者の頭領たる田口卯吉氏が九月二十六日を以て東カロリン群島のポネペより発し〔後略〕」（毎日、九〇・一一・二）。これは田口の有名な南洋貿易であるが、南洋、そしてメキシコは当時の殖民や貿易の有力な候補地であった。

「国民に冒険の性あると否とは大に一国経済の上に影響を有するものなり〔中略〕嗚呼我日本人民よ、いやしくも志慮の国家将来に及ぶあらば須く北海道殖民事業を企てよ、須く冒険の気質を養成せよ」[12]北海道もまた殖民事業の重要な地域であった。

当時の「探検・冒険」として新聞でしばしば目にする記事の多くはこうした「殖民」や「出稼ぎ」「開拓」「貿易」などの文脈にあるものであった。『国民之友』が「探検熱は、殖民熱と与に上る」[13]とする通りなのであり、天台道士こと杉浦重剛も「福島中佐の単騎旅行壮ならざるにあらず、郡司大尉の短艇航海快ならざるにあらず、其他南洋の探検、墨西哥の移民何れも皆活気を帯びざるはなし」(「冒険」東朝、九三・三・二五)と福島、郡司と同じ地平でこれらの殖民探検や移民を語る。

福島安正の凱旋と歓迎の様子(円内は福島)
(出典:『大阪朝日新聞』1893.6.25)

ではここで「殖民熱」の時代について概観しておこう。わが国の殖民史において明治二〇年代前半期は一つの画期とされており、[14]たとえば日本初の民間移民会社である吉佐移民会社が誕生したのは一八九一年のことである。また、榎本武揚はこうした殖民政策のキーパーソンであったが、彼は亜細亜協会、東邦協会など、アジア主義、膨張主義的な志向を持った主要な組織における中心的な人物であり、(東京)地学協会でも長らく副会長を務め、外務大臣時代には殖民省を創設、一八九三年三月一一日には殖民協会を発足させ、自ら会長となるなど、官民の立場から殖民事業に邁進し、メキシコ殖民は彼が最も力を入れた事業であった。

そうした動きと呼応するかのように、民間での殖民熱、探検熱もまた高まってゆく。例えば先ほどの引用にあった恒屋盛服はすでに自ら「日本移住組合」を組織していた[15]が、それを解散して殖民協会に参加し幹部となり、自らメキシコ「探検」に赴いた人物である。のちに東亜同文会幹事となり、国民同盟会で頭山満ともつながりを持つ対外硬派の人物であるが、当時の新聞ではメキシコ関連の記事でしばしば登場し[16]、「殖民協会演説会」という記事では「墨西哥探検者」(朝野、九三・四・一八)と紹介されている[17]。福島登場以前を仮に「殖民探検の時代」と定義できるなら、恒屋はその時代の代表的な探検家と言えるだろう。

このように、明治二〇年代前半において「冒険・探検」は殖民事業の一環としてあった。「事業としての冒険・探検」として、筆者は以前の論文でこれについて論じたが、[18]当時「冒険・探検」には常に経済的（時には領土的）な利益が前提され、同時に人口問題、労働問題、若者たちの授産の問題などの解決の方策としても論じられているのである。

福島、郡司が登場したのはこうした状況においてであった。では、福島、郡司の冒険行はこうした状況に対してどのような位置にあったのだろうか。だがそれを明らかにするためには、いったん寄り道をして、当時の殖民的な「冒険・探検」を支えた人々と、その言説を検討せねばならない。

三　「険を冒す」ことの禁止——反「僥倖」の論理

まず見るべきは、当時の「冒険」すなわち「険を冒す」という概念がはらんだ否定的なイメージの問題である。

福島・郡司について語られる当時の冒険・探検言説の中には奇妙な禁止の言説が見られた。多くの言説では「日本男児の本色」[19]などとされ、「第二の郡司大尉出で、第二の福島中佐出で」んことを「今の少年諸君の将来に期する」[20]、「大尉の事、模倣して可」（「郡司大尉」国会、九三・二・二八）とまでされている福島や郡司を、若者たちは真似てはいけない、という言説であり、また郡司が自らを「冒険者」と呼んでくれるな、とする言説であった。

なぜこのような言説が生まれてくるのか。結論を先に言えば、それは当時の社会状況に原因があった。教育社会学者の竹内洋は、明治二〇年代を人材選抜の転換点とし、若者たちのあるべき立身のあり方として「僥倖」的なあり方が否定され「秩序ある順路」を歩むことが必要となってくる時代という。[21]それはすなわち、流動性の高い時代において往々起こり得た、偶然の知遇や一攫千金的な試みによって「僥倖」的に生まれる地位の上昇ではなく、「学歴」を身につけるために学問に励むなど、「秩序ある順路」を見通してそのために入念に「準備」を積む時代への変化であるが、そうした時代に、福島や郡司を真似ることで、否定されるべき「僥倖」的なあり方を呼び起こす可能性が、当時危惧されたのである。[22]具体的に見てみよう。

『東京朝日新聞』は社説「再び移住出稼の事業に就て」において「探検の業の如きは頗る着実なる方法手段に依らざるべからずして、決して一時客気的の業にはあらざるべきなり」（東朝、九三・四・二六）と述べ、またその翌日、社説「競て豪傑を学ぶこと勿《なか》れ」において、以下のように述べる。

人みな福島中佐たるべし、郡司大尉たるべしと思惟し（中略〕張三李四みな英雄を気取り豪傑を学ばば、所謂虎を画きて成らず猫に類するの失措《しっさく》を処々に現出する〔中略〕非常の功名事業は非常の偉男子にして之を成し遂ぐべし。但社会の事は東西古今の別なく尋常平凡の事に就て鍛錬すれば遂に大事業を成就するを期すべきものなり。〔中略〕男児宜しく壮絶快絶の偉大の事業を成すべきのみと覚悟して〔中略〕勤倹守るに足らざるなり〔中略〕と云如き風尚をして若しも我青年社会に流行せしめたらんには、是実に由々敷大事にして国家衰頽の厄運遠からず〔中略〕豈に深く誡めざるべけんや〔中略〕世の有為の青年諸君に白す。諸君競て豪傑を学ぶこと勿れ。唯尋常平凡の事業を練磨せよ。[23]（東朝、九三・四・二七）

同様の禁止は他の新聞でも確認できる。「抑《そもそ》も事業を成さんには、無学的冒険に出でずして知識識的冒険に出で、僥倖的冒進に出でずして、着実的壮図たらざるべからず、何となれば無学的冒険、僥倖的冒進の破れざるもの幾《ほと》んど稀なればなり」（朝野、九一・七・二）、「冒険事業と言ふ成敗の予知し難き事業の危険なる固より論を俟たずと雖も能く困難の多少を測地し以て予しめ之に備ふる所あらずんば事成らず功挙らず」（「冒険事業」報知、九三・三・一）、「壮年血気の輩に向ては務めて着実を説て無謀の挙動を制し」（「冒険と実業」時事、九三・三・二八）などである。

郡司の言説もまた同様の論理に従っている。郡司について一番問題となったのは、手漕ぎボートによる航海の危険性であるが、彼自身は「二千哩ノ航程ヲ端艇デユクト云ト何カ冒険的ノ事業ノヤウニアリマスガ、冒険トイフ評ハ受ケヌ積リデゴザリマス。此端艇ハ確実デアルカラシテ〔中略〕世間ノ人ガ二千里モ端艇デ走ルトイフト冒険ノヤウニ思ヒマスケレドモ自分ニハ怪ンデ居ル所ハ更ニナイ」[24]と、端艇の構造上転覆の心配はなく「険を冒す」ものではないと語る。

この郡司の発言はメディアでも繰り返される。『少国民』は関根正直の「世間、大尉を以て一の冒険者とし、事を好み奇を衒ふ者と、思へるもあるこそ口惜しけれ。〔中略〕数年の調査と経験と、準備と熟練とを蒐めて、積む船にも漕ぐ水夫にも、深き用意なからじやは。」[25]という送辞を掲載し、また、『少年園』は「郡司海軍大尉を餞す」という文章で以下のように言う。

> 世に冒険家なるものあり、事の成否を謀らず、好んで危険を冒し、万一を僥倖して名誉を誇らんとす〔中略〕郡司大尉が千島航行の如き、実に危険を冒すものたり。然れども是れ世の所謂冒険家とは大に異なるもの

郡司成忠
（出典：『運動界』6号）

なり。大尉の言に曰く、「余を冒険者と評せらるるは余の最も快とせざる所なり〔中略〕心を盡して調査したる後〔中略〕安全に彼地に達すべきことを確知し、又彼地に至りて、心静に事業を拓くべきことを確知し、而して此行をなすなり」と。即ち大尉が此回の企ては、世の所謂冒険者山師輩が、一時の名利を期して、謀る所と全く異なるものあるを知るべし。[26]

すなわち、郡司は入念に準備して、安全も確認しており、これは無謀で危険な行い＝「険を冒す」ものではなく、郡司は「冒険者山師輩」ではないというのである。

いくつかの新聞にも同様の内容が掲載される。「郡司大尉人に語りて曰く、世人は余を目するに冒険者を以てす。然れども予は其評の甚だ酷なるを信ずるものなり」（「郡司大尉壮図遺聞」毎日、九三・三・四）や「余は〔中略〕尤も安全なる方法を撰びたるなり。〔中略〕余が解釈を以てすれば『冒険者』といへる文字は一か八かヤッテ見ろ中途で斃れたら夫れまでの天命じゃと無謀若しくは粗略なる計画のうちに一身を投じ去るの謂なりと思ふ。〔中略〕余は決して冒険者に非ず。寧ろ臆病者なり。端艇を以て千島に航せんとの考は一朝一夕の事にあらず」（「郡司大尉の北征談」報知、九三・三・十四）などである。

では、ここで言われる「所謂冒険者山師輩」とはどのような人々であったのか。注18の論文で筆者は、こうした冒険的な山師たちが当時の社会において具体的な社会集団として像を結んでいたのではないかという仮説を提示した。その一つの根拠は『少年園』雑報欄の「冒険家」というタイトルの記事であった。

米国在留の本邦人白井某は〔中略〕西南の役、賊軍に属して、艱難《かんなん》せしが〔中略〕兎角冒険の事業を好み、少しく儲金すれば、忽ち山仕事に手を出して、失敗すること再三ならず〔中略〕今春ニカラグア国に争乱起りしと聞き、是れ男児業を為すべきの秋なりとて、一人の同志と相携へ、同国に向ひて出発し、遂に革命軍に投じたりといふ。[27]

この白井某は、単なる山師ではない。政治的な挫折の後、実業にも失敗し、ついには海外に出て革命運動に身を投じてゆく。郡司が同一視されたくなかったのは、当時実際に存在したこのような人々、明治二〇年代の「秩序ある」社会の形成期にそこからはみ出さざるを得ない青年たち、すなわち当時「壮士」と呼ばれた一群の挫折した政治青年たちではなかったのだろうか。

四　壮士授産のための殖民事業

まずは、郡司隊と壮士たちの関わりについて、興味深い記事を二件紹介したい。

> 同行を望む者尠《すくな》からず、中には徒らに冒険を喜べる壮士輩の如き者続々加盟を申込むもあれど大尉の此の行たる固より尋常探検の比にあらずして〔後略〕（東朝、九三・二・二七）

> 報效義会監督員浅原唯次氏が義会の為に上京して日々奔走することの新聞紙上に出るを見て〔中略〕義会に入会して千島に渡航せんとする志望者最も多く〔中略〕其人品は何れも壮士、書生、失敗商人等にして真に義会の精神に感じ埋骨を千島の絶島に期せんとする者にはあらず、多くは糊口の策に窮し一身の方向に困《くる》しむ者にして〔後略〕（東朝、九三・一〇・一）

ここで郡司の周囲に集まってきた「冒険を喜べる壮士輩」達は、先にみた「白井某」のような人々ではなかったのだろうか。そもそも当時の拓殖事業はそうした解釈を生む可能性を持っていたのではないか。なぜなら、実は、先に述べた榎本を中心とした官民をあげての植民事業に、自由党が深くかかわっていたからである。

武藤三代平[28]は、先に見た榎本の殖民協会に「自由民権運動期に壮士と呼ばれ、政治活動に奔走した民党代議士が総出で参加」（七三頁）していたという。彼らが目指したのは「議会期を迎えて必要価値が無くなった、壮士と呼ばれた過激な集団群を海外へと排出する行為（壮士処分、ないし壮士授産）であった」（七三頁：カッコ内は原文）。

すなわち殖民協会とは、自由党にとっては、指導部も持て余し気味となった民権運動に敗れた若き血気盛んな青年たちのエネルギーを北海道、さらには海外の殖民事業に振り向けてゆくことを目指したものでもあったのだ。多くの政策で対立する榎本と自由党は殖民事業に関しては利害が一致し協力関係が構築される。榎本の殖民協会の結成も実は自由党側からの提案により実現したものだと

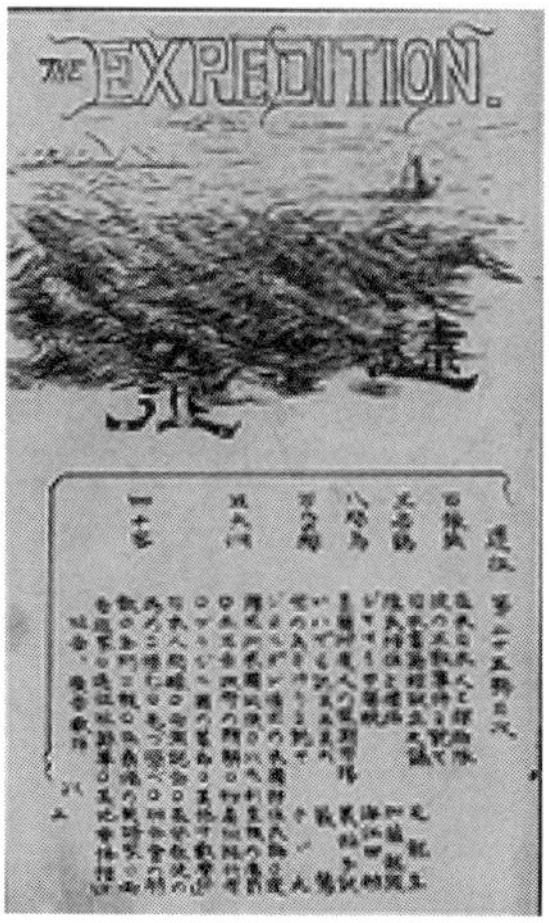

移民たちの手になるサンフランシスコの邦字雑誌『遠征』25号の表紙。英文名は"The Expedition"である。（出典：フーヴァー研究所邦字新聞デジタルコレクション）

武藤はいう（一一五頁）。

　武藤によれば、一八九〇年に榎本が会社を興しメキシコ殖民に乗り出した際に「海外雄飛の先兵を志す者が榎本のもとへ殺到」したが「この殺到者の中に一つの傾向を見出せる。それが壮士という存在であり、自由民権運動に熱をあげた者らが榎本の周囲に馳せ参じ」（八三頁）たということであり、自由党内でも、政治資金を獲得し、さらには「不満を持つ壮士らを処分していく」（八九頁）ために殖民活動がクローズアップされ、事実星亨が「海外移住同志会」を結成し、実際に移民を送り出すなどの活動が行われているのである。

　こうした武藤の議論は、他にもいくつかの資料から裏書きできる。例えば『時事新報』は「壮士を如何せん」という社説において「針路を平和の方向に取り、北海道又は外国へ移住の企は、自から壮士の心事を一転するに足る可し」（時事、九〇・九・二〇）と言い、『万朝報』は「壮士の仕事」という記事で「先づ無用の壮士を駆って近年流行の海外殖民地へ向け輸出せば、乃ち壮士の仕事に有り付くを得べきかと考ふるなり」（万朝、九三・九・一二）と言うのである。[29]

五　壮士と「冒険者山師輩」

　では、こうした壮士たちは当時の社会においてどのように評価されていたのか。メキシコ探検者としてすでに紹介した高野周省は自由党主催の談話会で以下のように述べている。

　日本人の小供で陸軍中将になって居る人がある〔中略〕壮年の頃親父さんと髪苅を致して居る内、革命の戦争が起りました、其時革命党に与して大功を立て大佐に昇りました、それから段々進んで、遂に今の将軍に昇りました〔中略〕先づ体が丈夫で魂がシッカリして何か手に職のある者〔中略〕が行けば、金も溜まらふ、そして中央亜米利加又は南米抔にイザ革命と云ふ様な場合に乗込んで一ト働きすれば、県令や知事にはなれることがある、政党間の壮士諸君には学力もあり、胆力もあり、才気もあり、実に惜い人が沢山ある、そう云ふ人は何か一寸とした手に職を覚へて、アチラへ往ッて勤勉事に当れば、随分働きを為すことが出来ると思ふ。[30]

これは、まるで先に見た「白井某」について語っているかのような言説である。自由党での演説だけに、高野は彼らの政治的な力量を海外でも通用するものと評価する。しかし彼らのその政治力こそが「秩序ある順路」が整ってきた国内ではすでに無用のものとなっていたわけなのだ。

それゆえ壮士たちの海外での行状もまたそうしたまなざしで眺められ、時に批判がなされることとなる。[31] 例えば、志賀重昂はハワイ移民の虐待事件について以下のように語る。

予輩は詳知す、所謂移住人民の間には新聞記者と自称するものあり、演説家あり、剣客の落魄《らくはく》者あり、除隊後の兵士ありて、此輩の各砂糖耕地に就業以来虐待苛遇の苦情絶ゆる期無きことを。〔中略〕予輩は詳知す、四五年前なる日本移住人民虐待云々てふ報告の幾分は移住人民中なる書生、演説者等の手に成りたるものにして、此輩身体軟弱、資性懶惰《らんだ》、文筆口舌に巧みにして、労働使役に堪へず、時に或は監督者の呵責を被ふり、心私かに不平憤悶に禁へず、遂に諸般の造語を以て本邦に通知したるものに出たることを。[32]

ここでは高野の言った彼らの政治的な力量の高さがが逆に裏目に解釈されることとなる。

そしてさらに、彼らへの批判は、こうした具体的な次元だけではない。植物学者であり、のちに雑誌『地学協会報告』の編集主任を務めた田代安定[33]は、彼らの「僥倖」を目指す態度そのものを批判し、「誠実」な準備を求めている。

敢テ告グ、世上ノ南洋壮士衆、徒ニ空洋万里ノ天荒外ヲ望ンデ百尺海楼ノ雲遊ノミヲ説カズシテ、時ニ我ガ富源天附諸嶋ヲ省視セヨ、壮士衆ノ南洋航壮ハ則チ壮ナリト雖ドモ、其ノ壮多クハ一時ノ壮挙ニ止リ〔中略〕南洋諸嶋亦タ宜ク赴クベシ、但シ其赴クニ於テハ各々倹勤節約堅忍剛毅ニシテ力行自営ノ誠実主義ニ依リ詐偽瞞着軽佻懶惰ノ擬縉商主義ヲ絶テ避ケザル可ラズ[34]

このように、当時の壮士たちの殖民事業には、こうした「僥倖」をもとめる「冒険者山師輩」というイメージが重ねあわされていた。すでに見た冒険の「禁止」とは、壮士たちが民権運動以来未だ消えない「僥倖」を目指すエートスのままに殖民事業〜冒険事業に乗り出すことに対する「禁止」なのであり、当時なされた多くの「冒険・探検」はこうしたイメージを重ねあわされて眺められていたのである。[35]

そして、福島、郡司は、こうした状況の中に登場することになったのだ。

六　福島と郡司の冒険行の意味

このように一八九三年の「探検熱」と「殖民熱」をその背景まで追ってみたところで、ようやく、福島と郡司の位置づけが可能となる。

何といっても重要な点は、一八九三年に話題となった二つの冒険行は、こうした壮士授産の冒険行ではないということなのである。彼ら二人が特に話題となったのは、「僥倖」を目指す「冒険者山師輩」とは異なった二つの冒険が突如出現したからなのだ。彼ら二人が共に軍人であったという点は重要である。特に福島は、現役の武官であり、さらに遠征中に臨時で中佐に昇任した。このことの意味は非常に大きいと思う。それは軍隊における「秩序ある順路」だからである。[36]

だが、郡司については、福島とは少し異なり、「冒険者山師輩」的なイメージで眺められる可能性はあったというべきかもしれない。報效義会の構成員の大部分は退役軍人あったが、先の志賀の批判で見たように、退役軍人もまた山師と見られる可能性があるのであって、それゆえに郡司は自分が、好んで険を冒す者ではない、と語らねばならなかったのかもしれない。

郡司の目的が「拓殖」であった点も、壮士たちの殖民探検との差異を見えにくくした可能性もある。例えば報效義会とは別組織で、「北洋物産会社」が設立されていたのであるが、これは報效義会の海産物の流通・販売を一手に引き受ける目的で設立された会社であった。こうした営利組織があることも、郡司の目的が高遠な志ではなく、自らを利するためのものと言うイメージを招いたかもしれない。

さらに付け加えるならば、この福島・郡司の独占取材権を獲得し、福島にはウラジオストックから、郡司には東京から、記者を随行させたのは東西の『朝日新聞』であった。福島には『大阪朝日』の西村天囚が、郡司には『東京朝日』の横川勇次（省三）が随行するが、[37]横川は加波山事件で投獄された経験のある民権壮士である。こうした人物の随行も郡司のイメージに何らかの影響を及ぼしていたのかもしれない。

それに対して、福島はあらゆる意味で、「冒険者山師輩」とは異なっていた。福島の遠征は確かに、それまでの殖民探検に比すれば、相当に危険に満ちたものであった。しかもそれは拓殖目的でも、商業目的でもなく、彼の遠征は「官命である」との報道もなされ、軍事目的の機密の旅であるということも一部で伝えられていた。[38] 新聞などに掲載される旅行記も、巷の演劇的な盛り上がりとは逆に、スリルに富んだ波乱万丈のドラマチックなものでは全くない、着実なものだった。彼の冒険行は郡司に比して「僥倖」を目指すものとは解釈されにくく、また、そこに「私利」を読み込むことは難しかったのだ。

こうして、福島はこれまでの殖民探検者や山師輩とは全く異なった存在として華々しく登場した。それはわが国における「冒険・探検」の概念を書き換えるものであった。福島の「壮図」に比較されることで、殖民探検者は相対化されることとなる。それは、その「僥倖」心と、その危険の少なさと、それに比例する（未知の地域の踏破という）成果の少なさから、真正の「探検」には値しないものであるとされるのである。

本邦人の南洋を説くもの徒らに名誉心と好奇心に掩《おお》われ〔中略〕故に南洋に渡航するを以て南洋探検と称し、唯南洋に渡航する事を以て一の冒険事業、天晴の探検家と考え〔中略〕世人も亦自家の陋見浅聞よりして之を冒険事業なりと思い探検家なりと信ずるに至れり。豈に一笑すべきにあらずや。

そして、続いて、真正なる「冒険・探検」の定義が語られる。

未だ文明人の足跡偏ねからざる処を探ぐるの意味にして、縦令《たとえ》ばコロンブスの亜米利加に於けるスタンレイの阿非利加に於ける程の大業ならずとも、せめて容易には行けぬ地とか、誰にでも行かれぬ地とか少しは面倒の処に於て探検の文字が用いられ〔後略〕（「南洋と北海（承前）」万朝、九三・六・一六）

るべきだとされるのである。

こうした議論を、さらに徹底的に行ったのが、雑誌『亜細亜』における志賀重昂の論説である。彼は「福島熱」の最中、一八九三年の四月一五日号、五月一日号に、続けて「殖民探検の指南針」「世の所謂探検なる者」という社説を発表する。[39] 前者の社説において志賀は以下のように殖民探検者を批判する。

只一二の所謂探検者を派遣し、僅々の月日間、其の傍近を徘徊せしめ、車行或は馬行して粗略の観察をなさしめたるに過ぎず〔中略〕帰来すれば漫然報告書を作為し、朝に上り野に頒ち、看る者も亦軽々しく信じて多なりとし、或は又た真に彼地の形勝を観察し、土地の気候風位を調査し、真に日本人の移住に適するを証する者あるも、之れを顧慮せずして了るものあり。

そして、後者の社説においても、同様に、榎本らの殖民事業を名指しながら、それらは「冒険」「探検」に値しない、と批判するのだ。それらは尋常一様の「視察」に過ぎないと。

シドニー、メルボルン、メキシコの大道〔中略〕に行くも、猶ほ且つ「探検」と唱へ、而して自から称して何々「探検家」と呼び、人もまた「探検事業」と云ふに至りては、洵に珍奇の極〔中略〕世人に語るに、冒険の談を為し、珍奇の看を伝ふれば、如何にも其の人の大険を冒し、如何にも奇異なる視聴に飽き来れるが如く信ずるの奇怪さよ〔中略〕域外に出でて触接する所、尋常一様の視察に過ぎざるも、猶ほ且つ或は「探検」と唱へ、探検家と呼び、冒険者と称し、以て之れを偉視す。

だが、志賀の批判は、さらに福島自身にも向けられることとなる。福島の偉業も、彼のスタンレーやリヴィングストンに比すれば、「児戯」であると。それは、まさに殖民探検者たちが批判されたのと同様の論理においてである。

而して夫の福島中佐の単騎旅行の如き、一世以て曠古《こうこ》の偉業と為す、余輩亦た之れを偉ならずとせず。唯だ中佐の経過する所、露国郵便の幹線たれば、世人の想像するが如き危険の行程にもあらずかし、其の馬に跨りて大陸を横絶するの壮快なる是れ偉とすべきのみ〔中略〕邦人が今日に到たるまで做し来りし所謂「探検」と称するもの、西人の眼中より観せば、真に児戯に等しきのみ。〔中略〕之れを以て「探検」と称する、命名の最妄たり。

そして志賀もまた真正の「探検」とはいかなるものかという定義を行う。

固より鉄道もなく、固より汽船もなく、車道なく、馬道なく、通路だになし。而して土地の形勢少しも知られず、土人は兇暴獰悪にして、殺伐を嗜み、闘争して人を啖ふが如き蛮族と交り、万難備さに嘗むるの地に踏入し、数月若しくは数年の食糧と、毳幕《ぜいばく》自から携へ、深く蛮烟瘴霧《ばんえんしょうむ》を冒し、未知の地を探査して、之を世間に紹介する、余輩の所謂「探検」とは是れ、余等の所謂「探検家」とは是れ。〔中略〕彼のリヴィングストン〔中略〕彼のバーク〔中略〕彼のスペック〔中略〕彼のスタンレー〔中略〕是れ盖し真成の「探検家」と称すべき者。

われわれはここに、当時の「探検」という用語が、現在の「調査」と現在の「探検」の二つに分節し始める端緒を見てもよいのではないだろうか。メキシコ探検はおろか福島でさえも真正なる「探検」ではないとされる時、「探検」は当時一般に行われているものよりも、福島の単騎遠征よりも、一層困難であるもの、つまり「険を冒す」「冒険」に接近してゆくこととなる。福島熱のさなかに語られたこの志賀の言説は、現代的な「冒険」「探検」概念の端緒とも言える。それは福島安正という世界と比較し得る冒険者・探検者の出現を待ってようやく出現し得た言説であったのである。

だが、もちろん、ここで否定される冒険や探検の実践が簡単に消え去るわけではない。「僥倖」を目指す「壮士」という存在は次第に過去のものとなるが、しかし、彼らのあり方を引き継いだ一群の浪人たち、例えば「大陸浪人」と言われるアジア主義者たちの一群が、未だ「冒険・探検」に深く関与し、「壮」「快」かつ「山師」的なイメージを振りまきながら、明治末の白瀬の南極探検にまでつきまとうこととなるのである。そうした経緯については次章で論じられることとなる。

〈注記〉

一、本論文における新聞からの引用は本文中に、例えば『東京朝日新聞』一八九三年六月三〇日、を（東朝、九三・六・三〇）と略記した。新聞の略号は以下の通り。東京朝日新聞＝東朝、大阪朝日新聞＝大朝、国会＝国会、大阪毎日新聞＝大毎、東京日日新聞＝東日、横浜毎日・毎日新聞＝毎日、読売新聞＝読売、時事新報＝時事、国民新聞＝国民、東雲新聞＝東雲、郵便報知新聞＝報知、朝野新聞＝朝野、万朝報＝万朝。新聞略号の前に、「 」で記事のタイトルを入れたものもある。

二、引用は読みやすいように、句読点を付け、仮名づかいなどを変更したところがある。

三、本章では一部をのぞき、引用文も含めて「冒険」「探検」で用字を統一している。特に意識された使い分けではないと判断した結果である。

注

1　それぞれ『国民之友』一八七号、一八九三年四月一三日、四四頁。一八八号、同四月二三日、四九頁。

2　無署名（志賀重昂）「世の所謂探検なる者」『亜細亜』二巻四号、一八九三年五月一日、一頁。この論文は重要なものである。詳細は後述する。

3　ここで明治期における「冒険」「探検」という言葉にの使われ方について見ておこう。「冒険」は「大坂市民は、闊達なり、敏捷なり、冒険なり」（国民、九二・六・一九）、「国民として最も智識あり、最も活気あり、最も高潔なる、最も冒嶮なる、最も理想なる階級は青年書生也。」（「青年書生と革命軍」『大日本』一巻六号、一八九七年三月一五日、一七頁。）などの用法もあり、危険を冒す行為一般を指すことも多く、「冒険的旅行」などと形容詞的に使われることも多い。「探検」は時には「探撿」「探験」「探見」「探険」とも書かれ「榎本子爵が〔中略〕在墨国藤田領事をして該地の取調べを命じ〔中略〕外務省にては該地実況探検を行ひ〔中略〕探検に好結果を認めたる上は各々同国に移住し専ら開拓事業に任ずる見込」（東朝、九二・三・二四）、「暴風のため多数の漁民が行衛不分明となりたるより〔中略〕遭難所近傍を探検せしめし事ありしが〔後略〕」（朝野、九三・一・二九）のように現在では「調査」と語られるような実践にもあてられ、また逆に、「グリーンランドの内地を探究し大に名声を揚げたる博士ナンセン氏」（東朝、九〇・九・五）のように、今では「探検」と言いそうなものが「探究」とされる例も存在する。福島が「単騎遠征」といわれるように、時に「遠征」も「探検」と同義で使われている。

4　管見の限りでは一八九二年三月二五日の『大阪朝日新聞』「武官の大陸旅行」が国内での最初の記事である。この頃はまだ「旅行」という言葉が使われているのである。

5　「遥かに福島中佐、軍司大尉を迎送す」『遠征』第二六号、一八九三年五月一日、二一-三頁。なお、『遠征』は在米日本人による初期の日本語雑誌の一つであり、自由党とはそれほど強いつながりを持ってはいないようだ。この雑誌については、有山輝雄「雑誌『遠征』の言論活動」田村紀雄・白水繁彦編『米国初期の日本語新聞』（勁草書房、一九八六年）に詳しい。

6　「放胆的日本」『家庭雑誌』第一巻第七号、一八九三年三月一五日、四一頁。

7　「短艇に乗りて千島に航せんとす」『少年園』百四号、一八九三年二月一八日、三六頁。

8　『早稲田文学』において、福島を「狂言に仕組まんと企つるもの」が現れたことを受け「これら皆冒険小説の現るべき緒にやあらん」とされている点は興味深い（「探偵小説と冒険小説と」『早稲田文学』三六号、一八九三年三月二五日、一一六頁）。「演劇的大快事、士気興奮の佳話」（「福島中佐」国会、九三・三・七）というような評もある。実際、福島については様々な書籍が出版されているがフィクショナルなものも多い。この時点ではいまだ虚実ないまぜになった「冒険・探検」の言説空間は、以後、冒険小説の「奇」の世界とリアルな冒険・探検記〜紀行文の世界に分かれてゆくのである。こうした経緯については、本書第四章や、さらには第五章の執筆者である熊谷昭宏の「『事実』としての『奇』と『危』―江見水蔭の『実地探検』群を手がかりに」（『同志社国文学』六三、二〇〇五年）を参照のこと。

9　詳細は原山煌『福島安正のシベリア単騎旅行に関する大衆メディアの諸相―絵図をめぐって―』（科学研究費助成金特定領域研究「東アジアの出版文化」における二〇〇三年度研究成果報告書「『満洲国』時代を中心とする『満蒙』関係刊行物の研究」）参照。

10　「式場近傍の雑閙」『少年園』一一三号、一八九三年七月三日、一八頁。

11　依田学海『学会日録』第九巻、一九九一年、岩波書店、二四五頁。

12　天涯生「冒険の気質を養成せよ」『真少年』第三号、一八九一年八月三一日、三五・三六頁。

13　『国民之友』一八八号、一八九三年四月二三日、四九頁。

14　当時の社説「殖民論漸く盛なり」（東朝、九一・九・一六）はこのあたりの事情をわかりやすく説明している。「移住殖民の声今や漸く大なり、政府に在りては榎本子の入りて外務大臣となりしより、新に移民課を設け、本邦人の海外移住を主張して、鋭意計画するところあり、今回メキシコに領事館を置かんとするも、亦此意に外ならずと云ふ。〔中略〕軍艦比叡号が南洋を巡航するも、単に練習の目的に止まらず、散在せる群島を訪ひ、進みて濠州に入り〔中略〕俗を察し、産を求め、港湾を相し、大に探検するところあらんとすと云ふ。省みて民間を尋れば〔中略〕海外移住同志会なるものを組織し〔中略〕政府と民間と揆を一にして殖民を唱ふること此の如し」

15　恒屋と曽根俊虎が中心となって一八九二年二月に結成。榎本も名誉会員として参画していた。曽根もまた興亜会（のち亜細亜協会〜東亜同文会）の創立者として知られるアジア主義者である。

16　『毎日新聞』に一八九二年七月一日から「墨国探検日記」を、『東京経済雑誌』に六五九号（一八九三年一月二八日）から、「墨国探征日誌」を連載している。

17　ちなみに、この記事によれば、当日の弁士は、殖民論を論じた古村銀次郎、印度探検家有賀丈八、トルコ・エジプトについて述べた山田寅次郎、田口卯吉、軍艦比叡で南洋を巡行した富山駒吉と三宅雄二郎（雪嶺）、濠州問題について述べた川越余代、墨西哥探検者恒屋、岩本千綱ら「悉く実地探検家のみ」で大変な人気であったと書かれている。雪嶺もここでは探検家なのだ。

18　鈴木康史「福島安正のシベリア単騎遠征に関する研究覚え書き―『事業』としての冒険・探検と『険を冒す』こと

の位置―」『奈良女子大学文学部研究教育年報』第一一号、二〇一四年。なお、「事業」としての冒険・探検については、本書第一章も参照いただきたい。

19 「福島少佐の消息」『少年園』一〇〇号、一八九二年一二月一八日、三二頁。

20 「冒険的遠征」『少年園』一〇五号、一八九三年三月三日、二‐三頁。

21 竹内洋『立志・苦学・出世―受験生の社会史』講談社学術文庫版、二〇一五年、五四‐五六頁。

22 冒険の「禁止」については、注18の鈴木論文においても論じた。また、高橋修は明治三〇年代の殖民小説に冒険の「禁止」が見られることを指摘しているが、それを外へ向かう欲望の臨界点を示すものとし、以降その欲望はむしろ内部へと向かい始めたと語る。ここで言われる内部とは人間の内面でもあって、そうした時代になお外部への冒険を語る物語形式が「冒険小説」というジャンルを産みだしたというのである。（高橋修「『冒険』をめぐる想像力―森田思軒訳『十五少年』を中心に」金子明雄・高橋修・吉田司雄編『ディスクールの帝国　明治三〇年代の文化研究』新曜社、二〇〇〇年、三五九‐三六四頁。）

23 これに対して「中佐を歓迎するの渥《あつ》きは無謀の冒険家を養成するに至るべしと気遣ふあれども中佐は決して暴虎馮河の人に非らず。沈黙にして思慮深く且つ学識にも経験にも富める人なり。」という寄書もある。（T.K「之を歓迎するは偶然にあらず」報知、九三・六・二八）

24 郡司成忠君演説「千島拓殖事業ニ就テ」『精神』二巻一号、一八九三年三月五日、付録一八頁。

25 「郡司大尉の出発」『少国民』第五年第七号、一八九三年四月一日、一四‐一五頁。

26 「郡司海軍大尉を餞す」『少年園』百六号、一八九三年三月一八日、三‐四頁。

27 「冒険家」『少年園』一一五号、一八九三年八月三日、二五頁。なお、ほぼ同様の記事が『郵便報知新聞』一八九三年七月二日、『信濃毎日新聞』一八九三年七月六日にも掲載されている。

28 武藤三代平『明治期における榎本武揚の権力構造』北海道大学博士論文、二〇一七年。特に「第四章　殖民協会の政治権力（前篇）―殖民事業をめぐる榎本武揚と自由党―」「第五章　殖民協会の政治権力（後篇）―初期議会における自由党と殖民事業―」を参照した。以下武藤の引用と参照は、ページ数のみ本文に注記する。

29 当時アジア大陸を徒歩旅行し、福島、郡司と並んで三大冒険家とされた原田藤一郎という人物がいる。これまで不明であった彼の生涯が明らかになったが、彼もまた、大阪事件に関わるなど民権運動家として活動し、明治二〇年代には北海道で実業に乗り出すなどした典型的な壮士の一人であった。詳細については二〇一九年度『奈良女子大学文学部研究教育年報』に発表予定である。

30　高野周省「墨西哥探検談」『自由党党報』三四号、一八九三年四月一〇日、二〇頁。

31　先に引用した在米日本人による雑誌『遠征』（注5参照）には、山師などのイメージを張り付けられ放り出された移民者たちの心情が書き込まれた「在米日本人と探検隊」という文章がある。自分たち在米者は「本国人士」から「日本人の『クズ』なり」とされてきた。しかし「今また殖民協会の設立を聞く。且つや匹馬単剣中佐の快挙の如き、其の邦人の心目を新壮ならしめし功や鮮少にあらざる也。」ようやく彼らによって本国が海外に目を向け始めたわけだが、われわれこそが「探検、殖民の先覚者たる在米日本人」なのであるから、「探検隊を組成して墨国以南の地味、風土、人情、運搬等の便否等、殖民に関するあらゆる事項を調査」すべきだという（『遠征』第二五号、一八九三年四月一五日、一 - 二頁）。「殖民熱」「福島熱」は彼らの複雑な感情に刺激を与えたようで、それがすでに引用した福島・郡司歓迎の文章につながるのである。ちなみに、白瀬矗の南極探検に対して、在米日本人は内地以上に多大なる同情を寄せるのだが、その淵源はここにあるような彼らの心情にあるのだろう。なお、この雑誌はフーヴァー研究所の邦字新聞デジタルコレクションで閲覧可能である。

32　志賀重昂「在布哇日本移住人民虐待事件」『日本人』五〇号、一八九〇年七月三日、六頁。

33　現在は学者として再評価されているが、田代自筆の自伝に「吾ガ素志ハ誓テ学者界ニ入ラズ、政治界ニ一身ヲ立ントスルモノナリ」とある。（自筆の『駐台三〇年自叙史』が沖縄県立図書館に所蔵されており、「貴重資料デジタル書庫」で閲覧可能である。引用は手書きの二三 - 二四頁）なお、この『地学協会報告』～『地学雑誌』編集主任の要職を後に務めるのが次章に登場する小川琢治であるが、この二人の間の「学者」としてのあり方の断層は大きいと言えるだろう。

34　田代安定「南洋航士ニ就テ」『東京地学協会報告』第一二年第五号、一八九〇年八月の報告（発行は一八九〇年一〇月三〇日）三九頁。

35　当時、殖民がらみの山師としてしばしば目にするのは『墨西哥国近況一班　附記日本富国策』（一八八九、私家版か？）という著書もある東海悦郎という人物である。彼の来歴は東雲新聞に一八八九年一一月三〇日と一二月八日から一八日まで連載されているが、政治活動の記載はない。しかし、本名の黒澤一郎で政談演説をしたともされ（東雲、八九・一〇・一七）、詳細は不明である。

36　福島は陸軍大将にまで昇りつめた人物である。長沢和俊は探検家の多くが「悲運にみまわれ、悲惨な最期をとげたものも少なくな」く、「報いられるところまことに少ない」「反逆者、革新の徒」という（長沢『世界探検史』講談社学術文庫版、二〇一七年、十三頁、原著は白水社、一九六九年）し、現在でも冒険家は通常の出世ルートから外れた人々というイメージがあるが、福島はそれにはあてはまらないのだ。

37　記者の随行については、『女学雑誌』が「新聞紙界の探報者、自ら奮ふて如此壮遊に伴随するの勇あるなき乎。」と提案している（「壮遊遠征」『女学雑誌』二四〇号、一八九三年三月一一日、六頁）。

38　機密であるがゆえに、語れないことも多く、以下のような批判もある。「旅行に貴ぶ所は其行程の長きにあらずして、寧ろ其実益如何に在り、而して中佐は此旅行に依て如何なる新知識を携へ来りし乎、余輩未だ聞くことを得ず」。ただし、この社説は、福島がスタンレーやナンセンに及ばなくとも、わが国に「敢て壮遊を試むるの勇者」が出たことに賛辞を送るものである。（「福島中佐の歓迎に就て」朝野、九三・六・二八）

39　以下の引用は「殖民探検の指南針」『亜細亜』二巻三号一二‐一三頁。「世の所謂探検なる者」『亜細亜』二巻四号、一‐五頁。この二本の論文は後に、志賀重昂「探検及び移住の方針」（『太陽』一巻一〇号、一八九五年一〇月五日）としてあわせてリライトされている。

第三章　学術探検と大陸浪人
――白瀬矗の南極探検と明治三〇～四〇年代の冒険・探検

鈴木康史

一　壮士～浪人たちの冒険・探検

第二章では明治二〇年代の壮士たちの殖民探検と、そこに登場した福島安正と郡司成忠の冒険行の意味について考察した。それに続く本章では、明治後半期の冒険・探検を大まかに追いかけながら、明治末までなお生き残る壮士的な冒険・探検について検討し、それが決定的に変容する瞬間である明治末の白瀬矗《のぶ》の南極探検の経緯を取り扱う。まずはそこに至る壮士たちの冒険・探検の系譜を少しだどっておきたい。

一九〇二年一月三〇日、『二六新報』に宮崎滔天の『三十三年の夢』の連載が開始されるが、翌日の第二回の直前のスペースに小さいルビで「注意　次号には『冒険家安くに在る』と題する論評を掲ぐべし」との予告が入る。そして二月一日、滔天の三回目の連載と並んで論評「冒険家何処に在る」が発表される。そこで語られる「冒険家」とは、滔天や、滔天が深くかかわることとなる孫文のような革命を夢見る浪人たちなのである。

> 今や我国、遊侠古武士の風を学ばんと欲して、心身を練磨する者あり、冒険敢為、帝王を業とせる者の跡を追はんとするあり、筆を投じて剣を学び、以て中原の鹿を争はんと欲する者あり、然れども彼等は何の地に其武を用ゐ、如何にして其志を為さんと欲するか

とその文章は始まっている。しかし現状、国内はおろか韓国・中国はこうした英雄的な個人の才覚を生かす状況にはない。

> 英雄の材を用い、武を用いるの地は、其人激昂し易く、

戦を見ること市を見るが如く、其社会未だ老いずして、少年鋭気の存する所ならざるべからず、而して其地は実に南米諸国に外ならず。〔中略〕南米を通じて、一年一回、革命若くは外戦の起る〔中略〕是れ豈に我冒険家が身を託するの好社会なるなからんや

当時このように呼び掛けられる人々の中には、未だ民権の壮士たちもいたであろう。例えば、滔天がシンガポールで大井憲太郎に会ったのは一八九六年であるが、その時大井は「意気傲然として東方経綸を説き、スマタラ開拓を談ずる処、血気の壮夫をして顔色なからしむ、亦旅中の一快事なりき」[1]と滔天に評されるように、意気軒昂だったようであり、この二年後には南洋貿易会社を興すことになる。もはや「壮士」ではなく「浪人」と呼ばれるべきこうした血気盛んなる人々は、いまだその「険を冒す」[2]という姿勢や、その舞台を新天地に求めてゆく行動も含めて、「冒険者」と呼び得る人々であるといえる。[3]

もちろん、こうした人々を山師とみなす眼は健在である。例えば、「近来清韓経営に対し、各種の調査機関設置せられんとするは、誠に喜ぶべしと雖《いえども》、唯其懸け声の大にして、其調査の真面目ならざるは、深く慨せざるを得ず、是れ畢竟一時の山師的虚業家の集合体にして、其目的とする所極めて賤劣なるが故なり。」[4]という文章がある。日清戦後、移民たちはますます増え、大陸との経済的なつながりも大きくなり、ロシアの脅威が現実のものとなってくる中で、「支那内地の事情を調査するの機関として支那探検会社を組織す可し」と「探検／調査」の必要を述べる議論は多く、[5]東亜同文書院をはじめそうした調査機関も多数設置されたわけであるが、そうした場所には一山当てようとする「大陸浪人」と呼ばれるような人々も多数吸引されただろうことは想像に難くないのである。

ただし、こういった浪人たちは、明治二〇年代の壮士たちのように社会的な問題として存在するわけではない。世が世なら「国士」としてあり得たかもしれない彼らは、もはや国家を根底から揺るがす存在ではなく、逆に「非行者」「アウトサイダー」的なイメージを張り付けられた敗者たちであった。[6]彼らはそれ以後も国士的、悲憤慷慨的、膨張主義的な志向と、奇抜なふるまいを繰り広げ、それは若い世代に再生産されてはゆくが、そうしたふるまいは時代が下がるにつれ「バンカラ」と称される共同体内部（たとえば旧制高校の学生たち）に閉じ、記号化してゆくのである。[7]

前章と本章で見ている海外雄飛し冒険・探検する「山師冒険者輩」たちとは、上記のように否定的にまなざされてゆく、「国士」たろうとする人々の系譜でもある。[8]高嶋は

本書第六章一二四頁で「別の国家＝システムのあり方を想像し、その実現に身を投じることは不可能ではなかった」というが、彼らは日本国内でかなわなかった別のシステムの夢をその外部で実現しようと夢見た人々なのである。

彼らは他日「国士」として世に立つまで、「浪人」という存在として、こうした「険を冒す」者という奇矯なイメージを引き受け、僥倖的、在野的、そして膨張主義的な志向を、中国大陸や南洋に出奔し、事業を興し、深山幽谷に踏み入り、時には政治家となり、時には革命に参加することで実践していたのであろう。世に立つ日が来なければ、それは閉じたゲームに過ぎないが、それでも彼らは第二章で見た「秩序ある順路」の外に出てゆこうとするのである。彼らはそのような志向を持った人々であり、外部に「冒険・探検」に向かうことはその実践にほかならない。わが国における冒険・探検史は、このような人々によっても担われていたのであり、そしてそうした人々が白瀬の南極探検を支えることとなってゆくのである。

二　冒険小説の禁止

ではここで、明治三〇～四〇年代の冒険・探検の変容について、特に青年たちにおいてそれらの実践が閉じてゆく様について、白瀬について論じる前に、一瞥しておこう。

この時代の冒険・探検についての言説を見ると、やはり、「団体的山河の探検等最も興味あるべく〔中略〕砿山等の探検踏査をなして体育と併せて実利の一法に資するを得ば更に妙ならんが、尚進んで朝鮮支那満州等の実業的探検をなす如き、少しく冒険なるだけに興は一層深き者あらん。」（「運動と探検」大毎、〇三・六・三）という記事や、大谷光瑞の印度再探検に寄せて「動《やや》もすれば危険を慮りて、国民の冒険心を抑へんとするの傾き」があるが、「我輩は常に快濶勇壮なる国民性を煽揚し、冒険探検等に依れる科学界の発見に於て、我国を欧米の同列に進めんことを熱望する」（「快濶勇壮の気風」読売、〇九・九・二）などのように、冒険・探検を奨励する言説は多い。

そして、それらに対してまた、明治二〇年代同様に、禁止の言説も存在する。ただしここで興味深いのは、冒険・探検だけでなくその誘因となる冒険小説が禁じられる言説が登場していることである。もちろん、第四章で論じられているような冒険小説の流行がその背景にあることは言うまでもない。

たとえば、『毎日新聞』の「少年読書上の危険」という社説では

> 青年の為めに特に忌むべきは、卑猥の書、冒険の書是なり。〔中略〕少年の気力を励ますべしとて、之を奨むる者ありと雖、其実事談に於てすら、害多くして利少し。〔中略〕少年が前後の考なく、遠征を企てて失敗し、人の笑柄となるが如き、多くは造り物語りの冒険談に過たるるなり。世に所謂冒険として成功する事柄は、其事初めより冒険に非ず、其人決して突飛の猪勇に非ずして、積思積慮に発する者なり。（毎日、〇三・六・二九）

と言われるのである。また、少し時代は下がるが、以下のような事件も記録されている。大連の十六歳から二〇歳の男女青年たちが「フイと姿を隠して仕舞った」が、見つけて聞くと「西半球探検の壮途に就かうといふのだから親たちの驚きも無理はない」「聞けばいづれも探検小説の熱心なる愛読者で此大それた企ても全く其結果」なので「小供に英雄談や冒険談を読ますのもチト考へ物」というものである（大毎、一〇・七・一二）。

これは、明治二〇年代のように、青年たちが「僥倖」を求めることを危惧しての禁止ではなさそうである。先の『毎日新聞』の社説では「世に所謂冒険談の書は、其事を奇にして、読者の想像を支配する者多し」（毎日、〇三・六・二九）と言われているが、その通り、青年たちは、冒険談がフィクション化してゆくことによって強まるその奇抜さに感化され、後先のことを考えずに飛び出していっているようである。それは第四章九二頁で武田が言う「日常生活から解放する」快楽につき動かされていると言ってもよいかもしれない。ここでは彼らは将来の成功よりも、むしろそのようにふるまうこと自体を目的にしており、それゆえに青年たちへの禁止は、彼らの目的に対してではなく、あとさき考えない自己目的的な無謀な態度に対するものとなる。

ここでみたような冒険小説好きの青年たちにとっては、もはや「冒険」とは一足飛びに権力や富に到達する手段ではなく「僥倖」は視野にはない。[9] 例えば「蛮勇」の代表たる押川春浪の無銭旅行談を読んで、自分も無謀にも無銭旅行を試みることは、あえて上記のような禁止を侵犯し、そうした空間で奇抜さや無謀さを競いあうゲームのようにもみえる。そうした実践は内面に「冒険的な気象」があることの証明となり、先に述べた「バンカラ」という共同体はこうした実践を行うことで参入できる空間であるが、そこでは彼らは国家尚武などの壮大な目的を口では語りながら、現実には無銭旅行や壮遊運動会などの「バンカラ」な実践＝ゲームに戯れることとなる。春浪の『冒険世界』という雑誌はそのお手本なのである。

外部に目的を喪失したこうした冒険的実践は「探検」という言葉ではもはや呼びにくいものであろう。「冒険」はこうして「冒険小説」という物語形式と連動しながら、「探検」と分離し、独自の自律したあり方を得ることとなる。そしてまた「冒険」と切り離された「探検」にも「学術」という新しいあり方が付与されることとなるのである。

こうした経緯こそ、以下で論じる白瀬の南極探検をめぐってかわされる「冒険的気象」vs「学術探検」という議論の底流をなすものと考えられるが、少し時代を先に進めすぎたようである。いったん明治三〇年代に戻って「学術探検」が浮上してくる様子について見てみよう。

三　学術探検の前景化——世界に裨益する平和の業

こうした冒険・探検の変化が進行する中、明治三〇年代半ばから、それ以前にはあまり見られなかった言説が登場する。雑誌『中央公論』は一九〇二年に「大陸の探検と我国民」[10]という記事を掲載して、探検を四分類し、（一）政治の方面（二）学術の方面（三）実業の方面（四）宗教の方面、とする。これまでの冒険・探検の目的とされた（一）（三）に対して、ここで（二）と（四）が対等にクローズアップされてくるのである。（四）については『中央公論』が仏教系の雑誌であることからであろうが、注目すべきは（二）の学術の方面からの探検である。

もちろん学術探検については明治二〇年代から語られていないわけではない。例えば日清戦争に際して杉浦重剛は『東京朝日新聞』に「学術上の探検は如何」（東朝、九四・一〇・一七）「再び学術上の探検に就て」（東朝、九五・三・一三）との社説を発表しているが、そこでは「博物学、地文学等の如き」は「欧米諸国人の足跡未だ遍《あまね》からざるに先ちてこれに着手する」ことは「学術上の効果」のみならず「我邦の唱道する所の大義と併び馳せて相悖《あいもと》らざるものあればなり」（東朝、九四・一〇・一七）と述べられ、学術探検の意義はあくまで一国の利害の範囲内にある。

それに対して、『中央公論』では「世界の科学に貢献せんが為め」[11]という言葉が語られる。ここでは学術が一国を離れ、世界という場所に還元されるのであるが、実はその背景には学術探検が世界に裨益する「平和の業」という論理がある。『時事新報』の「北極探検」（時事、〇一・一二・二三）、「北極探検を企つ可し」（時事、〇一・一二・二五）という二つの社説は詳細にその論理を語っている。まず「今後諸般の科学の大成を期するには是非とも此（ナンセンの北極）探検の結果に待た」（時事、〇一・一二・二三、カッコ内引用者）ねばならないとし、次いで、日清戦争、北清事変で「日本の武力が世界に識認せられた」

けれども、「平時は平和の業を以て文明国民たるの面目を発揚」することも重要で、そのためには「学術の研究に前人未発の新事物を発見」するのが「世界の人類を裨益」するゆえに最善で、その最も「屈強な事業と云ふ可きは北極の探検即ち是れなり」（時事、〇一・一二・二五）と論じるのである。

「学術探検」はこのように、日清戦争後の日本において、「世界に裨益」する「平和の業」として、日本が「世界」に開かれてゆくために、いっそう強調されることとなる。第六章一三二頁においても中国の地質学会が国際的な視野からコスモポリタンな姿勢をうちだした事についての言及があるが、それに通じるものであると言えるだろう。

では、実際に、そうした世界的な学術探検を成し遂げた冒険家・探検家はいたのだろうか。例えば明治三〇年代を代表する探検家河口慧海[12]や大谷光瑞はそのさきがけと考えられるが、ここでは日露戦後に時間を移し、世界的な競争に自ら飛び込んでいった白瀬矗についてみてみたい。

彼の南極探検は日本人探検家がはじめて世界を視野に入れて行ったものであった。それゆえに「学術」的でなければならないとされるのであるが、しかし未だ壮士〜浪人的な冒険・探検を色濃く残してもいた。次節から見てゆくのは、こうした二つの冒険・探検像のはざまで苦境に追い込まれてゆく白瀬隊の苦闘である。

四　白瀬矗の南極探検の始まり――世界との競争へ

白瀬矗の南極探検は彼の宿願から始まった。第二章で見た郡司の千島探検に陸軍から参加し、占守での二度の越冬を生き延びた白瀬は、その当時から北極探検の素志を持ち続けていたが、ピアリーの北極点到達を聞き、その志を南極に向ける。しかしスコットの南極探検計画が発表され「立っても坐ても堪へられなくな」り「是は平和の戦争だ、と自分は愈《いよいよ》スコット大佐と相競争せん決意を以て〔中略〕有志に諮って準備に着手した。」[13]というのである。

白瀬が「平和の戦争」というのは、すでに見た「平和の業」と同様のロジックである。よく知られているように、日露戦争はロシアの黄禍キャンペーン、すなわち野蛮で好戦的な黄色人種対文明的な白人種という構図との戦いでもあり、それゆえに日清戦争以上に「平和の業」が重要となっていた時代といえる。

こうした中、スコットに負けじと白瀬はその準備を急ピッチで進めることとなる。帝国議会への探検費補助の請願も通り、一九一〇年七月五日に演説会で計画を大々的に発表、後援会も組織され、東西の朝日新聞社が独占的に後援することとなり、朝日や他の新聞の紙面で募集された義援金も集まりはじめ、当初は順調に計画は進んでいった。

各新聞には七月五日の演説会の直前から記事が載りはじめる。『東京朝日』は七月二日に、多くの希望者がいるがその中から「八名を選抜し是に天文学者地質学者二名を加へ」て探検隊を組織すると言い、「探検の目的」として「スコット大佐の南極探検隊に先ち日本国旗を極地に樹立するを其主眼とするものにて学術上の探検は別に他日を期すべしと云ふ」（東朝、一〇・七・二）と報道した。『大阪朝日』も社説で、「日英独米の国旗の何れが最も早く極地に建てらるべきかは極めて壮快なる世界的大競技なり」（「南極探検」大朝、一〇・七・三）と述べる。

七月三日には『東京／大阪朝日』に、学者派遣を東京帝大が断ったという記事が掲載される。科学者の参加は職をなげうつ必要があることなどから難しいだろうという東京帝大の横山又次郎の談話が紹介され「有力なる学者を得ることは当分見込みなし」とされる。しかしそれでも白瀬は「最初の目的は英国探検隊に先ち日本国旗を極地に樹立するにあれば（中略）（天測以外の）諸般の学術上の研究は後日を期し、飽くまで其の目的を貫かん決心」（東朝／大朝、一〇・七・三、カッコ内引用者）とその固い決意が語られることとなる。

南極探検計画を発表した頃の白瀬矗（出典：『探検世界』10巻3号）

このようにして、白瀬の南極探検のおおよその方向性が決定してゆく。[14] 各新聞も「英国探検家と競争」（読売、一〇・七・二）「誰れか能く第一着の功名を占むべきや、実に天下の観もの」（読売、一〇・七・五）、「世界の視線は此等勇士の上に集まって誰人が先着者としての月桂冠を得るかを注目しつつあり、此世界的大競争は我に於て勝利の成算充分ある」（「探検家に送金」都、一〇・七・一一）、「今回の挙は純然たる国際的競争」「スコット大佐既に発程す、今や一刻を争ふ、応援以て中尉の発程を早めよ」（東日、一〇・七・一七）、「此興味ある競技は果して何れの手に帰すべきや、吾人は非常なる興味を以て其結果を待つものなり。」[15] などと、スコットとの競争を報道し、学術の必要性はこの時点では大きく報道されることはなかったのである。

しかし、「各方面から我隊に向って批難の声がポツポツ湧き出した、某学者は其の随一なるもの、軈《やが》て社会一般に迄及んだ」[16]と白瀬が言うように、一人の学者の談話が発表されると、この大きな流れが変わりはじめることとなる。

五　小川琢治による批判——学術探検としての南極探検

白瀬は自著『南極探検』において「冷笑の態度を以て我隊を目送するに至っては寧ろ反対ではなからうか。学者の襟懐は宏量であって戴きたい」[17]と回想するが、この学者とは、数度にわたって白瀬隊を批判した気鋭の地学者小川琢治であろう。

『大阪毎日新聞』に小川の論説「白瀬中尉南極探検の計画に就て一言す（上）」が掲載されたのが一九一〇年の七月一六日、その後一七、一八日と（中）（下）が掲載されることとなる。そして、ほぼ同内容の論説が八月一日発行の雑誌『芸文』にまとめて掲載される[18]。さらに翌年、南極に上陸できずにシドニーで再起を期す白瀬隊に対して、二つの論説「南極到達の競争」『太陽』一七巻一〇号、一九一一年七月一日、「開南丸引揚の好機（上）／（下）」（大毎、一一・九・一〇／一二）を発表し、同様の批判を述べているのである。

「一新聞之を称揚すれば他新聞之を傷つく」（都、一〇・七・二五）とされたのは、『大阪毎日』に三回に渡って掲載された白瀬批判のことであろう。注12で見たように、河口の探検では『大阪毎日』が独占権を得、『大阪朝日』が批判記事を載せたが、今回は『朝日』に軍配が上がり、『大阪毎日』がそれを批判する番というわけである。東京朝日社員の杉村楚人冠の日記によれば、『朝日』が独占権を入手し、『大阪毎日』に手を引かせたのが七月一四日であった[19]。前日の社説で「南極探検を援けよ」との論陣を張っていた『大阪毎日』は、一六日に小川の談話を掲載し、同日の「硯滴」欄で「南極探検は実に同情すべき壮挙」であるが「ドウも前途が危まれる。（中略）一行中に必要の学者が一人も居ないで其計画の不完全なことの明白に看取される」（大毎、一〇・七・一六）と白瀬を批判し始めることとなる。

では、『大阪毎日』で小川は何を語っていたのか。小川は「雷同付和的賛成説ばかりが新聞紙上に見える」現状を憂い、専門家として白瀬に「一層深い同情を有する」がゆえに「敢て所信を告白して置く」（以上（下）より引用）としてこのように言う。白瀬の「計画の規模が其目的に対して甚だ小さすぎ」であって、「斯の如き少額の資金で短少の時日に探検船の艤装、探検隊員の組織準備等を完全にし得るといふことを疑はざるを得ない」という。最近は欧州の探検家も「新レコードを作れば足れりとする」が「真正の探検なるものは決して遊猟[20]的旅行ではなく確実な学問上の材料を集め学問上の疑問を解釈する目的で無くてはならぬ」〔以上（上）より引用〕。また、「探検の根本目的は単に未蹈の土地を踏むのみにて満足すべきでない。必ず相当な科学的調査の方針が無ければならぬ」のに、「未だ具体的に何何の問題を研究する方針であるかを耳にせぬ。新聞紙上で見ると天文観測の専門家も未だ備らぬとのこと」では「極の位置を定める」こともできない〔以上（中）より引用〕。「南極に突進する唯一の目的のみに重きを置いたならば」それは「壮快ではあるが」何か障碍があった時には「多大の危険を冒した計画が殆んど無意義」となる恐れもある。それゆえに「予定計画の範囲外に属するかも知れぬが〔中略〕科学的研究の準備をなし、人員を備へ」、そして「苟も他の文明国民と探検事業の檜舞台に角逐する」のであるから「探検の主要なる目的即ち体力と勇気を眼目とせる競走以外に彼等に対して一歩も譲らぬ科学的観察を行ひ、スコット氏の一行に〔中略〕遜色なからんことを希望する」〔以上（下）より引用〕というのである。

小川琢治
（出典：『一地理学者の生涯』）

小川の論旨は明快である。探検は一番乗りを目指す競争ではなく、科学的であるべきであり、そのためにはさらなる費用をかけ、人員も完備すべきであって、白瀬の隊はそれを満たしていない、というのである。すでに見たように、白瀬は「平和の戦争」と南極探検をとらえ、スコットと競争することを最大の目的として、それが大々的に報道されていた。そうした白瀬の「競争」目的の探検に対して小川は「学術探検」を対置し、そして満足いく科学的な調査が成し遂げられるためにはさらなる準備とそのための資金や時間が必要だと語っているのだ[21]。

六　「学術探検」をめぐる論争と南極探検隊の苦闘

この、小川の問題提起によって流れが変わりはじめる。例えば、「小川博士の説は附和雷同を戒しむ。確かに一見識〔中略〕科学的知識なかるべからず」〔やまと、一〇・七・一九、夕〕であるとか、「学者の奮起を促す」という一面トップの読者投稿で「同行の天文学者無きに窮しつつ在りとの事〔中略〕学術研究上、一身を賭して一行に加はる篤志の天文学者は無きか」〔「学者の奮起を促す」都、一〇・七・二二）とされるなど[22]、他の新聞でも小川への反応があり、徐々に論調が変化していったのである。

たとえば「旭旗を南極に樹て得たりとするも、其科学的観察にして、十分の成果無からんには、以て世界に誇る可き高度の価値ありとは謂ふ可からず」（「南極探検と世論」東日、一〇・七・二五）、「世界人類共通の知識を進むる以外の目的を以て此種の探検に従事するあらば、これを以て虚栄心の為にすといふも何の不可あらん」（「探検と目的」二六、一〇・八・一）などのような記事が発表される。

なかでも興味深いのは『万朝報』である。当初は「中尉は実に天生の探検家なるに似たり」（「南極探検と国民」万朝、一〇・七・八）と白瀬を支持しており、小川の批判直後にも「学者の説とても特に聞くに値するものあるなし（中略）中尉の前途に石を置くべき時にあらず、中尉をして充分の準備を整へて、勇ましく出発せしめん」（「南極探検の成否」万朝、一〇・七・二二）といい、さらに「速《すみやか》に国旗を南極に樹るの急要なるを認め、単に南極に到達することのみにても、学術上の大貢献たるべきを信じて疑はざる」（「又競争者を加ふ」万朝、一〇・八・一二）と、学術の重要性は認めつつも白瀬を擁護するのであるが、当初八月一五日とされた出発日を過ぎても出発できない隊に「壮は即ち壮と雖も豈又心細からずとせんや」（「探検の価値」万朝、一〇・九・二二）と少しトーンが変わり、ついには「最初の計画が無謀に過ぎたるは已むを得ざることなりとするも、今に及んで尚其計画に遺漏多きは、同隊の為に深く之を惜まざるを得ず」（「南極探検隊出発期」万朝、一〇・一一・一七）と彼らを危ぶみはじめることとなるのである[23]。

そして、実は、当の『朝日新聞』も『万朝報』と同様に危機感を募らせていた。いや、後援者として義援金を集めた責任ある立場だけに、その危機感は一層深かったのである。当初は朝日新聞社も、『大阪毎日』との独占権争いもあって「南極探検事業の重要な部門たる学術調査の点に想到しなかった」[24]のであるが、予算を増額しないと「最小限度の南極探検の目的は達せられない」[25]とその必要性を認識し、必要な予算を何とか集めて、十分な設備を用意しようと動き始める。

しかし、あてにしていた軍艦磐城が海軍から借りられず、別の船を用意するには予算が足りず、出発は延期を重ねることとなる。「南極探検に関する大言壮語」で義援金を集め、出航しないのであれば、白瀬は「世人を欺き国民の体面を傷くるの大罪人なり」（「南極探検今何如」二六、一〇・九・二八）との批判まで飛び出し、白瀬も、そして義援金を募集した朝日も、窮地に追い込まれてゆくこととなる。結局、朝日の思う規模の計画は実現不可能であるという結論に至り、朝日は社内で議論の末に、隊に義援金を引き渡して手を引くこととなる。その後、探検隊は大隈重信を中心とした後援会の奔走で、何とか一一月二九日に南極に向けて出航することとなるのである。

しかし、これで白瀬の苦難が終わったわけではなかった。南極近くにたどり着くも、結氷で上陸が出来ずシドニーに一時帰還、学術部員を増員するなどして、約半年後に再挑戦。相変わらず「当初学術的探検《サイエンチックアドベンチュワー》の計画を為さずして、徒らに疎大の空想を抱て、此難事を敢てせんとす、是れ失敗を招きし理由たり、後の冒険者流考一考を要す。」（二六、一一・八・七）などの批判はあるが、ようやく二年後に南極大陸に上陸を果たし、だれ一人死ぬこともなく一九一二年に帰国するのである。しかし帰国に際しても、隊の内紛が報道され、白瀬と隊員が別の便で帰国するなどで、福島安正ほどの華々しい報道もなく、三年に及ぶ大事業は盛り上がらないままに終わりを告げたのである。

七　学術探検か豪傑の探検か

以上見たように、小川の「学術探検」に足る「準備」が必要という言説は白瀬の南極探検において決定的な意味を持った。ではそれは具体的には白瀬隊の何を批判することになったのだろうか。「南極探検計画を吹聴し歩ける演説者中には、当事者の決心次第にては何事をも為し得べしとし、必ずしも準備の如何を問はずとまで極言したるもありたれど、探検事業の成否は、決心よりも準備なり」（「南極探検計画の教訓」東日、一〇・一〇・二一）という批判はその核心をついているだろう。ここで問題となるのは、彼らが何を準備したのかということなのである。例えば白瀬は自らの南極探検が無謀なものではないとし、その根拠として自らの郡司隊での越冬経験をその計画当初からあげていた。「烈寒に打ち勝ち氷海雪野を探検跋渉したる経験あるを以て今回の南極探検は決して暴虎馮河《ぼうこひょうが》的無経験の企図ならざるものと自信す。」[26]という。

『東京朝日』もまた小川の批判に対して、七月二三日に「南極探検事業」という社説を発表し白瀬を擁護しているが、それも同様の論理である。「中尉の準備研精は寧ろ長きに過ぐる」のであって、「科学者たるの素養を有せざるを以て〔中略〕中尉の為に病む者ありといへども、そは余りに多く備はらんことを人に求むるに過ぐる者なり。〔中略〕学問に於て備はる人々が、此事業に於て真に肝心要なる冒険的気象に於て備はらざるを奈何せん。又たとひ気象に於て備はる有るも、体質に於て備はらざるを奈何せん。」と、白瀬の寒冷地での経験を「冒険的気象」に還元し「備らんことを求むるは難し。備るだけにて進むる外はある可らず。」（東朝、一〇・七・二三）というのである。[27]

しかしこれは、白瀬に学術的な用意がなく、あるのは冒険的気象や体質だけであるということを告白しているにすぎない。『大阪朝日』もまた社説で、小川を「間接に冷評を試みるは学者としてあるまじき事」と批判し反論するが、しかしそれも「東京朝日」同様のことを白状してしまっている。「今回白瀬中尉の南極探検の如き、無謀といへば無謀なり、不十分といへば不十分なり」しかしそれは「費用の少きに失すること、従って設備の十分ならざること、学術的要素の乏しきこと、是れなり。白瀬其のものの人物精神に於ては、最早十分に信を措くに足るものの如し。」（「南極探検と学者富者」大朝、一〇・七・二〇）。

確かに白瀬の占守での経験は、誰にでも成し遂げられるようなものではない。極寒地を生き延びた経験は、白瀬が「英雄」「豪傑」であり、「突出した個人」である証ではあるだろう。いや、当初から、白瀬はそのように表象されていたのであって、これは一つの必要な資質ではある。村上濁浪は、はじめて白瀬の計画を発表した『探検世界』の記事でこのように語る。「果然一人の偉男児は現れたり、意気壮烈、鬼人を泣かしむる底の偉男児は現れたり。然も其男児は他の方面よりせずして本社々友の中より現れたり（中略）噫偉男児とは誰ぞ、此壮烈極まる大探検を行はんとする偉男児とは誰ぞ、読者諸氏は能く其名を記憶せらるべし、姓は白瀬、名は矗」[28]。

福島、郡司の時代にはこれで充分であったかもしれないこうした語り方は、しかし以下のような批判にあう。「南極探検者は殆んど一の勇士《ヒーロー》を以て待遇せらるるものの如し（中略）本来南極探検事業の真趣味真価値は其の科学的方面に在り（中略）戦場に赴く勇士を送ると其の趣向を異にせざる可らざるは勿論なり」[29]（「南極探検の真趣味」東日、一〇・八・二）。科学性、客観性を要し、さらにはその規模から分業的、組織的であらざるを得ない学術的の時代には、歴戦の「勇士」であることは十分条件ではない。もはや必要な「準備」は、そうした経験ではなく、むしろ「学問」なのである。

『二六新報』が「過去二十年極地探検に志しつつ、而も其れに関する学問的修養を閑却したるが若き、先づ可惜《おしむべし》と雖、是れ将悔ゆるも不及《およばず》」（二六、一〇・九・一六）と語る通り、ここで求められているものは「冒険的気象」ではなく「学問的修養」であって、それは明治末においては学歴社会の中で一歩一歩「秩序ある順路」を昇らねば身につかないものである。小川の求めるものからすれば白瀬がいくら「勇士」「偉男児」であっても、それは「冒険者山師輩」以外の何物でもない。明治末には「冒険・探検」までもが学歴社会に組み込まれようとしていた。小川の白瀬批判はこうして、「突出した個人」による「英雄・豪傑」的な冒険・探検の時代に終わりを告げる問題提起となるのである。

八　南極探検後援会と浪人会

しかし、実は白瀬隊は、白瀬だけではなく、むしろ白瀬以上に、周囲の人脈そのものが、「豪傑」的であり「英雄」的なものであった。「後援会其物に対しては遺憾ながら各種の批難ある」(都、一〇・一一・二八)と言われるのであるが、この後援会こそ、前章から追ってきた浪人たちの系譜にある人々の集まりであったのである。では、後援会について、その人脈を具体的に追いかけてみよう。

まず、白瀬がこの挙について真っ先に相談したのが雑誌『成功』『探検世界』『殖民世界』などを発行する成功雑誌社社長の村上濁浪であった。白瀬は『探検世界』の寄稿者[30]でもあり、村上は自らの雑誌で宣伝に努めるとともに、白瀬のために東奔西走し、後援会結成以降も専任幹事として中心的な役割を務めることとなる。

しかし、後援会の顔となったその他多数の名士たちは、当時白瀬の片腕であった多田恵一の人脈で集められた人々であった。多田は先に少し触れた内紛の当事者であり、後には白瀬と対立して解雇される人物であるが、実は隊員内定者第一号、岡山の出身で日露戦に従軍後、蒙古探検などを志していたとされる。白瀬と意気投合後、かねてから知遇を得ていた佐々木照山(安五郎)と白瀬を引き合わせ、照山の盟友である田中舎身(弘之)、大石正巳、桜井熊太郎、さらには犬養毅、河野広中、三浦観樹といった、反藩閥、対外硬を旗印とした大物政治家たちが後援会に名を連ねることとなる。玄洋社の頭山満も多田が連れてきた大物の一人である。

他にも海軍軍人肝付兼行、東京大学教授で理学博士の横山又次郎、『日本及日本人』の三宅雪嶺などが賛同し、衆議院での請願の際には元自由党壮士で政友会の小久保喜七が政治的立場をこえて協力している。後援会長には大隈重信が担ぎ出され、最終的には、会長:大隈、幹事:佐々木・田中・押川・桜井・三宅、専任幹事:村上、というメンバーが選ばれ、事務所は成功雑誌社に置かれることとなった。

この中でも特に重要な働きをしたのは佐々木照山、田中舎身の二人である。彼らは、以下述べるような群を抜く奇抜さによる知名度を生かし、後援会を支えた二人であると言えるだろう。では、照山、舎身とはどのような人物だったのだろうか。

佐々木照山は「長州の出身で、天性人の意表に出ること

隊員と後援会の面々。前列左から武田学術部長、白瀬、大隈、野村船長、雪嶺、舎身、照山、濁浪（出典：『南極記』）

を好むと云った、放胆な気質の持主」で「政界に異彩を放った」[31]人物であり、当時衆議院議員として白瀬の請願の可決に尽力した。野次将軍と呼ばれ、長鬚と青龍刀を模した杖がトレードマークであり、日露戦前後に大陸で活動、内蒙古入りするなどして、当時「蒙古王」として知られた人物であり、神代史～古代史の奇書『二千九百年前西域探検日誌』[32]を著した人物である。

田中舎身は岐阜出身、仏教振興に力を尽くした人物であり、頭山満とは長い知己である。「大正の荒坊主」とされ、「世の中に、風雲が捲き起ると必ず飛び出して暴れ廻る一人」であり「佐々木照山、伊東知也なども逸することは出来ぬが、田中の熱狂、奔騰にはとても及ばぬ。」[33]とされている。

実は、この二人は「玄洋社同人中、福岡県人でない連中が集まって別個に組織した」「玄洋社の別動隊」[34]ともされる「浪人会」の中心メンバーである。「浪人会」は一九一八年に朝日新聞社社長村山龍平に暴行した「白虹事件」、さらにそれを批判した吉野作造との立会演説会での対決で知られる急進的な右派として有名であるが、明治末にはそこまで急進的な姿勢はなく、反藩閥、護憲を旗印とした民権運動の流れをくむ政治集団であった。

当時の新聞から浪人会関係者の名前を拾ってみると、頭山満、三浦観樹、古島一雄、小川運平、鈴木天眼、伊東知也などのアジア主義者たちの系譜が浮かび上がってくる。[35]彼らは頭山を筆頭に「在野の名士」（読売、一一・一〇・一八）を中心とした「天下の志士豪傑」（東日、一一・一〇・一八）の集まりとされ、特に南極探検の真っ最中に勃発した辛亥革命以降活動が活発になっていったようである。白瀬が多田を介して照山につながったことで南極探検後援会にもこうした人物たちが集うこととなったのである。

彼らはもちろん反藩閥、対外硬など、共通する思想信条を中心に結集し、現実にも政治的な力を持つった集団であり、彼らに共通する膨張主義的な性格が探検事業に彼らを集わせたということは確かであろう。しかし、それにもまして重要な点は、彼らの思想信条は、「豪傑」や「バンカラ」とされる彼らのふるまい方そのものと切り離せないということである。彼らは「佐々木蒙古王が怒号、田中舎身居士が叫喚、何れも藩閥の横暴を説いて」（読売、一三・一・一八）とその過激さが語られ、「三宅雪嶺博士を主人公に、三浦観樹将軍、頭山満、杉浦天台氏等の天下の奇物傑物揃ひ」の新年会の出し物芸に「佐々木蒙古王、伊東知也氏等の豪傑連も顔色なくグーの音も出ず」（読売、一六・一・一五）と書かれるように稚気あふれる奇人ともされる。彼らはそれぞれが「突出した個人」であり、過激さはもちろん、奇矯さや幼稚さが英雄の証と読まれるような「バンカラ」空間にいた。

九　後援会の語る南極探検とその批判

こうしたあり方は後援会にも持ち込まれる[36]。たとえば、七月五日の最初の後援演説会では「孰《いづ》れも口頭より迸り出づる言句は一として涙ならざるはなく、熱血ならざるはなし」（東日、一〇・七・六）、「佐々木蒙古王是れ亦割鐘の如き蛮音を弄し」「舎身居士は例の熱烈な弁舌で当局の不熱心を鳴し」（やまと、一〇・七・六）「佐々木安五郎氏蒙古式の蛮音に殺気を含んで、先づ日本人に探検の資格なきやと詰《なじ》り、〔中略〕人何ぞ援けざる、政府何故に傍観するやと喝破し」（「壮烈なる探検式」万朝、一〇・七・六）と彼らはあくまで過激に、奇矯に語る。新聞記事のレトリックもそれを強化する。

「舎身居士先づ痛烈なる別れの辞を述べ〔中略〕次で白瀬隊長起つ〔中略〕『不言実行、死して後止むのみ、万一事成らざれば再び諸君と見《まみ》えず〔中略〕』と、言簡単なれど意味深く、慷慨淋漓として声に涙あり」（「悲壮なる訣別」万朝、一〇・一二・一）と描き出される[37]。こうした過剰なレトリックで語られる言説は、白瀬を西洋人スコットと競争する東洋の「豪傑」にさえ仕立てあげてゆくであろう。

雑誌『中央公論』には「白瀬中尉論」として後援会の面々による白瀬評が掲載されているが[38]、そこにおいても白瀬は、寒冷地に耐え（大隈重信）、酒も煙草も茶も飲まず（村上濁浪）、「剛情にして冒険好き（根本千代吉）」で「費用の計算や何か〔中略〕は余りあの人の得意でない。然し、雪の中をおめず臆せずドシドシ進んで行くといふやうな事は〔中略〕最も適当した事（村上濁浪）」、「探検的性格は後天に非ずして先天（佐々木照山）」であるとされ、さらに「直情径行、丸で赤ン坊（照山）」とその奇矯さが語られる。田中舎身もまた白瀬の「冒険心は一朝一夕の思ひ附ではない」とし、武骨漢であるがゆえに「都合能く当世を游泳」するような人物ではなく、そもそも白瀬は「探検的に出来て居る」というのである。濁浪や舎身の評にあるように、子供っぽさや、計画ができないことは、ここでは探検という大事を成し遂げえる英雄の証として語られているのだ。

このように、後援会自体のあり方がもたらすものもまた、白瀬を英雄化し、そして彼の持つ「冒険的気象」が南極探検を成し遂げる最大の「準備」であるとするものであった。しかし、こうした語り口は、「学術探検」を是とする者にとっては、大向こうを狙った「奇」をてらうもの以外の何物でもないだろう。例えば、志賀重昂は『大国民』という照山や舎身も執筆する雑誌において以下のように批判的に語っている。

所謂探検も〔中略〕単に旅行と云へば善いのに『山河を跋渉』するとか、『踏査』と云って済むことを、『探検』だとか、ツマラナキ事を大業にし、『決死』とか『悲壮の離別』とか云ひ、此の如き風なれば、アブストラクトを後にし学問を後にし、組織的企画を後にし、總じて物事がローマンチックになって来る、ローマンチックも善い〔中略〕然し真面目にすべき事業までもローマンチックではダメである。[39]

さらに、次章にも登場する冒険小説作家江見水蔭は白瀬隊をモデルにした、『東京朝日新聞』の連載小説『水晶の家』[40]で「無謀の探検家が失敗に終った時に、完全なる計算、充実せる準備、秩序的である、研究的である、真正の探検」（東朝、一一・一・三）が行われる様を描き、このように登場人物たちに語らせる。

彼奴等は真の探検の意義を解さねえのだ。冒険と混同してやアがる。アドベンチュアと、エキスプロレーションとの差を知らねえのだ。暴虎馮河の勇は今日に於て取らずさ。〔中略〕秩序的で研究的で、充実せる準備、完全なる計算、それで科学を尊重したる探検を実行しなくッちゃア世界的で有りませんや（東朝、一〇・一二・一二）

このように、小川にはじまる「学術探検」たれという批判は、多くの論者を巻き込みながら、白瀬隊が持っていた浪人的なものを否定してゆくこととなる。それは「冒険的気象」の否定であり、英雄・豪傑的なる個人のあり方の否定であり、また入念な準備のかわりに語られる属人的な資質や「壮」なる決意表明の否定である。これは、探検から冒険的なるものが消え去ってゆき、科学的な「調査」たれと語られ始める、その瞬間であるともいえる。ここに、柴田がコラム3の冒頭で言うような、「冒険」「探検」と「ロマン」「科学」「学術」といった諸概念の関係性の始まりを見て取ることもできるのかもしれない。

そして、実は白瀬もまた、こうした議論を受け入れてゆくこととなる。小川は出発前の隊の変化を「先着を争ふ様な口吻が豹変」し「科学的調査をも行ふことになった」のは「吾輩の意を得たるもの」（大毎、一一・九・一〇）と語るのであるが、シドニー滞在中に科学部員を増員するなど、探検隊は徐々に学術調査に舵を切り、白瀬は帰国後の著作では「世界に発揚すべき日本国の名声」を「副目的」とし、「我探検隊は少くも真面目の探検隊である。一朝の好奇心に駆られてその挙を敢てしたのではない。殊にその目的が国家的である。則、南極大陸の水陸分布の有様は如何、南極大陸の地質は如何、如何なる植物がある乎、動物が生存している乎、その気象は内地と異なるものある乎、潮流の関係如何、殊に南大《ママ》陸に聯想《れんそう》せらるる名物氷山は如何、氷河は如何、是等の諸問題の研究調査は我隊の学術上に於ける任務であった。」[41]とするのである。[42]

うがった見方をすれば、これは、極点到達すらできなかった白瀬が最後に自らをこのように誇るしかなかった、苦難続きの南極探検の皮肉な帰結なのかもしれない。しかしともあれ、こうして白瀬自身によっても南極探検は「学術調査」であったとされ、『朝日新聞』も学術部長武田輝太郎による「学術上の南極」の連載を行い（東朝、一二・六・一三‐六・二七）、その評価は長沢和俊[43]にまで受け継がれてゆくこととなるのだ。

十　学術探検の時代——小川琢治から今西錦司・梅棹忠夫へ

白瀬の南極行から四半世紀、一九三五年に若き研究者たちによってある遠征が成し遂げられた。次世代を代表する探検家であり学者としても名高い今西錦司、西堀榮三郎らによる白頭山の冬期登山である。この遠征は『百頭山　京都帝国大学百頭山遠征隊報告』[44]としてまとめられているが、小川琢治がこの報告書に序文を寄せているのである。小川はここで何を語っているのだろうか。

小川はこの遠征が「徒らに暴虎憑河の冒険に名聞を求めんとするものと趣を異に」するのだと述べ、その理由を以下のように説明する。

今回登山の計画が従来内地の山嶽で試みられた所に比して特異なるは数人の登山者が一挙に目標に驀進《ばくしん》する奇襲的の遣り方でなく、縦列を作り隊伍を整へ幕営を設けて、堂々井々たる行進により高山を克服する正攻法を執った点に在ると思ふ。従って準備一切は研究本位で、

嚴冬の白頭山征服へ!!
京大青年學徒の快擧【本社報道後援】
日滿國境の第一峰
豪快・スキー登攀
山頂に默す"天池"の神祕
新春を飾る壯擧

今西の白頭山遠征を伝える記事
（出典：『東京朝日新聞』S9.12.16）

参加者が各専攻科学の機能を発揮せんとする方針の下に全力を尽され、〔中略〕科学の上から観て赫々たる成功を導き得たのである。即ち此の登山旅行は〔中略〕科学的探検の模範たるべき完全なる組織を立てて個々の隊員は各その部分的機能を忠実に遂行され、その一絲紊れざる行動の協調が余りに容易なるが如く見える所の好果を齎すことになったのである。〔中略〕

東西朝日新聞社の後援により〔中略〕同社が資金を醵出され、社員を派遣され〔中略〕物質的精神的に計画の実現及び行動の便益を得た訳である。是は我々同人の感謝して措かぬ所である。[45]

地学者として、また地学協会の機関誌編集者として、長年冒険・探検の情報に接していた小川の理想の探検、明治末、白瀬隊では充分でなかった「学術探検」が、スポンサー『朝日新聞』との関係も順調な中で遂行され、「科学的探検の模範」と言い切れるような成果が後輩たちによってもたらされたことに対して、小川は満腔の賛辞を与えるのである。

当の今西はこの遠征についてこのように語る。「遠征なるものが合成的な、従ってより高き組織を前提とする」ものであって、「チーム自身が一つの小社会として完結し」「統制ある小社会を形造る」[46]必要があり、今回はそれが成功したのだ、と。隊長を中心に各専門家が集い、その専門に応じて合理的に分業化された探検隊を「官僚化」した探検隊と呼べるかもしれない。今西らはこうしたスタイルを貫き、以後大興安嶺などの重要な探検を成し遂げてゆく。大がかりな組織と研究資金に裏打ちされた、科学的、学術的な（しかも冒険心も満足され得る）「学術探検」こそが冒険・探検界を支配するスタイルとなる。[47]

だが、振り返ってみると、白瀬の南極探検も実は「官僚化」への第一歩を踏み出そうとしたものであった。不充分であったにせよ、隊長白瀬を中心に理学者、カメラマン、航海士、料理人などの専門家が集っていた。白瀬隊とは、すでに見たように濃厚に明治の豪傑的な冒険・探検のあり方を残しながらも、新しい時代の、新しい組織的な学術探検へと生まれ変わろうと苦しんだ、そうした探検隊であったのだ。これは、社会において「豪傑」的な振る舞いが失効しようとしている明治の終わりを象徴する一つの出来事だったのである。

そして時代は学術探検の時代へと移りゆく。[48]今西らの成果は次世代に受け継がれてゆく。その代表的な人物である梅棹忠夫が「自然科学者をめざし、探検家をこころざした」きっかけは今西の白頭山遠征であった。「今西先生らはその記録映画をたずさえ、母校の京都一中に講演に来られた。この映画と講演が、わたしの生涯の進路をさだめた。」[49]ということである。

これを見ると、今西らの白頭山遠征は日本の冒険・探検史の一つのメルクマールと言ってもよさそうに思える。小川から今西へ、今西から梅棹へ、探検は受け継がれ、再生産されてゆく。[50]わが国の冒険・探検の最前線は若き研究者と大学探検部や登山部の大学院生・学生たちによって担われてゆくのである。

そしてそれが再び大きな転換をし、「個人」による「自分のための」冒険が登場するためには、一九六二年に突如アメリカから届いた、一人の青年の、ヨットによる単独太平洋横断成功の報をまたねばならなかった。第七章でインタビューを掲載させていただいた堀江謙一である。大学探検部とは異なった場所から飛び出してきた一人の青年が福島安正をもしのぐ話題となることで、再び、突出した個人による単独の冒険行が回帰することとなるのであるが、そうした経緯は以下の諸章で論じられることとなるだろう。

〈注記〉

一、本論文における新聞からの引用は本文中に、例えば『東京朝日新聞』一九〇九年二月一五日、を（東朝、〇九・二・一五）と略記した。新聞の略号は以下の通り。東京朝日新聞＝東朝、大阪朝日新聞＝大朝、大阪毎日新聞＝大毎、東京日日新聞＝東日、読売新聞＝読売、時事新報＝時事、万朝報＝万朝、都新聞＝都、やまと新聞＝やまと、二六新報＝二六。新聞略号の前に、「　」で記事のタイトルを入れたものもある。

二、引用は読みやすいように、句読点を付け、仮名づかいなどを変更したところがある。

三、本章では引用文も含めて、「冒険」「探検」で用字を統一している。特に「探検」は、「探検」「探険」「探撿」が散見されるが、特に意識された使い分けではないと判断した結果である。

注

1　宮崎滔天『三十三年之夢』国光書房、一九〇二年、九六頁。

2　「二十三年に議会の開設あり〔中略〕言論の重きを加へるに伴ひ、壮士運動の必要を減じ、後に壮士の名が立ち消えとなり、その頃からして浪人の名が出た。〔中略〕頭山氏は初めに壮士の頭分と思はれたが、壮士が消滅して浪人の有力者と見られるやうになった。」と回想される。（三宅雪嶺「序文一　頭山満氏のこと」頭山翁正伝編集員会編『頭山満翁正伝　未定稿』葦書房、一九八一年、二頁。）

3　鴨緑江の河口に持ち主不明の筏があるので「腕自慢の壮士や奇利を好む冒険家は何と往いて虎穴に入る勇気はないか。」などとも語られている。（大毎、〇三・八・二八）

4　雑報「学術探検隊の派遣」『教育時論』六九二号、一九〇四年七月五日、四四頁。

5　例えば「支那探検会社」／「再び支那探検会社」（時事、〇一・一〇・一三／一九）引用は後者より。他に「亜細亜探検隊を組織すべし」『経済時報』二六号、一九〇三年八月二〇日、などもある。『経済時報』は当時、殖民関連の論説をしばしば掲載しているが、執筆者を見ると、井上敬二郎、山口熊野、菅原伝といった元自由党の有力な海外殖民者たちや、殖民政策に積極的であった栗原亮一がおり、未だこうした人脈が健在であることがうかがわれる。

6　敗者たちといえば、福島安正（長野出身）や白瀬矗（秋田出身）については、彼らが藩閥出身でないゆえに政府から援助を得られなかったとする資料もある。「是も所謂藩閥の余弊か〔中略〕一は長野にして〔中略〕皆藩閥に縁なき者〔後略〕」（「政府の名士取扱法」『亜細亜』二巻二号、一八九三年二月一五日、八〇頁）、「白瀬中尉が藩閥出身なら軍艦に乗るを得むと慷慨す、吾人同嘆に不堪《たえず》」（秋田魁新報、一〇・一二・二）。また、第二章で見た榎本武揚も「薩長の競争に於ける局外者」（『東京経済雑誌』四九三号、一八八九年一〇月二六日、五五四頁）とされる。

7　これについては、鈴木康史「明治書生の閉じられた冒険―押川春浪の豪傑譚と「バンカラ」なる身体の行方―」（『武庫川女子大学情報美学研究所紀要』第二二号、二〇一一年、七三‐七五頁）を参照いただきたい。

8　浪人、国士的な冒険家・探検家として、例えば漱石の『彼岸過迄』に登場する児玉音松や近年詳細が明らかにされた菅野力夫がいる。児玉は玄洋社のメンバーであり、白瀬以前に「日本人の南極探検▽児玉音松氏の壮挙」（東朝、〇九・六・七）と報道され、南に旅立った人物でもある。もちろんそれは行われていないが、この報が学術雑誌である『歴史地理』記者をして「思はず快哉を大呼」（『歴史地理』一四巻一号、一九〇九年七月一日、一三五頁）せしめているところを見ると、世間的にある程度の信用はあったのかもしれない。また、菅野は力行会員であり、玄洋社のメンバーとして辛亥革命にも関わった人物であるが、その後大正~昭和にかけて世界各地を八回にわたってめぐり、各地で講演をしながら、終生を探検家として送った人物である。詳細は若林純『謎の探検家　菅野力夫』(青弓社、二〇一〇年)参照。

9　もちろん、小説ではなく海外の殖民情報などに影響され経済的成功を目指す青年たちも多かっただろう。例えば『満韓露事業案内』の「全羅道の漁業有望」という記事を見て密航を企てた少年たちや(「冒険熱に浮かされた二少年」(東朝、一一・五・八)、「麺麭《ぱん》携帯の二少年(密かに渡鮮せんとす)」(やまと、一一・五・九)「単騎満韓を旅行し来れる一青年、冒険熱に非ず、真面目なる商工視察とは頼もし」(都、一〇・一〇・一〇)という記事もある。そして「冒険熱」はここでも禁止の対象である。

10　千里山西「大陸の探検と我国民」『中央公論』一七巻五号、一九〇二年五月。

11　前掲、千里山西「大陸の探検と我国民」三頁。

12　河口慧海が当時鎖国状態であったチベットに仏典を求めて潜入し、帰国したのが一九〇三年五月二〇日。帰国直後からメディアは一気に過熱した。『大阪朝日』も名乗りを上げたが、最終的には『時事新報』と『大阪毎日』が独占権を獲得し、慧海の旅行記は両紙で長期にわたって連載される。独占争いに敗れた『大阪朝日』には、当時記者であった内藤湖南が「河口慧海師の入蔵談に就て」(大朝、〇三・六・二二)として、「希くは師が旅行談に於て、更に地理上の説明を詳細にし(中略)徒に詩趣的談話に満足せざらんことを切望して已まざるなり。」との批判を掲載した。同様の批判は鳥居龍蔵によってもなされており(大朝、〇三・七・一三)、慧海は自ら「余の此地に進入せしは(中略)広く世界の文明に資せんとの大志願ありしに非ず。(中略)探検家として余を迎へられたる諸士に十分なる満足を供する能はざりしを、深く自から憾《うら》みとす。」(『西蔵旅行記上』序、博文館、一九〇四年、一-二頁)と語っている。

13　白瀬矗『南極探検』博文館、一九一三年、五〇頁。また、出発が遅れたのちも「詮《せ》めてスコット大佐の未だ踏破せぬ絶境まで突進したい、そして以て世界探検家の記録《レコード》を破りたい!是がこの場合に於ける唯一の希望であった」(同、六五頁)と回想される。

14　ちなみに、一九一〇年三月の白瀬の議会への請願の時点で万朝報が発表した「南極探検の請願」という社説では「探検の成敗は兎も角、是れに依って、日本国民の科学的趣味と知識とを啓発する事の、決して少なくない事を信ずる」(万朝、一〇・三・二三)とされ、競争については一切触れていない。

15　「南極の秘密」『教育時論』九一〇号、一九一〇年七月二五日、四三頁。

16　白瀬、前掲『南極探検』六〇頁。

17　白瀬、前掲『南極探検』六七‐六八頁。

18　小川の談話は『朝日新聞』にも掲載されている。「南極探検に就て」というタイトルで、『大阪朝日』が一七日、『東京朝日』が一九日である。こちらは骨子は同じでも批判的なトーンはかなり薄い。なお、『東京朝日』の記事は『朝日新聞』の聞蔵Ⅱの「第二版（関東の地方版）」の紙面には収録されておらず、日本図書センター『朝日新聞〈復刻版〉明治編　２０８』（二〇〇一年）所収の「市内版」を参照した。

19　朝日新聞東京本社文書部『東京朝日新聞編年史　明治四三年巻二三』朝日新聞社、一九五〇年、一四四頁。

20　小川はこの言葉に、本記事では「スポーチング」を、『芸文』の記事ではsport という英語をあてている。「欧米諸国近時探検家なるものを視るに、往々にして単純なる遊猟sport ともいふべき態度に陥り、単に前人未踏の某高山の絶頂に登れり、従来未知の某河源を究めたりとの新レコードを得て足れりとするものあり。」（小川琢治「白瀬中尉南極探検の計画に就て」『芸文』一巻五号、一九一〇年八月一日、一九頁）本文中の引用とあわせてみると、「遊猟」という言葉の意味は、現在の意味の「スポーツ」だけではなく「娯楽」「遊び」なども含まれたものとしてとらえるのがよさそうであり、この小川の文脈では「競争」と取ることも可能であろう。なお、三宅雪嶺も白瀬らの競争を「純然たる友誼的競争にして平和時代に最も興味多し。譬ふれば競技運動の如し。」とスポーツに例えている点は興味深い（「競争中の南極探検」『日本及日本人』五三七号、一九一〇年七月一五日、一頁）。

21　ちなみに、小川は同時期に学生たちに向けて、「無闇と強がって準備もなしに、路の分らぬ山へ入ったり、深さも流れも知れぬ河や池へ飛び込むのは、所謂『暴虎馮河の勇』で真の勇気ではない」と語っている。（小川琢治「準備を怠って後悔するな」『学生』一巻四号、一九一〇年八月、七六頁）。

22　白瀬に対して「米国人の北極探検を争へるが如き醜事は断じて之あるを思はず」（『中央公論』二五年八号、一九一〇年八月、一八八頁）とあるように、白瀬の一連の論争の背景には、一九〇九年のクックとピアリーの北極点到達をめぐる騒動が関係しているだろう。科学者の不在は極点到達証明の不能を意味するのである。しかし、範としていた欧米の探検家の騒動は、探検家という存在そのものの真正性を疑わせるに足るものであっただろう。

23　もちろん、なお白瀬を支持する議論もある。「中尉の人物の一冒険家たるに於て満足すべし、冒険家に対して種々の緻密なる要求を提出せんとするは失当なり〔中略〕今部員の顔触を検するに、気象、天文、動植物、測量、地文、写真等に関する担任者のあるありて、固より完全を望むべからざる迄も一通りの役割の揃えるに於て満足を表すべきなり」（「往け探検隊」京都日出新聞、一〇・一一・二九）。

24　前掲『東京朝日新聞編年史　明治四三年巻二二』、一四二頁、二〇三・二〇四頁も参照。

25　前掲『東京朝日新聞編年史　明治四三年巻二二』、一七六頁。

26　「南極探検彙報」『探検世界』一〇巻三号、一九一〇年六月一日、七六頁。帰国後の回想でもなお「自分の探検に就いても斯様に人識れぬ努力と摺伏時代があったのである。好奇心に駆られて一朝一夕の計画に成った探検では毛頭ないといふことを断言して措《お》く」（白瀬、前掲『南極探検』三七頁）という。

27　同様の白瀬の擁護記事には「白瀬矗は果して山師歟」（『週刊サンデー』第八六号、一九一〇年七月二四日、二〇頁）がある。また探検のためにこれまで一切酒、タバコを嗜まず、冷水しか飲まなかった（「南極探検計画沿革」『探検世界』一〇巻一号、一九一〇年五月一日、二四頁）ともしばしば語られている。

28　村上濁浪「本社々友白瀬中尉の南極探検」『探検世界』一〇巻一号、一九一〇年五月一日、一六頁。

29　現実の白瀬出航の見送りは「夜更け浪暗し遥かに尺八の美音聞ゆ、耳を澄ませば吟声洩れたり、是れ今将に遠征の途に上れる勇士の風流なのであった。佐々木氏青龍刀のステッキを真砂路に曳いて一行を贈るの詩を吟じ〔後略〕」（読売、一〇・一二・一）とあくまで「バンカラ」である。

30　まだ計画が正式に発表される以前に白瀬は『探検世界』で「未だ世界何人の手にも成功せられずにある南極探検をなし我が大日本帝国々旗を南極々地に樹立し併せて学術界に貢献致し度《た》き熱望に候」と学術界への貢献について語っている点は興味深い（『探検世界』九巻四号、一九一〇年二月一日、三一頁）。

31　野崎圭介「先覚者は支那で何をしたか：大陸経営の指針」昭和書房、一九三九年、二八、二九頁。

32　『読売新聞』に一九一〇年九月一五日より連載され、同年に日高有倫堂から発行された。黄帝がアブラハムであったり、山海経と聖書が同じ事件を記載しているなどと主張する気宇壮大な偽文明史である。また、飯田竹風『地学革命論』（東京地学研究会、一九一五年）にも大隈と共に序文を寄せていが、この著作は地球も宇宙も平面であり、白瀬、シャックルトン、アムンゼンらの極地探検はでたらめであると主張する奇書であり、照山は学者たちが「前人未発の創見を発表せんとすれば、四面忽ち攻撃排斥の声」（二頁）を起こすことを批判している。共に照山のアカデミズムとの距離が読み取れるものである。

33　以上、河瀬蘇北『現代之人物観　無遠慮に申上候』二松堂書店、一九一七年、三二五頁。

34　木下半治『日本国家主義運動史　上』岩崎書店、一九五二年、一〇頁。

35　さらに本稿の関心に連なる人物としては山口熊野、村松恒一郎の名前がある（読売、一三・二・二三）。このうち、山口熊野は自由党の壮士であり、初期のアメリカ移住者（第二章参照）、また村松恒一郎は一八九三年当時朝日系列の『国会』新聞の記者であり『福島中佐之伝』（青木嵩山堂、一八九三年）の著者である。

36　ここで後援会の別の側面も見ておきたい。後援会では丁未倶楽部という都下の高等学校・大学の弁論部の学生たちによる団体が実働部隊として遊説などに活躍した。丁未倶楽部とは当時の「雄弁ブーム」を代表する団体であるが、彼らは後に大隈伯後援会として選挙活動や普選運動を繰り広げた若者たちであり、この後援会がそうした政治運動の前哨戦だったことは指摘しておいてよいだろう。ところで、丁未倶楽部の中心メンバーで、後援会にも深く関わり、白瀬の応援に全国を遊説した河岡潮風という人物がいるが、彼は押川春浪の『冒険世界』の編集助手を務めた人物でもあった。井上義和は潮風が「雄弁と冒険とが併存するひとつの場所」（井上「英雄主義の系譜―『雄弁』と『冒険』の明治四〇年代」竹内洋・稲垣恭子編『不良・ヒーロー・左傾―教育と逸脱の社会学』人文書院、二〇〇二年、六二頁）にいたのだというが、それは潮風らにとっては南極探検があった場所でもある。照山や舎身とは違った風景を、彼ら若者たちは見ていたのであろう。ただし、井上の議論をここに援用するには少し修正が必要である。春浪や潮風がいた『冒険世界』をめぐる空間は「冒険」と「運動／スポーツ」が共存した空間でもあり、そしてそれはこの南極探検の応援活動にも見て取ることができる。例えば白瀬の出航の際、「早稲田の応援団が三百名程朱地に金字でWを表はした例の野球応援旗を担ぎ出して一斉にエールを唱へてはフレーフレー白瀬!!と熱叫して居た」（二六、一〇・一一・二九）とされるように、そこには運動部文化が持ち込まれ、運動と冒険が共存する空間が出現していたのである。このように、学生たちにとって南極探検後援会とは、運動・冒険・雄弁、そして新しい形の政治までもが併存し、重なり合う空間であったということがいえるだろう。

37　こうした後援会に対する具体的な批判を見ておこう「唯だ叫ぶ、何事をか徒に罵ると云ふ外にはない」「徒に絶叫し、無暗に何事かを罵倒することのみを能事としている〔中略〕書生のその場丈の怪気焔」（久留島武彦「聴衆の一人として」『雄弁』二巻三号、一九一一年三月一日、一〇六 - 一〇七頁）や、「後援の演説会などにて〔中略〕公衆の熱狂に乗じて、単に御祭騒に景気を附くるに過ぎざる、無意義の挑発的言辞を弄する者の多きは、苦々しき事」「それも、素性の曖昧なる有象無象ならばまだしも、名士とか博士とか尊ばるる連中に是等の高等野次馬多きが怪しからぬ也」（伊藤銀月「白瀬中尉に与ふ」『週刊サンデー』第九一号、一九一〇年八月二八日、一八頁）。また、照山と舎身によって「南極探検は一種の興行」として「終りを告げつつある」という記事もある。（大塚善太

郎「天下の豪傑佐々木照山と田中舎身」『愛国主義』二〇号、一九一二年一一月三日、一頁)。

38 「白瀬中尉論」『中央公論』二五年十二号、一九一〇年一二月、八七 - 一〇二頁。

39 志賀重昂「少国民を養成しつつある現代の日本」『大国民』第三七号、一九一一年七月一日、二六頁。

40 この小説では村上濁浪をモデルにした角山呑空という運動記者が登場して無謀の探検家の詐欺の片棒を担ぎ、それに騙される後援会の面々が気焔伯(大隈)、奇言博士(雪嶺)、蛮音代議士(照山)、怒号弁護士(桜井熊太郎)、諤々居士(舎身)、毒筆文豪(朝日新聞の池辺三山か)として登場する。連載は、一九一〇年一〇月一七日に始まるが、あからさまに後援会のメンバーをモデルにした人物が登場するのは白瀬の出航日である一一月二八日以降である。

41 白瀬、前掲『南極探検』、三三一 - 三三二頁。

42 しかし、帰国後に全国を行脚した講演会で「探検ニ尤モ欠クベカラザルモノ」として「物質上ノ用意ヨリモ先ヅ精神上ニ重キヲ置ク」と白瀬が語ったとの文章が残っている(白瀬矗『冒険実譚　北極より南極へ』明治図書、一九二二年、一三八頁)。なお、かなり時代が下がった一九四一年には「準備といってもいまから考へると余り科学的ではなかったが」(東朝、四一・九・一三)との白瀬自身の回想がある。

43 長沢の白瀬評価は以下の通り。「徒手空拳をもって当時としては珍しい純学術的大探検を組織敢行し、しかも一名の事故者もなく全員無事に帰還しえたことは、白瀬がいかに強靭な執念をもち、科学的な調査法をマスターしたすぐれた探検家であったかをいかんなく示している。」(長沢和俊『日本人の冒険と探検』白水社、一九七三年、二八二頁)。

44 京都帝国大学白頭山遠征隊『白頭山　京都帝国大学百頭山遠征隊報告』梓書房、一九三五年(一九七八年に大修館書店より復刻)。

45 小川琢治「序」前掲『白頭山　京都帝国大学百頭山遠征隊報告』三 - 四頁。

46 今西錦司「白頭山遠征について」前掲『白頭山　京都帝国大学白頭山遠征隊報告』七頁。

47 これに対して、極地探検家加納一郎は「今日の探検は学術とはなれては成り立たない」が、学者は「自分の専門分野だけの使命しか考えない」のではなく「困去窮来の覚悟をもち、飢飽を天にまかせて西泊東漂しなければならぬ時にも、崩心のうき目をみないように、かねがね努めていなければならぬ。」(加納一郎『極地の探検・北極』時事通信社、一九六〇年、二八三 - 二八四頁)と学者に冒険家たれと言い、また逆に雪男探検家として有名な谷口正彦は「探検とか冒険とかいったものは、個人のプレー(遊び)でしかない。〔中略〕探検、冒険は個人の金でやるべきだし、個人の自己満足があればよい。〔中略〕特に学術探検などと聞くと、おぞましくてヘドが出る。学術調査といえばすむのに、探検とつければスポンサーがつきやすいというにおよんで、なにをかいわんや。」（谷口正彦『まぼろしの雪男』角川文庫版、一九七四年、五三 - 五四頁。旧版は『雪男をさがす』文芸春秋社、一九七一年）と学術探検を全否定する（柴田のコラム3も参照いただきたい）。このようにしてあるべき冒険・探検は再び移り変わってゆくのである。

48 ただし、官僚的な組織による学術探検の時代にあっても、結局は今西、梅棹、本多勝一といった「突出した個人」がそのシンボルとして語られるということはここで指摘しておきたい。これらは、いわゆる「学歴貴族」たちによる探検ということができそうであるが、今後の課題としたい。

49 梅棹忠夫「白頭山の夢」梅棹忠夫・藤田和夫編『白頭山の青春』朝日新聞社、一九九五年、一六五頁。

50 今西～梅棹の探検活動については、田中雅一『誘惑する文化人類学』（世界思想社、二〇一八年）の第一〇章「探検と共同研究」を参照のこと。

第四章 『少年世界』が媒介する「冒険・探検」
——冒険小説作家、江見水蔭・押川春浪の形成と拠点

武田悠希

一 読物としての「冒険・探検」

本章は、先の二・三章が扱った時代における「冒険・探検」の流通を、同時代の出版産業の動向に注目して眺めようとするものである。明治期半ば以降、出版産業の成立過程において、読物としての「冒険・探検」はどのように流通したのだろうか。その一端に迫る手立てとして、本章では、明治期に学校教育に取り込まれた読者を対象として企図された雑誌『少年世界』を取り上げ、同誌がどのように冒険小説の流通に関与したのかをみていきたい。

『少年世界』10巻16号・表紙
同号には本章で取り上げる江見水蔭・押川春浪の作品が掲載されている。

日本において、冒険小説というジャンルは、ジュール・ヴェルヌ作品を中心とした西欧からの翻訳・翻案として移入されるに始まり、明治二〇年代に大人向けの政治小説のなかで冒険小説に類する作品が創作され始め、その後少年向けの出版産業のなかで隆盛していった。[1]

『日本推理小説史』第一巻（東京創元社、一九九三年四月）のなかで、日本における冒険小説の系譜に触れる中島河太郎は、国権小説の退潮とともに衰退した冒険小説が命脈を保つことができた理由として、「少年文学が興って、そこに活路を見出すことになった」と指摘する。中島河太郎がその一例として『少年世界』二巻五号（博文館、一八九六年三月）に第一回が掲載された森田思軒の「冒険奇談十五少年」（ジ

ユール・ヴェルヌ「二年間の休暇」の翻訳）を挙げているように、この少年向け出版事業における代表的な雑誌が、博文館が発行する『少年世界』であった。

一九世紀末から二〇世紀初頭にかけて、日本における出版文化は、近代的な産業として発展を遂げていく。西川長夫が「新聞や雑誌、報道機関が飛躍的に発展したのもこの期間」[2]と述べているように、明治二〇年代からの雑誌出版の隆盛と、日清、日露間で勃発した両戦争、さらに、学校教育の普及は、出版物の読者を増加させ、出版産業を支える様々な技術や仕組みの進展を促した。『少年世界』の発行元である博文館は、まさにこうした日本における出版産業の興隆期の様子を体現する出版社である。一八八七年に刊行した集録雑誌『日本大家論集』の成功により出発した博文館の出版事業は、その後陸続と発刊する雑誌を、取次を経由するという独自の販売網によって日本各地に流通させ、日清戦争をきっかけに企図した戦時報道雑誌『日清戦争実記』の売れ行きにより、さらに発展する道を辿る。

『少年世界』は、博文館が『日清戦争実記』の成功で得た収益を元に、それまでの雑誌を統廃合し、『太陽』、『文芸倶楽部』とともに新たに創刊した雑誌である。[3]主筆は、博文館が少年文学叢書の第一編として刊行した『こがね丸』の著者である、巌谷小波が担った。なお、『こがね丸』は日本で最初に子どものために創作された文学といわれている。[4]

河原和枝が、『少年世界』では「お伽噺や冒険小説、立志小説、少女小説といった区分、つまり児童文学のサブ・ジャンルが生み出された」[5]と指摘するように、『少年世界』は創刊当初から「冒険・探検」に関する読物を定期的に掲載していた。創刊号（一八九五年一月一日）の「小説」欄には江見水蔭の「海上の初日出」（十五歳の少年達が、冬期休業に端艇《ボート》で東京湾に漕ぎ出し、荒波を乗り越え、初日の出を見るという話）、一巻二号〜九号（同年一‐五月）の「科学」欄に霞城山人（中川重麗）「万有探検少年遠征」[6]、一巻一九号〜二一号（同年一〇‐一一月）には「小説」欄に江見水蔭・竹貫佳水合作「冒険小説膀胱船」（主人公の少年が牛の膀胱を集めて船を作り、海に出るという話）、二巻五号〜一九号（一八九六年三‐一〇月）には先述した森田思軒「冒険奇談十五少年」等が掲載されている。

『少年世界』における冒険譚の充実は、それまで海外作品の翻訳や、政治小説の領域のなかで、大人の読物として流通してきた冒険譚の類が、子ども、児童、少年など、新たに開拓され始めた読者層の需要に応える一領域として顕在化してきたことを示している。

こうした冒険小説の動向の延長線上に、『海島冒険奇譚 海底軍艦』（文武堂、一九〇〇年一一月）の刊行によって商業作家の仲間入りを果たした押川春浪も位置している。『海島冒険奇譚 海底軍艦』には、ジュール・ヴェルヌの「海底二万マイル」に想を得た「海底戦闘艇」が登場し、海賊船の襲撃、無人島への漂流、無人島の探検、海賊との戦闘などが描かれる。同作は読者の好評を得て、続編の刊行に繋がり、押川春浪の代表作として知られている。

押川春浪
（出典：『武侠世界』４巻３号）

明治期における創作冒険小説の黎明期は、この押川春浪と、彼が主筆を務めた雑誌『冒険世界』（博文館、一九〇八年一月創刊）を中心に把握されることが多い。たとえば延原謙は、「冒険小説研究」[7]において「冒険小説の創作が真剣になされだしたのは、何といつても博文館から発行された冒険世界の賜物である」（一〇三頁）と述べている。

ただし、「冒険・探検」に関する雑誌としては、横田順彌[8]が指摘するように、一九〇六年に創刊された『探検世界』（成功雑誌社）が先行しており、一九〇八年にその主筆を依頼された江見水蔭は、先述したように、押川春浪が商業作家として活躍する以前から、『少年世界』を中心に冒険小説を執筆していた。[9]『探検世界』が創刊されたときの押川春浪は、自身が編集スタッフを務めていた『日露戦争 写真画報』の改題誌である『写真画報』という家庭向け雑誌の主筆となっており、『冒険世界』が刊行されるのは、その二年後である。

このように、明治期の出版産業における冒険小説の動向は、必ずしも押川春浪を中心にしていたわけではない。しかしながら、江見水蔭が、自身が『探検世界』の主筆を依頼された背景として、『探検世界』が『冒険世界』の人気に圧倒されつつあったことを書き残しているように[10]、押川春浪の冒険小説を売物の一つとする『冒険世界』が多くの読者を獲得したこともまた確かである。一九一一年一二月の『冒険世界』に「告別の辞」を掲載し、押川春浪は諸事情で博文館を退社するが、『冒険世界』は一九二三年一二月まで続き、一方で『探検世界』は、一九一一年九月に終刊を宣言している。[11]

明治期後半に『探検世界』、『冒険世界』といった「冒険・探検」をテーマとした雑誌が発刊され、「冒険小説家」としての押川春浪が主筆を務める『冒険世界』が多くの読者を獲得した背景を、どのように整理することができるだろうか。

明治半ばの出版産業の興隆期において、『少年世界』が冒険小説の流通にどのように関与したのかを探ることは、こうした明治期後半における「冒険・探検」に関する読物の流通を紐解くための前段階として有用であろう。以下、まずは押川春浪の「冒険小説家」としての認知度の上昇に、『少年世界』が大きく寄与した可能性を検証する。そのうえで、『少年世界』誌上において、読物としての「冒険・探検」が、どのような経験として読者に提供され、また受容されたのかという点についても注目し、明治期半ばにおける冒険小説の動向を捉える手がかりとしてみたい。

二　押川春浪の認知度と『少年世界』

押川春浪が最後に主筆を務めた雑誌『武侠世界』の押川春浪追悼号（四巻三号、武侠世界社、一九一五年二月）に掲載された懸賞論文の一つに、「春浪先生が我が国第一の冒険小説家にして、先生の右に出る者が一人として無い事は、今更云ふまでもない事であらう」（一二九頁、後上辰雄（埼玉県）「先生と冒険小説」）と記されている。もちろん追悼号に寄せられた投稿論文であるため、誇張して書かれていることは想像されるが、少なくとも「海底軍艦」シリーズの作者であり、『冒険世界』の主筆も務めた押川春浪が、没した当時において「冒険小説家」として認知されていたことは読み取れる。

しかしながら、作家活動を開始した当初から、押川春浪が「冒険小説家」として多くの読者に認知されていたわけではない。「冒険小説家」としての押川春浪の作家像が確立されるまでの経緯には、本章で取り上げる『少年世界』が深く関わっている。

一八九五年に創刊された『少年世界』において、早くから「冒険談」の作家として認知され、読者の人気を集めていたのは、巌谷小波と杉浦重剛の称好塾で出会い、ともに硯友社に所属していた江見水蔭である。江見水蔭は、以前から博文館と縁があり、『中央新聞』に入社後もその編集事業に関わり、『少年世界』にも創刊当時から冒険小説の類を寄稿していた。

『中央新聞』の後、『読売新聞』から解雇され、一八九八年から『神戸新聞』の記者をしていた江見水蔭は、大橋乙羽、巌谷小波らの好意によって、一八九九年一二月に正式に博文館に入社し、一九〇〇年一月に創刊される週刊新聞

『太平洋』の主筆を務める。同年に巌谷小波のドイツ行きが確定してからは、しばらくは『少年世界』の主筆を兼ね、後にその専任となった。

江見水蔭が『少年世界』の主筆となった年の一一月に、押川春浪は巌谷小波の紹介によって『海島冒険奇譚 海底軍艦』を文武堂から出版している。こうして、一九〇〇年以降、江見水蔭と押川春浪の二名は、巌谷小波を介して出版産業のなかで創作冒険小説との関わりを深くしていく。

ベルリン大学附属東洋語学校講師に招かれて渡独した巌谷小波に代わって『少年世界』の主筆となった江見水蔭は、探検隊を結成し、その探検記を読物として誌上に掲載するという編集上の新機軸を出す。江見水蔭はその事情を次のように回想している。

「新旧両主筆の少年時代」
巌谷小波（右：19歳）、江見水蔭（左：20歳）
（出典：『少年世界』7巻3号）

『少年世界』は、云ふまでもなく小波のお伽噺で持つてゐるので、その洋行中（中略）留守を預かる以上は、自分として何等かの新機軸を出さずにはゐられなかつた。（中略）冒険小説又は探検実記を以て少年の勇気を涵養する計画を立て、最初の試みとして、玉川の上流、日原の鍾乳洞を探検する事を献策して、館主の許可を得た。（江見水蔭『自己中心明治文壇史』博文館、一九二七年、三四〇頁）

「冒険談」欄に連載された探検記には、読者から賞賛の声が寄せられ、江見水蔭は「冒険談」、「冒険小説」の作家として『少年世界』誌上で認知されていく。「武州日原鍾乳洞探検記」を連載中の『少年世界』読者投稿欄には、「少年世界の探検記を見るを最上の楽と致し居り候」（七巻三号、一九〇一年二月、「読者通信」欄、一三〇頁）などとあり、「無名島探検記」が掲載された号には、「読者通信欄を借りて大に希望する夫は（中略）冒険談を多く掲載して貰ひたいのだ」や「お伽噺立志小説冒険談の類をどし〳〵出して下さい」（八巻一三号、一九〇二年一〇月、「読者通信」欄、一三三頁）とある。[12]

その後、一九〇二年一一月に巌谷小波が帰国するに伴い、一九〇三年からは同誌の主筆は再び巌谷小波に戻り、江見水蔭は博文館を退社する。しかしながら、誌上では、江見水蔭が「相変らず本誌を助け、毎号得意の冒険談を書いてくれる約束」（九巻一号、一九〇三年一月、一一六頁、「記者通信」欄）であることが巌谷小波によって示され、江見水蔭は博文館退社後も、『少年世界』に寄稿を続けている。したがって、次に示す定期増刊（九巻一一号）の予告のように、江見水蔭は博文館退社後も『少年世界』誌上で「冒険家としてまた冒険小説家として有名なる」人物として顔を見せている。

少年世界定期増刊の第三回は、冒険家としてまた冒険小説家として有名なる、江見水蔭氏の筆になるもので、暑中に当つて大冒険を試みる、壮絶快絶の物語、戸隠山探検記、鉄王島に比しては、更に一層の趣味有るは勿論、一読魂飛び肉動くの概がある。（九巻七号、一九〇三年五月、一八二頁）

右の予告文に見られる「鉄王島」というのは、江見水蔭が主筆時代に連載していた「無名島探検記」（八巻一三・一五・一六号、一九〇二年一〇－一二月）の続編である。江見水蔭はこの「鉄王島」を、博文館を退社した後の九巻一号～十号（一九〇三年一‐八月）に連載した。

押川春浪の作品が『少年世界』誌上に初めて掲載されるのは、この「鉄王島」の最終回が掲載された翌月、九巻一一号（一九〇三年九月）においてである。押川春浪が初めて『少年世界』に寄稿した「絶島通信」の第一回が掲載されたのは、『海島冒険奇譚海底軍艦』の出版から約三年が経過した時点であった。

『少年世界』九巻一〇号（一九〇三年八月）の読者投稿欄である「少年通信」欄を見ると、「鉄王島」の連載時期に関する読者からの質問に対して、「記者」が「鉄王島」の代わりに「絶島通信」を「面白い冒険談」として掲載すると返答している。

▲記者閣下に 鉄王島は九巻六号でおしまいですか御答を願います（下総錦風山人）
△鉄王島は本号にて完結の代り 絶島通信と云ふ面白い冒険談を掲載します（記者）（一三二頁）

押川春浪は、江見水蔭から「冒険談」を引き継ぐように『少年世界』の寄稿家となった。では、その冒険小説家としての認知度は、どのように推移したのだろうか。手がかりとして、『少年世界』の十周年を記念した読者投稿企画の結果を参照する。

この企画は、『少年世界』の寄稿家から、「お伽噺」、「陸軍談」、「海軍談」、「博物談」、「理化談」、「地理談」、「日本史伝」、「外国史伝」、「家庭小説」、「冒険小説」の十科ごとに「作者」・「画工」を選び、投票するというものである（「満十年投票の檄」『少年世界』九巻九号、一九〇三年七月）。押川春浪が『少年世界』に初登場した号をまたいで経過報告がなされているため、『少年世界』登場以前から登場後にかけての押川春浪の認知度の推移がある程度推察できる資料となっている。「冒険小説家」の項目のみを抜き出すと次のとおりである。

押川春浪が『少年世界』誌上に登場する以前の時点（九巻一〇号、一九〇三年八月）では、江見水蔭が一四七九票、押川春浪が一一〇票、武田櫻桃が五三票（一三三頁）という結果である。押川春浪「絶島通信」の第一回が掲載された時点（九巻一二号、一九〇三年九月）では、江見水蔭が四一〇八票、押川春浪が七六〇票、黒岩涙香が三七二票である（一三三頁）。その後、九巻一三号（一九〇三年一〇月）掲載の「決選披露」での結果は、江見水蔭が一一三五一票、押川春浪が三二五四票となっている[13]（一三三頁）。

このように、投票企画当時の『少年世界』誌上では、押川春浪よりも江見水蔭の方が冒険小説家として多くの読者に認知されている。この時点での押川春浪は、初刊行作品『海島冒険奇譚海底軍艦』の好評を受けて、続編『英雄小説武侠の日本』を一九〇二年一二月に上梓し、大学館からも世界怪奇譚シリーズ六編を刊行するなど、精力的に執筆活動を進めてはいるものの、『少年世界』誌上での認知度としては、江見水蔭の方が四倍近くの票を獲得するという状況であった。

一方で、第一回投票から決選披露までの間で押川春浪の獲得票数が三〇倍近くに上昇している点も注目に値する。第一回から決選までの票の動きを確認すると、江見水蔭が一四七九票から一一三五一票と、約八倍であるのに対して、押川春浪は、一一〇票から三二五四票と、約二九倍に認知度を上げている。

新たな冒険小説の起稿家として押川春浪を売り出そうとする編集側の操作がなかったとは言い切れないが、『少年世界』誌上への作品掲載が票の上昇を後押ししたことは推察できる。作品掲載だけでなく、こうした投票企画の結果を通じて、江見水蔭に次ぐ「冒険小説家」としての押川春浪像は読者に伝達されることとなった。

押川春浪の『海島冒険奇譚海底軍艦』について、「少年読み物の世界に、一大炬火を点じたる者として大に刮目に値すべき」（後掲、六〇頁）とする木村小舟は、押川春浪と『少年世界』との関わりについて次のように述べている。

併し当時の春浪は、未だ少年間に知られざる一無名作家とて、発行者としても、此の点にや、不安を感じたものか、別に一篇の新作を求め、これを「少年世界」に寄せて、新作者の手腕を、天下に認識させた程である。（木村小舟『少年文学史明治篇』下巻、童話春秋社、一九四二年、六一頁）

木村のいう「別の一篇」とは「絶島通信」であろう。「海底軍艦」シリーズが好評を得たとはいえ、少年雑誌として多くの読者を獲得していた『少年世界』に作品を掲載することは、より一層押川春浪の認知度を高めることに繋がった。

当時の『少年世界』の発行部数や読者数が当時の出版業界において多大なものであったことは、次のように指摘されている。

たとえば、浅岡邦雄[14]は、創刊一年目の『少年世界』の一号あたりの発行部数を八万部前後、二年目以降は約二割程度を減じ、六万から六万五千部前後となったことを推定し、「少年雑誌のなかでは断然突出した部数」であると述べている。また、『名著サプリメント』四巻六号に掲載された尾崎秀樹・尾形明子・田嶋一・小田嶋正勝による座談会[15]では、『少年世界』の部数および読者数が、発行部数だけでなく、回し読みを考慮すると、当時の高等教育を受けていた少数の子どもたちのほとんどが『少年世界』を読んでいた可能性があると指摘されている。[16]

『少年世界』一二巻五号（一九〇六年四月）の「少年通信」欄に「僕等は親友と申合せ青年夜学会なる者を建設し少年世界を一同廻して楽しんで居ます会員は目下四十名中々盛大です」（一三五頁）とあるなど、回し読みの状況を知らせる読者投稿が見られることは、こうした『少年世界』の読者数の多さを裏付けている。また、『少年世界』の読者投稿欄に示された投稿者の出身地の数々は、全国各地に読者が存在することを示している。[17]

こうした『少年世界』の読者に向けて、押川春浪は初掲載作品以降、「冒険小説家」として誌上に頻繁に顔を見せるようになっていく。一九〇三年の九月から一二月にかけて「絶島通信」を連載（九巻一一・一三・一四・一六号）した後、一九〇四年には肝付海軍少将述・押川春浪漁史編「冒険奇説海国神仙譚」を一〇巻九・一一・一二・一三・一六号（七‐一二月）に連載、翌年には押川春浪訳「冒険小説海賊島」を一一巻二・四号（二‐三月）、「冒険小説地底の王冠」を一一巻一〇・一二・一三・一四・一六号（八‐一二月）に連載、一九〇六年には「冒険小説熊の足跡」を一二巻五・六号（四‐五月）、「冒険奇説巌窟の海賊」を一二巻一二・一三・一四・一六号（九‐一二月）に連載、一九〇七年には「冒険小説怪島の秘密」を一三巻四・五・六・七・九号（四 - 七月）、「探検小説幽霊小屋」を一三巻一一・一三・一四・一六号（九 - 一二月）に連載している。

　このように「冒険」、「探検」の語が付される作品を抜き出してみても、押川春浪がかなりの量を寄稿していることが窺える。

　また、一二巻六号（一九〇六年五月）掲載の押川春浪「冒険小説熊の足跡」の末尾を見ると、「之れは僕の実験談で、冒険小説を書く間に、一寸お話した次第である」（八九頁）と押川春浪自身が自分を「冒険小説」の作家として読者に呈示している様子が窺える。

　この間、押川春浪は、一九〇四年三月に『日露戦争写真画報』が創刊されるに際して、その編集スタッフとして博文館に入社し、一九〇六年からは同誌が改題した家庭向け雑誌『写真画報』の主筆を任されている。『写真画報』の終刊に伴い一九〇八年から『実業少年』と『冒険世界』の二誌が新たに創刊されるにあたって、押川春浪は『冒険世界』の主筆に就任した。その後も、押川春浪は『少年世界』に冒険小説を毎年定期的に執筆している。たとえば、『冒険世界』の主筆となった一九〇八年、押川春浪は『少年世界』に、「冒険小説世界丸」を一四巻六・八・九・一一・一二・一三・一四・一六号（五 - 一二月）に連載している。

　こうして押川春浪が『少年世界』誌上に多く顔を見せるようになって以来、『少年世界』の誌面では、押川春浪の冒険小説家としての認知度と、その作品への需要が上昇していく。

　たとえば、同年末の一二巻一六号（一九〇六年一二月）には、「来年は押川春浪氏更に大快腕を振はれるとの約束です！」（五八頁）と、押川春浪の作品を求める読者へのコメントが編集側から書き入れられている。一方、読者投稿欄においても、次のように押川春浪の冒険小説の好評と需要を伝える内容が多数掲載されている。

> 押川氏の冒険談を毎号出される事を希望します（一三巻四号、一九〇七年三月、「貇談会」欄、一三三頁）
>
> 僕の通信！僕は小波様のお伽噺や押川春浪氏の冒険奇談は大好きだ（愛轢生）（一三巻五号、一九〇七年四月、少年新聞第一四号・「読者の声」欄）
>
> 僕は今度愛読五週年の祝としてかの冒険小説家として英名赫々たる押川春浪先生に清舞なる号をつけて貰ひました（一三巻九号、一九〇七年七月、「貇談会」欄、一三二頁）

これらの投稿は、「冒険談」、「冒険小説」の作家として、押川春浪が認知され、『少年世界』においてその読者を増やしていたことを示している。巌谷小波がのちに、『武侠世界』四巻三号（一九一五年二月）に寄せた押川春浪の追悼文「春浪は死せず」で、『少年世界』に春浪の原稿が出ていないと「子供が寂寞を感ずると云ふ風で、非常な勢隆々たる名声を博し」たと語っているのは、このように『少年世界』誌上への押川春浪の露出が増えてからの状況を述べたものであろう。また、次のように、「海底軍艦」シリーズの続編を催促する投書も見られる。

記者さん押川春浪先生の新日本島の続編は何時頃出来るのですか早く発行して下さい待遠しくて成りません（一三巻五号、一九〇七年四月、「懇談会」欄、一三一頁）

押川春浪先生単身獅子を提げて魔境に入りし段原剣東次が世界の闇黒面即ち西伯利亜の大怪塔に於て如何なる大活劇を演じるか夫れが見たうてなりません早く新日本島の次ぎを続々出版して下さい本当に頼みます（一三巻五号、一九〇七年四月、「懇談会」欄、一三二頁）

『海島冒険奇譚海底軍艦』一六版の奥付に記載されている増刷の記録を見ると、一九〇〇年一一月の初版から押川春浪が『少年世界』誌上に登場する一九〇三年九月までの約三年間で九版、その約三年後の一九〇六年五月時点で一六版となっており、版数を見る限りでは、『少年世界』誌上への寄稿の影響力を推し量ることはできないが、右に示したような読者投稿欄の様子から、『少年世界』という媒体が、押川春浪の冒険小説作家としての知名度を上げ、読者の拡大に寄与したことは想像できる。

もちろん、博文館退社後も『少年世界』に寄稿し続けていた江見水蔭の名前も、巌谷小波、押川春浪と並んで「探検談」「冒険談」の作家として、以前に引き続き度々投稿欄に登場する。[18] 押川春浪が江見水蔭に取って代わったということではなく、ここでは、『少年世界』誌上での押川春浪の認知度が上昇した点に注目しておきたい。

後に押川春浪を主筆として『冒険世界』が創刊され、先行する雑誌『探検世界』を圧倒するまでの経緯を捉えるためには、『少年世界』のメディアとしての力の大きさを見過ごすことはできない。

三 『少年世界』における「冒険談」の機能

以上、『少年世界』誌上における江見水蔭と押川春浪の

「冒険小説家」としての認知度を辿りながら、同誌において読物としての「冒険・探検」が流通した過程を眺めてきた。

　これらの江見水蔭と押川春浪による読物を含めて、創刊当初から『少年世界』誌上に様々な形で掲載されてきた「冒険・探検」を描いた読物には、どのような機能が期待されていたのだろうか。

　『少年世界』が対象とした読者は、時期によって揺らぎがあるものの、基本的には小学校から中学校に至るまでの学校教育に取り込まれた層であった。六巻一一号（一九〇〇年九月）の「投稿規則」（一〇一頁）には、「投書家は小学校尋常一年生より。中学一二年級の程度に止め」、「少年通信は各地学校。少年団体。家庭及び個人の状況等を報道するもの」とある。また、ちょうど小学校令が改正された時期にあたっており、同号の「時事」欄には、新たな小学校令で規定された「新字音仮名遣」を、「主として幼稚園より尋常一二年生の愛読すべきもの」である『幼年世界』では採用し、「概ね小学高等科より中学尋常科に亘る」層を「愛読者」とする『少年世界』では採用する必要がないという記述がある（一一九頁）。

　さらに、九巻一号（一九〇三年一月）の「少年新聞」欄掲載の武田桜桃・木村小舟「明治三十六年を迎ふ」では、江見水蔭に代わり巖谷小波が主筆に戻るにあたって、その読者層をどのように想定して編集するかについて、「今年からの本誌は幼稚園から中学一二年級の程度を標準として編輯する覚悟で（中略）巻頭から順次巻末へ亘つて高尚になつて居ます、殊に少女諸君の為めに少女の読物を入れた」（一三四頁）と記載している。

「このころ、子どもたちは急速に「学校」教育に取り込まれつつあった」と河原和枝[19]が指摘するように、『少年世界』が対象とした読者たちは、この学校教育を中心とした日常生活を送る読者たちであった。

　読者投書のひとつに、巖谷小波と押川春浪の「二先生のお伽噺又は冒険小説」について「勉強の余暇に押川先生の冒険小説に手に汗を握り巖谷小波先生のお伽噺に怖しかりし話もやつと手の汗も乾くなど愉快他に無し」（一三巻四号、一九〇七年三月、「懇談会」欄、一三三頁）と、「勉強の余暇」に「愉快」を得るものとして『少年世界』に掲載されたお伽噺と冒険小説の役割を書いているものがある。

　こうした実感は、投稿を掲載した『少年世界』の編集側が期待した機能でもあったと考えられる。

　『少年世界』の主筆である巖谷小波は、一八九八年五月に『太陽』四巻一〇号（博文館）に掲載された「メルヘンに就て」（漣山人）という文章のなかで、『少年世界』に掲載される読物を「元来メルヘン即ち御伽噺少年文学の類」（四五頁）とし、その役割を次のように論じている。

巌谷小波は「忠君愛国の気象、国家的観念を鼓吹」することは「メルヘン本来の責務とも承はらず」として、「必ずしも教科書の権限に立入るには及ばず、寧ろ他方面に於て、其天職を尽すべきものと確信致し候」（四三頁）と、「メルヘン」には、「教科書」とな異なる「天職」があると捉えている。

続けて巌谷小波は、日本人は「日本人たる事」を自覚するだけでは不十分で、「世界人たる事をも自覚」する必要があるとし、そのため、「忠君愛国よりも、寧ろ重きを尚武、冒険に置き、之に依て、海国少年の気概を養成せん」と、自らの目論見を述べている（四三頁）。

ただし、この文章全体のなかで「尚武冒険」の語が「忠君愛国」や「忠孝仁義」に対置されているとおり、「海国少年の気概を養成せん」とあるのは、単純に国家のために尽くす精神の養成を意味しているのではない。

その証拠に、巌谷小波は、「壮大なる想像を馳せて、少年の気宇を豁大ならしめよ」（四二頁）という注文に対する答えとして、「無論その考に御座候」と、自身が考える「メルヘン」の役割を次のように論じている。

> 然るに日本の少年教育は、余りに行届き候故か、兎角稚木を矯め度がり（中略）此故に小生は、出来得る丈少年の頭脳に余裕を与へ、其胸宇を豁大ならしめん手段として、メルヘンを読ましめ候心得に御座候（中略）父兄がおとなしくさせんとする小供を、小生はわんぱくにさせ、学校で利巧にする少年を、此方は馬鹿にする様なもの（四四頁）

ここに示されているのは、家庭生活や学校教育に囲われていく「子供」をその日常生活から解放するような、「メルヘン」の役割への期待である。

河原和枝は、右の文章について、巌谷小波が「学校」や「教科書」といった「「規律訓練」の世界」に「「お伽噺」や「メルヘン」の世界を対置し」、「「規律訓練」型の近代化をすりぬけてゆく〈子ども〉のイメージを呈示してもいた」（前掲、五八頁）と指摘している。

この河原による指摘は、巌谷小波が『少年世界』の読者たちを学校教育や家庭生活に囲われた存在として捉え、『少年世界』に掲載される読物に、それを読んだ読者が、その日常生活から解放されるような役割を見出していたと言い換えることができよう。

先ほど触れた読者の実感を鑑みると、『少年世界』に掲載された「冒険・探検」に関する読物にも、こうした機能が期待され、またそのように享受されていた側面があったとみてよい。

以上のように、明治三〇年代後半から『探検世界』、そして押川春浪を主筆とした『冒険世界』などの「冒険・探検」をテーマとした雑誌が刊行されるまでの経緯を捉えるうえでは、『少年世界』が明治期の出版産業において冒険小説の流通に寄与した可能性を考慮する必要がある。特に、押川春浪が「冒険小説家」として認知される過程には、『少年世界』の持つメディアとしての力が不可欠であった。

同時に、学校教育に囲われた読者を対象とした『少年世界』誌上において、掲載される読物に、読者たちをその家庭と学校を中心とする日常生活から解放するような役割が期待されていたことは、出版産業が流通させた読物としての「冒険・探検」が、読者たちにもたらした経験を読み解く手がかりとなる。

明治期における出版産業の発展期において、読物としての「冒険・探検」が、『少年世界』誌上で学校教育に取り込まれた読者たちのための経験として提供され、流通した可能性は、近代日本における「冒険・探検」をめぐる経験の一つとして、注目すべきといえよう。

注

1 こうした明治期の冒険小説の展開については、大橋崇行『ライトノベルから見た少女/少年小説史』笠間書院、二〇一四年、一二一 - 一二五頁、高橋修『明治の翻訳ディスクール――坪内逍遙・森田思軒・若松賤子』ひつじ書房、二〇一五年、三〇六頁に指摘されている。また、明治初期から二〇年代にかけてのジュール・ヴェルヌの移入については、柳田泉『明治初期翻訳文学の研究』明治文学研究第五巻、春秋社、一九六一年、富田仁『ジュール・ヴェルヌと日本』花林書房、一九八四年に詳しい。

2 西川長夫「帝国の形成と国民化」西川長夫・渡辺公三『世紀転換期の国際秩序と国民文化の形成』柏書房、二〇〇〇年、二六頁。

3 以上に記した博文館の出版事業については、坪谷善四郎『博文館五十年史』博文館、一九三七年(『社史で見る日本経済史』七七巻、ゆまに書房、二〇一四年)所収、浅岡邦雄「明治期博文館の主要雑誌発行部数」国文学研究資料館編『明治の出版文化』臨川書店、二〇〇二年、小田光雄「出版流通システムを確立した博文館」『彷書月刊』一九九九年一一月)を参照。

4 河原和枝『子ども観の近代――『赤い鳥』と「童心」の理想』中央公論新社、一九九八年、一七頁。

5 河原和枝、前掲、四三頁。

6 「科学」欄に掲載されているが、後に博文館の「少年叢書」の第九編として刊行された際の広告文に「好個の少年暑期休暇を利用して熱帯地方に冒険的遠征を試たる快話」とあるように、「冒険・探検」の過程を楽しく読ませる内容となっている。吉田司雄はこの作品について、「冒険小説の形式を採っている」と指摘している。（「科学読み物と近代動物説話」飯田祐子・島村輝・高橋修・中山昭彦編著『少年少女のポリティクス』青弓社、二〇〇九年、七三 - 七四頁）。

7 延原謙「冒険小説研究」『日本文学講座』第一四巻、改造社、一九三三年。

8 「明治冒険雑誌とその読者たち〈探検世界〉を中心に」横田順彌『近代日本奇想小説史　入門篇』ピラールプレス、二〇一二年三月。

9 江見水蔭と『少年世界』の関わりについては、福田清人「江見水蔭解説」『日本児童文学大系』第四巻、ほるぷ出版、一九七八年、宮本瑞夫「「少年世界」と江見水蔭」『名著サプリメント』四巻六号、名著普及会、一九九一年八月に詳しい。

10 江見水蔭『自己中心明治文壇史』博文館、一九二七年。一九〇八年の記述には、次のようにある。

　同十三日に、成功雑誌社の社主村上濁郎（露伴門下）が来た。それは同社発行の『探検世界』が、博文館発行の『冒険世界』に圧倒されるので、此際大活躍が試みたいから、自分に主筆と成つて呉れといふのであつた。

　発行は『探検』の方がズツと先なので、博文館では『写真画報？』を改題して『冒険世界』を出す様に成つたのだが、押川春浪が主筆で、その武侠的冒険小説が大評判なので、それで村上は自分をそれに対立させ様と企てたのであつた。（四六四 - 四六七頁）

なお、江見水蔭が『探検世界』主筆となったのは一九〇八年の一一月から（同書、四七八頁）とある。しかしながら、一九〇九年の六月には、「『探検世界』は不成功なので、自分の主筆を断つて来た。（六月二十八日。）」（四八〇頁）とある。

11 横田順彌、前掲、一四三頁参照。

12 こうした反響については、宮本瑞夫（前掲）や、熊谷昭宏「「事実」としての「奇」と「危」――江見水蔭の「実地探検」群を手がかりに」『同志社国文学』六三号、二〇〇五年一一月に詳述されている。

13 「決選披露」のみ、三位の記載はない。

14 「明治期博文館の主要雑誌発行部数」国文学研究資料館編『明治の出版文化』臨川書店、二〇〇二年。

15 「座談会　明治の「少年」――『少年世界』の復刻をめぐって」『名著サプリメント』四巻六号、名著普及会、一九九一年八月。

16 「回し読みを入れたら……将来日本を担っていく、殆ど全ての子供たちが『少年世界』を読んでいた。影響を受けていくことになるんですね。」（尾形）、「回し読みを考えると、当時の一万部は、読者数からいったら、ひょっとしたら、・・・部数×何人でみていかなければならない。」（田嶋）とある。八・九頁。

17　たとえば、六巻一一号（一九〇〇年九月）の読者投稿欄には、投稿者の出身地として、武蔵、摂津、石狩、盤城、石見、周防、但馬などの地名が見える。

18　「予が本誌に対する希望は江見水蔭氏の探検談押川春浪氏の冒険小説を出されん事」（一一巻一〇号、一九〇五年八月、「少年通信」欄、一三一頁）、「小波君のお伽噺水蔭君春浪君の冒険談は実に愉快です」（一三巻四号、一九〇七年三月、「懇談会」欄、一三三頁）、「巌谷小波先生のお伽小説櫻井中尉の実戦談江見水蔭先生の難船記の如きものをドシ〳〵出して下さい終りに押川春浪先生の冒険小説四月の発行を待ちます」（一三巻五号、一九〇七年四月、「懇談会」欄、一三三頁）などの投稿がある。

19　河原和枝、前掲、五七頁。

附記　本稿は、立命館大学に提出した博士論文「世紀転換期の出版文化と押川春浪――冒険小説の生成と受容」（二〇一八年三月）の一部（第二章）を加筆修正し、改稿したものである。

第五章

遺族にとっての「冒険」と「物語」
——春日俊吉の山岳遭難記と小説における鎮魂・癒し

熊谷昭宏

一　日本におけるアルピニズムの移入と山岳遭難の増加

第四章では、明治三〇年代後半から大正初期にかけて、『少年世界』や『冒険世界』といった雑誌に発表された押川春浪の冒険小説群により、少年を中心とした読者たちがいかにして「冒険」「探検」の物語を消費していったかを概観した（第四章参照）。

本章で主な分析対象とするのは、時代としては前章に続く大正後期から昭和初期にかけての、「探検」ではなく「冒険」と呼ぶべき行為とそれをめぐる言説である。さらに限定すると、「壮士的」または軍事的な「冒険」（第二章参照）ではない、言わば「趣味」としての「冒険」をめぐるそれである。その「趣味」としての「冒険」とは、ほかでもない、登山[1]である。

大正後期から昭和初期にかけて、日本の登山界には欧州からアルピニズムという登山思想が移入され、尖鋭的な登山家たちの間に普及した。この新思想について早くから言及していたのは、早稲田大学山岳部の船田三郎である。彼は部の会報『リュックサック』でG・レイなどの登山家の言葉を引用しつつ、近代登山のあるべき姿について次のように述べている。

> 高きその山々の光栄と彷徨とを夢みつゝ、山岳が呈する引きよせる強き力のまゝに、重たき背嚢を担ひ、苦しき長時間の努力を払ひて氷谷を渉り、硬く黒き岩壁を攀ぢ、高き光りに包まれた岩稜に達し、其処より鋭く打ち連なる岩峰の涯に、尖りたる絶巓を仰げば若き精神は緊張する。そして危険と困難なる岩角へ対する登攀術によつて最后の目指す峰に達したる時の心の高揚、それは畢竟登山術は単なるスポーツとしてのみの概念

を有せざることを示す。登山術は山々を歩む人々に協調の行為を要し、人の心に沈着、忍耐、不撓、無我、純真な仁愛と英雄的行為、創造主に対する純一な愛と敬とを培ひ呉れるものである。[2]

船田の言うように、アルピニズムの目的は、「危険と困難」を乗り越えて「精神」の緊張を味わいつつ、「最后の目指す峰」を極める「英雄的行為」の実現である。同時にアルピニズム的登山とは、可能な限りリスクを回避すべきものでもあった。[3] 例えば黒田正夫は、その名も『登山術』という指導書の中で、「「登山のために」生命をけづり、身体を損ふことは登山家の最も恥づべきことである」[4]と断言している。また櫻井史郎は『山の遭難防遏方法』の「自序」で、近年の登山を「山岳スポーツ」と表現したうえで、「多年の経験と学び得た一縷の学理により」遭難防止策を紹介するという同書の目的を述べている。[5] 先に引用した船田の文章中の「登山術」がまさにその技術であり、この言葉からは、彼がアルピニズムのもう一つの目的を早くから理解していたこともうかがえる。

ただ、この思想の普及と実践がもたらしたものは、皮肉なことに、山岳遭難の増加という事態であった。その結果、当然のことながら、遭難で命を落とす登山家の数も増えていった。瀬木三雄は「山岳死の統計的考察」(『登山とスキー』四巻八号、一九三三年一一月)の中で、昭和に入ってからの山岳遭難死亡事故について、一九二六年から一九三三年九月までのデータを示しつつ、次のように述べている。

最近数年間、登山スポーツの急激なる普及と共に、山岳遭難によつて山に死するもの、即ち所謂、山岳死(Bergtod)の運命をたどるものも又著しく増加した。(中略)此八年間における犠牲者の数は、百九十五名の命を奪つた明治三十五年八甲田山における第五聯隊の遭難を例外とすれば、明治以降における我山岳遭難者の大部分を占むるものであつて、二六年以前の遭難者総和はこの八年間の半ばにも達しない。

瀬木の言う「最近数年間」、すなわち大正末から昭和初期にかけては、アルピニズム思想が尖鋭的な登山家たちの間に浸透しただけでなく、趣味としての登山が大衆化した時期でもある。登山人口の増加は山岳遭難の増加につながり、重大な山岳遭難が起こると、新聞を中心としたメディアはその模様を報道するようになった。つまり、山岳での遭難死亡事故が増加したこの時期は、山岳遭難をいかに語るか、その語り方が模索された時期でもあった。山岳遭難が人々にとって身近な問題となっていった時代に、遭難とその犠牲はどのように語られ、想像され、意味づけられたのだろうか。

本章では、『読売新聞』運動部記者の経歴を有する春日俊吉の著作に注目し、昭和初期における山岳遭難の語られ方やイメージの特徴を明らかにしたい。加えて、死に至る「冒険」的登山が喚起する新たな「物語」の可能性と、その問題点も指摘することになるだろう。

二　「研究」と「教訓」そして「鎮魂」からロマンティックな想像力へ

山岳遭難事故の増加に伴い、大正末から昭和初期にかけて、日本山岳会機関誌『山岳』の「雑報」欄には、遭難関連記事が目立つようになる。一九三〇年四月発行の

図1　劔沢の遭難事故を報じる新聞記事
（『東京朝日新聞』1930.1.15、夕刊）

二五年一号では、同欄に「山の惨事」という項目が新たに加えられた。「山の惨事」で最初に報告されたのは、後立山連峰の劔岳を目指していた東京帝大と慶應義塾大予科の学生らが劔沢小屋で雪崩に見舞われ、六名が死亡した一九三〇年一月の事故（図1参照）を含め、四件の遭難事故である。『山岳』における遭難関連記事の変遷からは、大規模な山岳遭難が増加していった様子だけではなく、遭難が記事として「報告」され、「検証」されるべき問題として認識されるようになったという変化も見てとることができる。

こうして山岳遭難に関する情報が多くの人々に提供されるようになると、尖鋭的な登山に対して批判的なまなざしも向けられるようになっていった。一九三〇年一月一七日の『読売新聞』には、「危険な冬山への冒険登山を厳禁」という見出しの記事が掲載され、その中で、内務省警保局警務課員の談話として次のようなコメントが紹介されている。

『冬山の危険なことは勿論であるが登山熱とスキー熱の勃興から近年非常に遭難事が多い、〔中略〕今回の立山の遭難事件で富山県も立山登山の禁止を行つた、実際冬の深山はそま、木樵でさへ山を下る位で登山することが無理なのである、併しスポーツ精神の発達上絶対禁止

は如何と思ふが例へば立山のやうな嶮しくて気候の変化の烈しい深山は随意に期間をきつて禁止することもよいと思ひ取調を行つてゐる』

ここでいう「今回の立山の遭難事件」とは、前述した劔沢小屋の事故のことである。このような批判に対し、当然登山界では、アルピニズム的登山の正当性を主張してゆくことになった。例えば渡邊漸は、劔沢での遭難事故について、先に紹介した『山岳』二五年一号で、このように述べている。

窪田・田部・松平・土屋の四氏及び案内者二名の一行の劒沢に於ける遭難は永久に忘る能はざる一大事件であつて、吾々はそれだけに事の真相を極め世の誤解を除くの必要と、将来の研究に待つべき種々なる大きな問題を与へられた事を、痛感するのである。[6]

渡邊は、事故が「永久に忘る能はざる一大事件」であることを認めたうえで、冬期登山に対する「世の誤解」を除く必要があると述べる。そして、そのためになすべきは、「事の真相を極める」ことであるとしている。また、事故を「研究」されるべき「問題」が「与へられた」出来事であるとする見解も示している。この事例からも分かるように、遭難報告記事には、「真相」究明と「研究」により教訓を導き出すという目的も加えられていった。

渡邊の主張は、遭難者の周辺、そして遭難者自身が、遭難記という形で独自に遭難を語ることを提唱したという点でも非常に興味深い。実際、遭難事故に対する批評が次々と提出されるようになると、当事者や関係者の立場から遭難を語る人々が増えていった。

その代表的な例が、板倉勝宣の死を語った槇有恒である。一九二三年一月、立山付近の松尾峠で、スキー登山の名手、板倉勝宣が遭難死した。二六歳で落命したこの若き登山家の遺稿集は、彼と共に遭難しつつも生還した槇有恒らの編集（奥付の編輯者名は松方三郎）により、『山と雪の日記』（梓書房、一九三〇年三月）として刊行された。[7]

板倉の遭難死は、彼が子爵板倉勝弼の息子であったということもあり、新聞でも大きく報じられた（図2参照）。またこの遭難は登山界にも大きな衝撃を与え、多くの登山家が板倉の死、遭難の経緯について言及することとなった。板倉の死を看取った張本人である槇の著作集『山行』（改造社、一九二三年七月）の第六章「板倉勝宣君の死」は、槇自身と板倉の遭難の「真相」を整理して語る遭難記と見なすことができる。そこで槇は、危険を伴う冬期登山につ

遭難の記憶新たに
槇氏泣いて歸京す
板倉君が
慘死の前後
悲痛な上野驛頭

図2　松尾峠における槇、板倉らの遭難を報じる新聞記事（『東京朝日新聞』1923.1.25、朝刊）

いて、次のような持論を展開している。

> 私等の期するところは何時も乾坤一擲の努力なのである。そして其処に興味も渾然として融合してゐる。大きな自然の中に自分を見たいのだ。而も其超越を自己の心身の鍛錬に依つて克ち得やうとするのだ。であるから若し茲に単に登山は危険であるからとて、夫れを抑止しやうとするならば何時迄も君子危きに近寄らずの桃源郷に千年の夢を見つゝ打ち果つるがよい。[8]

ここからは、後輩の死から教訓を見出し、登山家がさらなる前衛を目指すべきであるという、アルピニズムの擁護を読み取ることができる。また槇の回想には、板倉の死を悼み、その魂に思いをはせるような「鎮魂」の語りも見られる。

ところで、次の部分はどのように評価すべきだろうか。

> 何んと云ふ不思議であらう、今迄降りしきつた空が見渡す限り晴れて星屑に充ちてゐる。直ぐ近くの松尾峠の上に大きい星が輝く。何んと云ふ近い光だらう。彼の霊は此世を棄てゝ去つた。無言に去つて行つた。然し必度あの無言の中に降る雪の幽かなその音の一つ一つを拾ひ乍ら、安らかに名残りを告げて行つたのではなからうか。そして此の澄み切つた深い空が暫し輝いて迎へたのではなからうか。彼れの霊はその星の群る大空に好きな「王様の馬」を歌つて悩みと喜びとの仮の世を棄て去つたのであらう。[9]

もちろん、回想する現在から改めて息絶えた板倉の魂の行く先を想像し、彼の死が安らかなものであったはずであると意味づけているという点で、これもやはり「鎮魂」の語りであると一応は見なすことができるだろう。ただ、ここで語られるのは死んだ板倉の表情などではなく、酷寒の雪原から見上げる星空である。その「空」と「星」のさまは、冷え切って硬直した板倉の死せる身体ではなく、身体を遊離したとされる彼の「霊」と結びつけられている。さらにその結びつきを語る表現は、山岳小説作家の瓜生卓造が「最愛の友を失った二十九歳の山男の穢れないロマンチシズムが、読者の胸に沁み通るであろう」[10]と評するように、極めてロマンティックな想像力に基づいているのである。これは、生き残った同行者が、事故当時には語り得なかった板倉の死を言語化し、意味づける作業であったと言えよう。そしてその結果、板倉の死は、星に導かれて歌いながら「仮の世を棄て去つた」出来事であるとされたのである。実は、ロマンティックな比喩で修飾されたこのような語りこそが、遭難記の読者が密かに期待した重要な要素であったのではないだろうか。

三　春日俊吉による遭難記の試み

前節で確認した大正末期から昭和初期における山岳遭難をめぐる言説の中で、春日俊吉の遭難記と小説はどのような意味を持つのだろうか。

登山愛好者の間では、昭和一〇年代までに、春日は遭難記の名手として認識されていた。春日自身もそのような評価について自覚的であったことが、次のような回想から明らかである。

> しばらくして僕も年齢をとり、面の皮も益々厚くなつて、時々山の会合などに出席すると、僕を呼ぶに俊吉・春日の名を以てせず、いきなり「おい遭難氏」と云ふやつがある。一緒にそこいらの山を歩いてゐる時でも、「こんな小ちやな草やまで、遭難史の著者が遭難すると面白いな」と、はつきりぬかす友達がゐる。[11]

春日が手がけた最初の遭難記は、伊藤純一という変名で発表した「山岳受難記」（『中央公論』四四年七号、一九二九年七月）である。その「はしがき」には、「将来の登山家たちの活きた指道標」を示すこと、「山で悲しく亡はれた、先人の墓標をたて」ること、という二つの目的が挙げられている。「教訓」と「鎮魂」は前節までに確認した通り同時代の遭難記のキーワードであり、それらが春日の初期の遭難記の重要な目的として共有されていたことが分かる。このようなテーマに沿って発表された遭難記を収録した春日の最初の山岳遭難記集が、『日本山岳遭難史』（三省堂、一九三三年）である。

「教訓」と「鎮魂」という目的を果たすため、春日は可能な範囲で犠牲者の関係者に対する取材を行っている。その際、しばしば遺族や友人などから拒絶されたり、強い反発を受けたりしたようである。例えば『日本山岳遭難史』第九章「立山松尾峠吹雪篇」には、次のような回想が見られる。

　ところが槇君は初めから、僕の仕事に対して反対であつた。『書くならば、それは貴君のお勝手です。他人のペンの働きにまで、干渉する権利は私にはありません。そのかはり、お書きになる事に若し間違ひがあれば、私は亡友の為に訴へますよ』と、僕はいきなり、槇君の一喝に逢つて嘆息した。[12]

これは、板倉勝宣に関する取材で槇有恒のもとを訪れた時のエピソードである。この時、遭難者の一人でもある槇は、春日の行為をけん制する言葉を投げかけたようである。回想の通りであるとすれば、槇の言葉は、遭難記の「間違ひ」に対する強い警戒心から発せられたものであると言える。だとするならば、当事者による「間違ひ」のない遭難記として世に出されたのが、先に挙げた『山行』収録の「板倉勝宣君の死」だということになるだろう。言い換えれば、春日の行為は、「間違ひ」の危険性をはらみつつも、第三者が取材に基づき、第三者の立場から遭難の様子を語ることである。このように、『日本山岳遭難史』は、明治から昭和初期にかけて起きた山岳遭難事故のいきさつを記述し、それらを第三者である春日があたかも説話集を編むかのようにまとめた書である。

次に『日本山岳遭難史』中の個別の遭難記の記述を確認したい。同書収録の遭難記の大きな特徴のひとつとして、遭難のエピソードが事実の列挙という形では語られていない、ということが挙げられる。例として、第十章「前穂高岳クレヴァス篇」を見てみたい。この章で語られるのは、一九二六年夏、北アルプス穂高連峰の前穂高岳で起きた墜落事故である。当時京都帝大の学生だった今西錦司らがこの事故で負傷し、三高生の井上金蔵が死亡した。次に挙げるのは、墜落を免れた京都帝大の酒戸彌二郎、奥貞雄と、負傷した今西とのやりとりである。

　して見ると、彼等はまだ生きてゐるぞ。酒戸、奥の二君が、ここで嬉し涙を感じたであらうことは、改めて附言する迄もない。『ヤジ！　早くザイルを下ろして呉れ！』かすれては居るが、今西君の声には、さうひどい困憊のあとがない。『ようし、待つてゐろ』鸚鵡がへしに、酒戸彌二郎君が答へる。雪の下からは、『気をつけろ、その辺の足場はゆるんで居るぞ！』墜落者が、今はあべこべに、救助者に向つて、適切、時宜を得た助言を発して居るのである。[13]

このように『日本山岳遭難史』では、第三者的な立場と視点による語りの中で、しばしば遭難者たちの会話が挿入される。関係者への取材と資料の調査によって事故当時の遭難者たちのやりとりがある程度判明するとはいえ、正確な会話の再現は第三者には不可能なはずである。

しかし春日はあえて、極めて困難なこの会話の再現を行っている。彼の遭難記が事実を列挙する「説明」という型から逸脱している大きな理由のひとつを、この点に求めることができるだろう。同時にこのような会話の連続により、遭難のエピソードは、登場人物の行動と会話を描く短篇小説であるかのような印象をも与える。比較の対象として、一九三〇年一月に起きた北岳での慶應義塾大学山岳部の遭難事故を報告した、松方三郎「山の惨事 北岳遭難に関する記録」(『山岳』二五年一号、前掲)の記述を次に挙げる。

　五時起床此の頃は大体連日降雪なく、日没頃より風起り、日出後天候恢復すると云ふ状態であつた、午前六時気温マイナス十五度、風少なし。〔中略〕(十時頃)雪崩は初めは速力弱く、その上にさらはれた野村吉野二人の姿も明瞭に認め得た。然し斜面が急になり眼界を没する辺りから速力も著しく速くなつた如く、勿論二人の姿も斜面の下に呑みこまれてしまつた。〔中略〕

　そこでなほも下へと探して見た。すると約二十米突先に雪の上に何か墜落したあとの如きものを見、なほそこに少量の血痕を見た。血痕は其処から北方にトラヴアースして居た。〔中略〕さうして大樺沢に出た所で野村を発見した。左下肢挫折、但し意識は全く明瞭。時は正午頃。それより国分、齋藤、濱口、他人夫一人協力して広河原の小屋に負傷者を運んだ。

これはリーダーだった国分貫一の手記と松方自身の「覚書」とを「綜合して書いた」ものだという。この文章を読めば、春日の遭難記のスタイルが、「説明」や「報告」を主眼とするそれと大きく異なることがよく分かる。さらに特徴的なのは、次の部分である。

　そこで、酒戸君の頭に宿つた考へが、これはどうも堪らない。どつちにしても、もう井上君は重傷である。井上君一人のアクシデントならば、あとには屈強の山男が四人も残つて居る。めいめい、交《かは》る交る脊や肩を負《おぶ》つても、明神ヶ岳のキャムプまで帰り着かう。その上で医師も呼ばう。然し、困つたのは井上君一人ではない。

さうだ。ここは穂高の頂上《いただき》である。ぼやぼやして居るうちに、今西、上林君は別として、墜落からまぬかれた二人の身の上にしろ、誰れが安全を保し得よう。[14]

ここでは、会話以上に再現が困難な遭難者たちの内面までが語られている。これは小説で言えば、語り手が登場人物の視点に寄り添い、その心中を語る、物語論でいうところの内的焦点化にあたる状態である。『日本山岳遭難史』では、附録の中野正剛「我が子を山に捧ぐ」を除いて、全て現場にいなかった第三者の春日によって遭難のエピソードが語られる。そのため、内的焦点化が起きる三人称小説を思わせる記述が各所に見られる結果となっている。

『日本山岳遭難史』の第一章「山岳遭難グリムプス――自序にかへて――」で春日は、先に挙げた「山岳受難記」執筆の経緯について、次のように述べている。

> 発表するに先だつて同誌の社長は、出来るだけ読物風に、早く云へばジャーナリスティックに取扱つてほしい、と僕にまで伝達したものである。僕は大いに、わが意を得た、と考へた。[15]

春日は当初、「教訓」と「鎮魂」という同時代の遭難記と共通する崇高な目的はあったにせよ、それを「読物風」に仕上げることを狙っていたのである。実は、板倉勝宣の遭難死に関連した記事には、「立山遭難物語り」というタイトルを持つものもある。[16] こちらは遭難の経緯を時系列にそって淡々と述べる記事であり、小説の語りを連想させるものではない。しかし春日の自注やその遭難記の形式と併せて考えるならば、報道するメディア側の狙いは、遭難を「物語」として「読ませる」ことにあったと言える。

四 「傷痕」における遭難(1)――「読み物」としての遭難記

前節では、春日俊吉の遭難記の分析から、遭難の「研究」と「教訓」の発見、そして「鎮魂」を目的とする遭難記が「物語」化し、小説というジャンルに接近する可能性を指摘した。

この問題をさらに考察するために、ここで春日の小説「傷痕（山岳小説）」（『山と渓谷』三〇号、一九三五年三月、以下「傷痕」と表記する）を取り上げ、分析したい。「傷痕」は『山と渓谷』に発表された（図3参照）後、著作集『随想と小品 山岳漫歩』（朋文堂、一九三五年、以下『山岳漫歩』と表記する）に収録された。同書には山岳および登山、「山岳文学」[17]に関する評論や随筆、そして「傷痕」を含む二篇の小説が収録されている。

「傷痕」は、一二月のある日、吹雪の中の山小屋で、数年前に同じ雪山で息子の三郎を二人の友人と共に亡くした年配の男が、息子の死の経緯を遭難記としてまとめた岸田と偶然出会うところから始まる。男は検証に基づき遭難のさまを綴った岸田の著作によって事故の「真相」を知り、その「文章」に心を動かされ、三郎を失った悲しみと家庭の危機を乗り越えたことを告白する。そして、男が息子の慰霊のための登山に向かうことを岸田に明かすところで、物語は閉じられる。

　まずは、「傷痕」を『日本山岳遭難史』との関係から捉え直してみたい。重要なのは、遭難死亡事故が問題にされ、さらにそれが岸田によって書かれるという設定である。この点については、同時代の一定数の読者が、遭難記で「ちか頃の山岳読者相《（ママ）》に、非常な人気を博してゐる」[18]春日自身

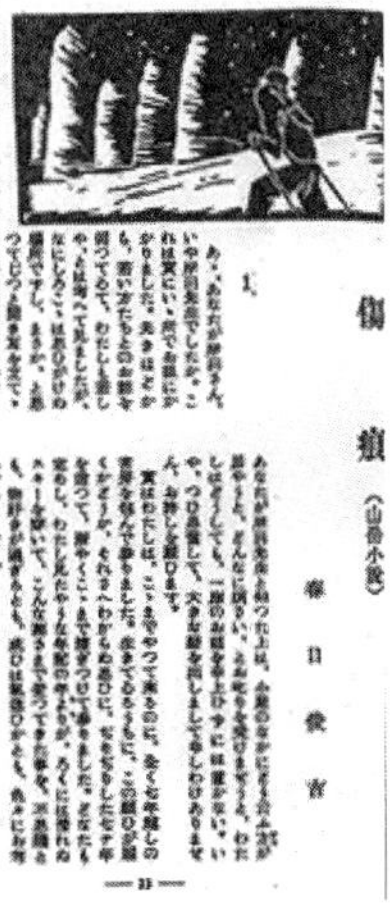
傷痕（山岳小説）
春日俊吉

図3　春日俊吉「傷痕（山岳小説）」（『山と渓谷』30号 1935.3）

を想起し、岸田の遭難記と『日本山岳遭難史』とを重ね合わせて読んだであろうことが、容易に想像できる。問題は、作品内においても、三郎の父が、岸田の遭難記の読者であるということである。父はふと立ち寄った東京の浮世絵屋で、「大変な登山《やま》気ちがひ」の若主人から、三郎の遭難を「実によく書いて居」る岸田の「本」を紹介され、神田の書店でそれを購入する。彼と岸田の著書との出会いの背景には、遭難を「書」いた「本」が書店に並び、一定数の読者に読まれていたという同時代の状況がある。「傷痕」の物語は、春日や槇有恒らもその中に組み込まれていた、同時代の山岳図書の出版・流通のあり方を前提としているのである。この点からも、読者の物語として「傷痕」を捉えることが必要になるだろう。

　それでは、読者である三郎の父は、岸田の遭難記をどのように読むのだろうか。彼は「新聞」や「特別な仮とぢ本」、捜索に加わった人々から「聴いた話」などにより、あらかじめ遭難についての情報を得ていた。それによれば、三人の最期は、もがき苦しみながら死んだという、「可哀想でいぢらしくてたまらない」ものであった。そのような情報と岸田の遭難記とを比較し、彼は「ひとつ大きな事実に相違がある」ことに気づき、著者に対して次のように述べている。

――わたしどもは、あのとき、ともかく三人のお友達同志が、一つ雪渓の穴に落ちて、多少早い、遅いはありましたらうけれど、一様にモガキ合ひ乍ら死んで行つた、と教へられて居りました。処が、先生の御本によると、さうではない。三郎は、一旦雪の中から、日影谷の小屋まで取つて帰さう、として、雪渓の中ば頃まで這ひ上つて行つた。それは小屋と現場との中間に、たしかに遭難後のものとおぼしい、三郎の手拭ひやピッケルが残つてゐたのに依つても想像される。

岸田は独自の調査と分析により、雪渓で死んだ三郎らについて、三人が死を覚悟したうえで静かな最期を迎えたとする新説を唱える。父もこの説に説得力があることを認め、さらに岸田の説を次のように意味づける。

間もなく、あの時亡くなつた吉井さん、倉野さんたちも、やはり岸田先生の御本を読んだためでせう。それとなしに、たくの三郎を今更ながら、見直した、と云つた風なお手紙を下すつた。〔中略〕定めし三郎も、地下で先生のお筆によつて、死ぬ最期までの真相が明るみへ出たことを、屹度悦こんで居るでございませう。

父は岸田の遭難記を、三郎の最期の「真相」を明らかにするものとして読み、意味づけたのである。同時に、それまでに「聴いた話」などは、「真相」を捉え損ねた誤った情報として意味づけ直されたことになる。

第一節で確認した通り「真相」の究明は遭難記の重要な目的の一つであったが、このことについて春日は『日本山岳遭難史』の「第一章　山岳遭難グリムプス――自序にかへて――」で、「遭難史執筆の覚えがき」として次のように持論を述べている。

事実に於て、現存する遭難者のパーティから、そのアクシデントの真相を聞かう、と思ふのは、思ふ者の考へが間違ひだ。さうして遭難事実の真相は、段々朧ろとなり、またピンボケとなつて行く。しかしこれは人類に、感情と云ふものが存する限り、どうにも仕様のないことがらであらう。[19]

春日はメディアの報道、生還者や場合によっては捜索隊の証言も、遭難の「真相」を語り得ないと考えていた。これは第三者が遭難記を書くことの正当性を主張したものであり、結果的に、「傷痕」において岸田のような存在こそが「真相」に肉迫するという論理につながるだろう。
ところで、三郎の父の心を動かしたのは、岸田の洞察力だけではない。遭難記の一節を引用しつつ岸田に感想を語る次の部分からは、彼の遭難記の読み方がよく分かる。

> さうすると、三郎が同じ雪渓の穴の上方に、穴を向くやうにして仆れてゐたのは、どういふわけだらう。『さうだ、君は友の危難を告ぐべく、雪渓の上を綜々浪々と匍伏《ほふく》して行つた。が、いかんせん力つき、小屋と現場との中間に於て、転々、数刻を過し、到底これ以上登ることの不可能な事を知つて、死なば友どちと諸共に、と再び元きた雪渓を這ひ戻り、かくて同じクレヴアスを、臨終の冷たきベッドとしたのである。』まったくです。わたしは先生の、あのところのお文章を、そのまゝソラで覚えてゐます。

「真相」の究明のみを目的とする報告記事であれば不要なはずの「臨終の冷たきベッド」という表現を、岸田は敢えて用いている。遺族である父は、第二節で紹介した槇有恒の回想にも見られる、死の生々しさを忘れさせるようなこのロマンティックな表現に、強く心を動かされたようである。この父の着眼点には注意しなければならない。

春日が遭難記を手掛け始めた当初、「ジャーナリスティック」というニュアンスではあるが、「読物風」な文章を目指していたことは既に紹介した。次第にその点は強調されなくなるのだが、三郎の父は、息子の死の様子が紹介される箇所について、内容（理屈）ではなくむしろ、遭難の状況を語る「文章」に惹きつけられ、「文章」として記憶している。そして父は、その「文章」を暗唱することに感動を覚えている。ここから分かるのは、遭難者の遺族である父が数年来求めてきたものは、受け入れやすい「真相」の「すぢみち」と、それを「よく書」く「文章」であったということである。一方、「傷痕」を読む読者は、そのように遺族が研究と鎮魂の「文章」を読む物語を、物語の外部から読むことになるだろう。

そのように考えると、息子の遭難を読むことで「新らしい涙」を流す父の姿は、実は、春日が想定していた「読物風」なものを期待する実際の遭難記の読者の姿と見事に一致する。このような読者の存在は、例えば、槇有恒『山行』（前掲）の新聞広告に、「我々は、思はず氏の名文によりて登山の趣味の最高頂を味ひ、一気に本書を読過することが出来る」[20]という、「文章」の魅力を説く一文が付されていることなどからも明らかである。実は、『日本山岳遭難史』に対する評価を眺めると、これと同様の問題を見出すことができる。例えば小島六郎は、『日本山岳遭難史』の書評[21]において、「お偉い山岳界の方達からはとかくの評をもらふことだらうが、一般の登山大衆には読まれるに違ひない」としたうえで、次のように述べている。

著者が余りに名文家であるために、少し筆が路から走り越した感があり、次にはよくこれだけまとめるものならありと凡ゆる遭難事件を盛つてもらひたかつた

小島の主張が一般読者を代表するものであるという保証はないが、「傷痕」発表の二年前に刊行された『日本山岳遭難史』もまた、「名文」が魅力の「読物」としても受け入れられていたと考えられる。[22]

「傷痕」においては、遺族という特殊な読者の読み方が語られることにより、遭難が「読物」として消費され、記憶されていく、遭難記の受容の一つの方向が示されていると言える。もちろん、春日が自身の執筆活動の美化を試みた可能性は否定できない。しかし、実作者の意図とは別に、遭難記に対して読者が抱く潜在的な期待の一面が、遺族の「文章」の読み方に表れていることにこそ、注目すべきである。

五　「傷痕」における遭難(2)——物語と癒し

「傷痕」において、遭難と書くこと、そして読むことがどのような関係を有しているのかをさらに考察するため、父の語りをより詳細に分析してみたい。「傷痕」では、一般的な遭難記で話題の中心となるはずの遭難者、三郎は、父の回想と岸田の「文章」の中で語られるだけの存在となっている。代わって中心的な登場人物となるのが父であり、彼の一人称の回想という形でストーリーは展開する。そして、引用された岸田の「文章」と父の想像以外に、肝心の三郎の遭難の様子について読者が知る材料はない。しかも、父が引用する岸田の「文章」は、三郎らの最期の時に関する叙述のみである。「傷痕」において遭難者たちは、言わば脇役のような存在になり下がっているのだ。特に物語後半では、三郎の死によって歯車が狂う一家の様子が語られ、冒険小説というよりはファミリードラマと言うべき内容である。「傷痕」は、遭難者の物語としてよりもむしろ、遭難者の家族（遺族）、特に父の物語としての性格が強いのである。

春日は『日本山岳遭難史』刊行の翌年、「横から見る 山岳遭難の諸相」（『登山とスキー』五巻七号、一九三四年七月）で、遭難における死者と遺族との関係について次のように

述べている。

僕は遭難史の一頁にも記した通り、〔中略〕山のアクシデントの蒐集を始めて以来、〔中略〕大小六十余件、延人員にして七百数十名の犠牲者を筆に乗せて来て、すでにタテから見た遭難者の道程《プロセス》や記録に、殆んど食傷し、疲《つか》労れすぎてしまつた。僕をしていましばらく、個人的《プライヴエート》な領域にまで立ち入らしめヨコから見る遭難の諸相を語らしめよ。〔中略〕

かう云ふ風な、山の遭難にまつはるエピソードを、『横から見て』拾ひあげて行つたら、話のたねの尽きるときがない。〔中略〕目を蔽《おほ》はずには、見るに絶《ママ》えない、深刻、苛酷を極めた、一篇の家庭悲劇のツナガリなのである。

さらに続けて、第二節で紹介した一九三〇年一月の劔沢の事故を例にとり、遭難を「ヨコから見」ることの重要性を次のように説く。

だが、『横から見る』遭難記の筆者たる僕は、こゝに若干の追記をして今更の如く、君を失つた親しい人々と共に、その悲しみを分たう。加藤君は立派な青年だつた。一郷里熊本の家庭には、古くからお父さんが亡かつた。一人の兄上が、これがまた病弱であつた。母なるひとは、一切の希望を君のうへにつぎ込んで、君を早稲田大学に送つた。然るに、山ゆえに、君は春秋二十を越すと間もなく、あつたら生命を穂高の山霊に捧げて終ひ、永久に母堂と兄君との家庭内に、涙の乾くときのない日を残して行つたのだ。

春日によれば、ある遭難事故について、「真相」究明と「教訓」発見を行いつつ、「遭難史」の中に位置づけるのが、遭難を「タテから見る」ことである。一方「横から見る」とは、遭難者の「個人的な領域にまで立ち入」り、遺族、つまり残された「家庭」と遭難との関係に注目することだと言えよう。この「横から見る」遭難を書き手ではなく、読者の立場から遺族が語るのが「傷痕」だということになる。

第二節で紹介した各種遭難報告記事や槇有恒の回想録では、遭難の概要や「真相」の究明以外に、しばしば遭難者同士、または彼らと接触した登山家や山小屋の人々との関係が問題にされてきた。それは春日の『日本山岳遭難史』諸篇においても同様である。つまり、人間関係という点については、それまでの遭難記は専ら、山を知る人々同士の関係に注意を払ってきたわけである。一方「傷痕」

では、先に指摘した通り、遭難記の著者と遭難者の父とのやりとり、そして遺族たちの悲嘆などが中心となって物語が進む。春日は「横から見る」遭難記が「一篇の家庭悲劇」となる可能性を指摘しているが、三郎を失った「家庭」が危機に陥るさまを描いた「傷痕」こそ、まさに「家庭悲劇」である。「傷痕」は「横から見る」という遭難の新たな側面を照らし出しただけでなく、遭難というテーマが、家族・家庭という既存の小説のテーマに容易に結びつくことを見事に示したとも言える。

とはいえ、遭難と遺族との関係に注目した遭難記類がそれまでに存在しなかったわけではない。その代表例が、一九〇二年一月に起きた、八甲田山における陸軍第八師団歩兵第五聯隊の雪中行軍遭難事故に関する遭難記群である。これらの遭難記群では、事故の概要を示し「真相」に迫るという点で、その後の山岳遭難記のテーマを先取りしているだけでなく、その多くが遺族と遭難死者との関係、遺族のコメント等を紹介しているのである。[23] 例えば死者の一人、長内長幸の父が息子の死体を前にして取り乱す姿は、次のように紹介されている。

倒れたる死体を見るより雪に転ぶが如く歩み寄り「コレ長、ナゼ言はぬ」と泣き喚び尚ほ死体の被り居る帽子を手に取り七中隊と書しあるを見て再び「オー長よ」と叫び腫れたる顔を眺めては荐りに涙を催し居たり[24]

このほかにも、死者の生い立ちや事故後の遺族の振る舞いなどが複数の遭難記で数多く紹介されている。[25]

しかし、これらの雪中行軍関連の遭難記群では、行軍の計画等に対する種々の疑問が呈されはしたものの、国家に殉じた死者を誇る遺族の気丈な姿が強調される傾向にあった。この事故に関しては、「横から見る」遭難は、最終的には帝国陸軍の大きな物語の中に回収されてしまう結果となった。また、情報の出典はどの遭難記もほぼ同じで、春日や「傷痕」の岸田の遭難記ように、独自に情報を収集して推理し、新たな「真相」を叙述する記者も現われなかった。もちろん日露開戦を想定した帝国陸軍の訓練と個人の趣味とでは、遭難死の意味づけが異なるため、雪中行軍関連の遭難記と「傷痕」とを内容という点から単純に比較することは難しい。それでも、終始遺族の物語として展開するという点は、「傷痕」の重要な特徴として指摘しなければならない。

三郎の死により崩壊寸前となった家庭の中心にいた父の心境に変化をもたらしたのが、岸田の遭難記であった。岸田の「文章」との出会いはそれほど重要な出来事であった。だが、遭難記の存在を知った時の父は、次のような反応を示している。

するとそこの若主人で、この人もまた大変な登山《やま》気ちがひさんが、『三郎さんのことを、岸田といふ人が実によく書いて居ますよ。わたしはゆふべ、一息きに読んで泣いちやつた』と話してくれるのです。イヤな事を云ふものだ。〔中略〕よせばよいのに——ひとの悲しみに対して、余計なせんさくをするものだ、と実はわたしも一時はサッと顔色を変へた位ゐでしたが、ともかく本の名と、発行所の名を聞いて、そとへ出たものです。

彼は当初、岸田の仕事を「余計なせんさく」と捉えていたのである。この反応は、第三節で紹介した、松尾峠での遭難に関する春日と槙有恒とのやりとりを想起させる。ところが読後には、「新らしい涙をぼろぼろこぼしはしましたけど、急にはれやかな気持にもなりました」という心境の変化を認めるに至るのである。さらには「岸田先生には、一ぺんお眼にかゝつたら第一番に、お礼を申上げやうと考へて居りました」と感謝の念まで抱くことになる。

父の心境の変化とは、どのようなものだったのだろうか。彼は遭難記を読むまでは、様々な情報を総合し、三郎の死の間際を次のように想像していた。

しかし、結局は死ぬものなら、なるべくラクに死なしてやり度い。クレヴアスと云ふのが、雪渓の穴でしたね。そのクレヴアスに墜ちて、三人が三人ともあぶあぶ苦しんで、苦しみ抜いて死んでしまつた、と考へると、可哀想でいぢらしくてたまらない……。

つまり息子の死を「可哀想でいぢらしくてたまらない」ものとして理解していたわけである。ところが第四節で指摘した通り、彼は岸田の推理を読んで「真相」を知り、理解を改めるのである。第二節および第三節で指摘した通り、初期の遭難記の目的は「検証」や「教訓」、「鎮魂」であった。では、岸田の遭難記が父に与えたのものは単なる「真相」だけだったのだろうか。それだけでは遭難記と父との関係を十分に説明したことにはならない。正しくは、「真相」から導かれた心の「癒し」であったと言うべきである。槙有恒の回想が既に生々しさを忘れさせるロマンティックな死の意味づけを導いていたように、遭難記の語りは、その大義名分から逸脱するものを早くから内包していたのである。

「傷痕」の場合生還者はいないので、「真相」だと思われる岸田の説は、あくまで説得力のある推理というレベルにとどまるだろう。そうであるならば、問題はそれが「真相」であるかどうかではなく、推理が遺族たちに遭難の「本当のすぢみち」、正確には「真相」と思いたくなる「すぢみち」を与えることだ、と言うべきである。三郎の父は岸田の遭難記により与えられた「真相」によって、「新らしい涙をぼろぼろ」こぼすのだが、それは、それまで支配的だった「可哀想でいぢらしくてたまらない」最期のイメージから遺族が解放され、三郎を「見直」す契機ともなったのである。しかし、岸田の「検証」からは「教訓」が導かれることはない。少なくとも、読者である父は「教訓」を読み取っていない。登山家ではない（なかった）遭難記の読者は、登山界で重要視されていた「教訓」というテーマとは異なるものを導き出していたのである。

　岸田の推理した遭難の「真相」は先に示した通り、「新聞」記事等で示されたものとは異なっていた。それを読んだ父は、「強い子だつた。エラかつた」と三郎を讃える。推理（＝解釈）に基づく遭難記の語りによって父が想像する三郎の死のエピソードを、死の「物語」として言い換えてみたい。フランス文学研究者のG・プリンスは「物語」というものの性質について次のように述べている。

> 物語が物語であるための証明は確実さにあるわけだから。物語は確定性のなかでこそ生きてくるのである。〔中略〕継続して何かに不案内であったり未決の状態が続くようであれば、物語は死んでしまうだろう。[26]

> 問題の解決や目標への到達を希求する一人の登場人物あるいは複数の登場人物に直接的な関係を持つ諸事象の因果的な連鎖。[27]

プリンスは、「因果」関係の不明な複数の「不案内」で「未決」の事柄の間に「確実さ」や「確定性」が与えられたものが「物語」であると定義する。この考え方を援用すれば、遭難記の根幹には、死という結果に対応する原因が見出せない「未決」の状態を、「研究」により原因を見出して終わらせるという、「物語」の最も基本的な機能があると言える。このような「因果」関係を、遺族を含めた読者は「真相」と呼ぶのである。その意味で岸田の遭難記はまさに、ピッケルから推理された新たな遭難の「真相」を「物語」ったのだと言えよう。それは受け入れがたい「可哀想でいぢらしい」「物語」から、受け入れられる「強い子」の「エラかつた」「物語」への転換であり、その転換が父を癒し、救ったのである。遺族の心の回復は、「横から見る」遭難を提唱した春日自身の意図とも重なるだろう。

このように考えると、槇によるロマンティックな板倉の死の表現や『日本山岳遭難史』の小説的な語りがもたらすものが見えてくる。それは、容易に語り得ない遭難者の死を意味ある受け入れ可能なものとして理解したいという、読者の欲望を満たす効果である。これは紛れもなく「物語」の力によるものである。だからこそ、遭難記と「物語」との親和性は高まるのである。

六　再生産される「聖霊」

前節では、遺族が癒される「傷痕」の物語が、遭難記で語られる「真相」と「物語」的な要素との親和性を背景にして成立していたことを確認した。そこにはもちろん、遭難記を「読物」のように消費しようとする同時代読者の欲望も介在している。榎本隆司は近代の遭難記について次のように述べている。

> 不幸にして敗れた者への挽歌としてではなく、孤独な人間の戦いの記録としてそれがいかに価値を持つものであるかという視点からのみ認められるべきである。後の者への戒めという意味はもちろんだが、さきにあげた槇のそれ（第二節で紹介した『山行』：熊谷注）は、そうした条件を満たしている数少ない一であった。[28]

榎本は遭難記の意義として「戒め」つまり「教訓」があることを認めつつも、その価値は「孤独な人間の戦い」がいかによく語られているか、という点にあることを強調する。つまり、遭難記には死に向かう哀れな物語ではなく、死に抗う奮闘の物語が語られるべきだということである。この価値観は、「傷痕」に当てはめれば、三郎の遭難を、「可哀想でいじらしい」物語ではなく頑張った（「エラかった」）物語として評価する、岸田や父の立場と重なる。そして本章第一節で紹介した、危険な登山を「英雄的行為」と見なす船田三郎ら昭和初期のアルピニストたちも、個人の「冒険」を「人間の戦い」の物語として意味づけるという点においては同じ地平に立っていたと言える。癒しを受けた父の姿は、遭難を「英雄」譚として読むことを求める同時代読者とアルピニストたちの欲望との共犯関係を映し出すものであったわけだ。

「英雄」には、さらに別の呼称も用意されている。東京帝大山の会は、本章第二節で紹介した劔沢の事故の犠牲者に対し、次のような「鎮魂」の言葉を寄せている。

> 最後に筆をおくに当つて私達は再び六人の聖霊に対

して心からの敬意を表し、併せてその冥福を祈らう。山を想ひ冬を想ふ度びに私達は故人の山を思ひ浮べて祈りを捧げよう。[29]

非業の死を遂げた「英雄」は同時に、生々しい身体の変化に伴う忌まわしいイメージが払しょくされた「聖霊」ともなるのである。本章第二節で紹介した槇有恒のロマンティシズムも、このような文脈の中で捉え直されなければならない。遭難記の読み方によっては、この「英雄」化と「聖霊」化が甘い感傷と死者の「礼讃」を導くことになるだろう。三郎の父も、「エラかつた」最期を迎えたと想像される息子を「英雄」視し、甘い感傷と共にその「聖霊」との交感を求める。彼はつられて涙する岸田の姿を目の当たりにし、次のように感嘆の声をあげる。

あゝ、やつとの思ひで、七年越しの思ひが叶つて、わたしはせがれの死んだ、本当の墓地の近くへ、参ることが出来たのでございます。――しめつぽい声をお聴かせして、申わけありません。おゝ！先生、岸田先生、あなたも、せがれの為に泣いて下さるのですか……。

岸田の涙は、遭難記の著者との精神的な連帯を暗に期待していたらしい父を喜ばせる。しかし同時に、この連帯は、下界の街「Y」に残されてきた母や三郎の婚約者、つまり女性たちの排除でもあることを一言付け加えておかなければならない。「傷痕」は、「鎮魂」と「癒し」の物語であるばかりでなく、母や婚約者という女性が排除された場でなされる、父と息子の「聖霊」、そして遭難記の書き手という、男たちの神秘的な交感の物語でもあるのだ。

悲哀の中に一筋の光明が見出される「傷痕」の「癒し」の物語の陥穽について、もう一点指摘しておきたい。父は遭難の「真相」が明らかになったことで三郎が「悦こんで居る」と考え、末尾では、下山後に「かりの墓場へ、この山の土や石ころをのせてや」るという計画を岸田に明かす。この計画は、「鎮魂」という遭難記の一般的なテーマに合致するものであると言えそうである。それでは、彼が述べる次のような決意はどうだろうか。

わたしは、もうどうなつても構ひません。〔中略〕明後日の七周忌が、若しよく晴れたら、わたしはその雪渓とやら、クレヴアスのあととやらへ参りませう。そして其の上まだ、元気で達者で歩けるやうでしたら、Yへ帰つて三郎のかりの墓場へ、この山の土や石ころをのせてやります。家内にした所で、わたしにこの山で萬一の事でも起れば、ウソをついたことなどおくびにも出さず、屹度わたしを羨やましいと思ふでせう……。

息子の「かりの墓場」への供物を取りに行くと語った父は、実はその言葉とは裏腹に、山で命を落とすことも辞さない覚悟を持って登って来ていたのである。冒頭で語るように、彼は「ろくには滑れぬスキーを穿いて」一二月の雪山に「年配の年より」が登ることのリスクを認識しながらも挑戦しており、岸田にも自重を促す様子は見られない。このような二人の態度は、「危険」と同時に「安全」を志向するアルピニズム登山の精神には大きく反している。またこれは、『日本山岳遭難史』第一七章「常念一の沢雪崩篇」末尾で、「日本の冬山登高に対する一般的意向が、夥しく真面目になり、研究的になり、科学的になつてゆくであらう事を信じ度い」[30]と述べ、前節で紹介した「横から見る山岳遭難の諸相」の中で、「心ある山の先覚者達は、没理論的に、山の死者を礼讃してはならぬ」という主張を行った、春日自身の主張とも大いに矛盾する。「傷痕」は、「遭難記」が新たな遭難者を生む可能性が示唆されるという、極めて皮肉な結末を迎える小説なのである。

昭和初期のアルピニズムの隆盛に伴う「冒険」的登山の流行は、遭難死の急増という負の副産物をもたらした。そのような状況下で書き継がれ需要が高まった遭難記は、しばしば、その大義名分である「真相」究明と「鎮魂」を逸脱する「物語」を導いた。春日により遭難記の新機軸として提唱された「横から見る」遭難というテーマ自体が描かれた「傷痕」は、遭難記というジャンルが用意する遺族を含めた読者への癒しだけでなく、その矛盾や陥穽をも見事に表してしまった小説であると言えよう。

注

1 コラム2では、植民地時代の台湾における登山の様子を紹介し、そこに潜む諸問題を指摘している。

2 船田三郎「アルピニズム」『リュックサック』三号、一九二四年一一月。

3 コラム6では、このような思想を信奉したアルピニストたちの末裔ともいえる、現代のアルパインクライマーたちの「リスクマネジメント」の考え方を紹介している。

4 黒田正夫『登山術』大村書店、一九三一年、大村書店、二一六頁。

5 櫻井史郎『山の遭難防遏方法』一九三一年、大雲堂書店、二一-三頁。

6 渡邊漸「山の惨事 劒沢に於ける窪田、田部氏一行遭難の真相」『山岳』二五年一号、一九三〇年四月。

7　それ以前にも三周忌に『遺稿』が編まれており、知人らに配布されていた。
8　槇有恒『山行』改造社、一九二三年、一七四頁。
9　槇有恒『山行』（注8に同じ）、二一五頁。
10　瓜生卓造『日本山岳文学史』東京新聞出版局、一九七九年、三〇三頁。
11　春日俊吉「山の遭難ひとり言」『登山とスキー』七巻三号、一九三六年三月。
12　春日俊吉『日本山岳遭難史』三省堂、一九三三年、九九頁。
13　春日俊吉『日本山岳遭難史』（注12に同じ）、一一六頁。
14　春日俊吉『日本山岳遭難史』（注12に同じ）、一一八頁。
15　春日俊吉『日本山岳遭難史』（注12に同じ）、三‐四頁。
16　「立山遭難物語り〔上〕」『読売新聞』一九二三年一月二八日。
17　拙稿「死に至るスポーツを語る―一九三〇年代山岳雑誌のなかの「文学」とその周辺」（疋田雅昭ほか編著『スポーツする文学 1920-30年代の文化詩学』青弓社、二〇〇九年、三一九‐三三三頁）で同時代の「山岳文学」論争を概括している。また中村誠が『山の文芸誌「アルプ」と串田孫一』（青弓社、二〇一四年）第五章で詳細に分析し整理している。
18　「新刊紹介随筆と小品山岳漫歩」『山小屋』四二号、一九三五年七月。
19　春日俊吉『日本山岳遭難史』（注12に同じ）、三頁。
20　『東京朝日新聞』一九二三年七月八日、朝刊。
21　「山の新刊書 日本山岳遭難史――春日俊吉著」『登山とスキー』四巻六号、一九三三年九月。
22　『山岳漫歩』の同時代評にも、同書を「面白い」「読物」として肯定的に評価するものが多い。大門とほる「ろばた（読者寄語）」（『山と渓谷』三二号、一九三五年七月）、「新刊紹介随筆と小品山岳漫歩」（注18に同じ）、「新著紹介 山岳漫歩」（『登山とはいきんぐ』一巻二号、一九三五年九月）などがその代表例である。内容には大きな違いがあるが、実は同書と『日本山岳遭難史』とは「読物」として受容されたという点で共通している。
23　この遭難事故が社会に与えた衝撃と、その記憶が伝承される過程については、丸山泰明が『凍える帝国 八甲田山雪中行軍遭難事件の民俗誌』（青弓社、二〇一〇年）において検証し、種々の問題点を整理し、分析を行っている。
24　佐藤陽之助編『青森聯隊惨事雪中の行軍』工業館、一九〇二年、四八頁。
25　一例を挙げれば、三澤好吉編『惨風悲雪雪中行軍隊』（三澤書店、一九〇二年）、三澤好吉編『雪中行軍捜索隊』（三澤書店、一九〇二年）、福良竹亭編『遭難実記雪中の行軍』（盛陽堂、一九〇二年）、雨城隠士『雪中行軍遭難談』（笛浦堂、一九〇二年）など。
26　G・プリンス著、遠藤健一訳『物語論の位相―物語の形式と機能』松柏社、一九九六年、一七一頁。

27　G・プリンス著、遠藤健一訳『物語論辞典』松柏社、一九九一年、一八五頁。
28　榎本隆司「山岳紀行・遭難記」『解釈と鑑賞』三二巻一一号、一九六七年一一月。
29　東京帝国大学山の会編『劔沢に逝ける人々』梓書房、一九三一年、五八頁。
30　春日俊吉『日本山岳遭難史』（注12に同じ）、二〇四頁。

付記
引用に際しては旧漢字を適宜新漢字に改め、ルビは適宜省略した。引用部分の傍線部は全て論者による。また、「傷痕」本文の引用は全て初出に拠った。

コラム2 植民地台湾と登山

高嶋 航

植民地にとって、冒険・探検はどのような意味を持ったのだろうか。第六章で論じるように、大谷探検隊や蒙疆学術探検隊（このほか、大陸浪人を含めてもよいだろう）のような日本人による冒険・探検の客体となった中国は、自らを被植民地化しかねない冒険・探検を屈折した形で受け取らざるをえなかった。であるなら、すでに植民地化された人びとは、それを拒否したり無視したりすることはできないまでも、いっそう屈折した形で受け取ったのではないか。ここでは、植民地台湾の登山という視点から、この問題の一端に迫ってみたい。

ピーター・バイヤーズの著書『Imperial Ascent』の副題「Mountaineering, Masculinity and Empire」が端的に示すように、近代登山は帝国や男性性との密接な関係のなかで誕生した。初登頂者はその勇気や技術により英雄として賞讃されるだけでなく、しばしば帝国（国家）の栄光と結びつけて語られた。しかし、それには、まずその山が登るに値する山であり、その山の頂上に到達することがすなわち山に登ることであり、これまで誰もそこに到達していないといった認識や前提が成立していなければならない。そもそも氷河の背後にそびえ立つモンブランが「発見」されねばならなかったように、登山の対象としての山は、それ自身で「存在」しているのではなく、測量や経済開発のような科学や国家建設の営為のなかで、その価値ともども作り出されるものである。このような観点から見れば、本書で論じてきた冒険・探検と近代登山がきわめて近い位置にあることがわかる。ついでに言えば、登山は観客不在の実践であり、それゆえ、言説が大きな

新高山山頂で万歳を叫ぶ台中州立彰化高等女学校の学生
（出典：『棟花盛開時的回憶：日治時期畢業紀念冊展図録』第三冊）

意味を持つ点も冒険・探検と共通する。

日本による植民地化以前に台湾を領有していた清朝は、「反清復明」を掲げる鄭氏政権を打倒する過程で、偶然に台湾を領有するにいたったことから、その植民化には積極的ではなかった。ことに「生番」の住む山地は、境界によって隔離されていた。一八七五年の「開山撫番」の決定により、この方針が転換する。淡水の開港や日本の台湾出兵を通して、清朝が台湾の「価値」を再認識したことがその背景にあった。清朝は中央山脈を横断する道路をつくり、「生番」の臣民化を企図した。しかしながら、二〇年に及ぶ清朝の植民地主義は冒険・探検(の言説)を生み出すことはなかった。

台湾を植民地化した日本がすぐさま山地を目指したことは清朝との大きな違いである。それには、抗日勢力の鎮圧という軍事的目的のほかに、新植民地の天然資源や人的資源を調査するという目的もあった。はやくも一八九六年三月二〇日の『東京朝日新聞』は「新領地学術探検」というタイトルで、帝国大学教授七名が派遣されることを報じている。その一人、農科大学助教授本多静六は軍隊の保護のもと、一一月二一日に玉山(モリソン山)に登頂し、その様子は矢野龍渓により『東京朝日新聞』で紹介された(一一月一五日~翌年一月一六日)。

林玫君によれば、その二か月前に長野義虎中尉が登頂したのが初登頂であった。ただし、長野は単独ではなく、二名の「蕃人」と一緒であった。もちろん、この「蕃人」の名前は伝わっていない。陸軍参謀本部の調査でこの山が富士山をしのぐ日本の最高峰であることが確認され、一八九七年六月に明治天皇が「新高山」と命名した。

この時期の山岳地帯は危険に満ち、そこに行くこと自体がすでに冒険的行為であった。同年二月には「生蕃探検」に向かった総督府の深堀大尉ら一四名が「生蕃」との戦闘で「戦死」するという事件も起きている。

一八九六年から調査を続けていた鳥居龍蔵は一九〇〇年に新高山の頂上に立つ。日本語版ウィキペディアはこれを初登頂とするが、英語版と中国語版はドイツの探検家シュトーペル(一八九八年)、フランス語版は本多静六を初登頂者とする。ドイツ人を初登頂者に挙げるのは、ポスト・コロニアルな心性が作用しているのだろうか。

一九一三年三月に「太魯閣《たろこ》戦争」の事前調査の一環として派遣された技師野呂寧ひきいる探検測量隊(一八六名)が八九名の凍死者・行方不明者を出した。台湾登山史上最悪の遭難事故で、日本でも報道された。死者がみな台湾人だったことはもちろん偶然ではない。第五章では山の遭難で亡くなったものと生き残ったものとの関係、そしてそれが日本社会のなかで消費される様子が描かれたが、そこに植民者／被植民者という権力関係が入り込めば、「物語」は大きく変容せざるをえないであろう。

この「戦争」で佐久間総督による「理蕃五年計画」は完了する。民間の登山活動が始まるのは、ちょうどこのころである。「理蕃」の終了は同時に「探検」の時代の終了を意味した。帝国の権力が原住民を不可視化したことで、山は純粋に自然（原住民もその一部となった）と対峙できる空間となり、スポーツや娯楽としての登山の舞台が整った。言い換えれば、「探検」に多くの人の手が届くようになったのである。

一九〇五年に『台湾日日新報』の記者らが新高山に登り、紀行文を連載、日本山岳会の『山岳』にも転載された。これは趣味としての登山の魁と言えるが、例外的に早い事例である。一九一三年九月に先述の野呂らが登山会を組織したが、さしたる活動をしないまま解散した。その後、学校の登山部が相次いで誕生した。たとえば、一九一六年に台北一中で、翌年に台南第一高女で登山部が結成された。ただし、学生たちが中央山脈に足を踏み入れるのは一九二〇年代になってからである。一九二四年には彰化高女の一四名が新高山に登っている。このころまでに、交通や宿舎が整備され、地形図も刊行され、登山のハードルは低くなっていた。一九二六年には台湾山岳会が設立され、登山技術の向上と登山者の組織化が進んだ。一九三〇年代には多くの人が旅行や余暇として新高山や阿里山を訪れた。その数は一九三〇年に新高山が二七九人、阿里山にいたっては一万人を越えた。この年には台湾総督も新高山に登っている。（図参照）

もちろん、だれもが登山を楽しめたわけではない。登山には時間と金がかかったので、それを享受できたのは学生や公務員をはじめ一部の有閑階級に限られていた。林玖君の言うように、登山は個人の栄誉と身分の証明であり、帝国日本の権威を示す場であった。圧倒的多数の台湾人はそこから排除されていた。

もっとも、台湾人の登山者がいなかったというわけではない。一九二一年、台湾議会設置請願運動に参加していた蔡培火は漢人が「とりわけ冒険開発の行為を欠き、ことごとく先王の道に従うことに終始し」、旅行や運動を金や時間の浪費と考えていることを批判していた（「漢人之固有性」『台湾青年』二巻三号、一九二一年四月）。これに前後して、台湾人のスポーツへの参加が見られるようになる。登山の分野では、一九二六年に台中で本島人新高山登山団が組織されたのが早い事例である。台湾山岳会には一貫して一〇名程度（全体の約二～三％）の台湾人がいた。しかしこうした台湾人にとっての登山とは、大日本帝国の臣民として精神と身体を鍛錬する場であり、帝国の言説から逃れることはできなかった。

台北高校山岳部は一九三一年に日本アルプスへ遠征しているが、内地の登山隊が台湾を訪れるのは一九三〇年代後半以降のことである。先鞭を付けたのが神戸商大で、一九三六年三月に大覇尖山、次高山、南湖大山を登った。隊長は地理学者の田中薫で、翌年に『台湾の山と蕃人』を古今書院から刊行している。一九三八年末から翌年初には早稲田大学山岳部が大規模な遠征を敢行した。『読売新聞』はその公式報告を連載した(一九三九年一月二九日~二月二日)。一九四〇年には明治大学と慶応義塾大学の山岳部が台湾に遠征したが、慶応は部員が急性肺炎で急死するという不運に見舞われている。一九四一年には大阪商大、法政大学、松本高校が台湾遠征を予定していたが、おそらく中止になっただろう。このように、一九三〇年代後半、とくに一九三八年以降、台湾遠征が増えたのは、日中戦争勃発によりヒマラヤへの道が断たれたという事情もあった。彼らの多くは、調査の名目を掲げつつ、バリエーションルートの開拓を目指した。これら一連の遠征は林玫君も触れておらず、もちろん台湾側の登山史にも継承されていない。継承されなかったのは、歴史にとどまらない。人も技術もそうである。戦後台湾の登山界は、ほとんどゼロからのスタートを余儀なくされたのである。林はこの断絶について、戦前の登山の栄誉の記憶はすべて日本側に属していると述べている。林の研究は、台湾登山史に戦前の(日本人中心の)登山の歴史を付け加えることだったが、それは戦後六〇年を経てようやく可能になったのである。

参考文献
Peter L. Bayers, *Imperial Ascent: Mountaineering, Masculinity and Empire*, University Press of Colorado, 2003.
Peter H. Hansen, *The Summits of Modern Man: Mountaineering after the Enlightenment*, Harvard University Press, 2013.
Emma Jinhua Teng, *Taiwan's Imagined Geography: Chinese Colonial Travel Writing and Pictures, 1683-1895*, Harvard University Press, 2004.
林玫君『従探険到休閒：日治時期台湾登山活動之歴史図像』国立編訳館、二〇〇六年。

第六章　もうひとつの冒険・探検——近代中国を例に

高嶋航

一　近代中国という視点

東洋史学者でシルクロードの踏査にも関わった長澤和俊は『世界探検史』で探検についてこう語っている。

> スケールの大きな探検が成功するためには、国家全体の文化や国力の強さが大きな要素をしめる。まず時代の風潮がその探検を待望していなければならないし、政治家も経済人も期待し、世人一般もひろく探検に関心がなければならない。科学技術も普及していなければだめだし、なによりも国民全体が活気に満ちていなければならない。探検活動のさかんな国は、なんと言っても国運隆々として文化も進み、国民の志気が活発な国である。[1]

大規模な探検の成功には条件があるという考え方は、探検が文化的、社会的、あるいは経済的、政治的に構築されたものであることを物語っている。もちろん、未知への憧れや困難への挑戦といった冒険・探検的精神はどの時代、どの地域にもみられるかもしれない。しかしそれがどのようにして実践され、表現され、意味づけられるかは時代や地域によって異なる。いまとなっては古典的ともいえるエベレスト登頂、南北極到達のごとき冒険・探検は、人類の普遍的経験ではなく、歴史的には最近の、地域的には一部の、きわめて特殊な経験なのである。のちに長澤は日本人の冒険・探検を丹念に跡づけた本のなかで、「日本の歴史をふりかえってみると、日本人はなかなか冒険や探検の好きな国民であることがわかる」と記したが、第一章で論じられたように、江戸期は冒険・探検の空白期だったのであり、山田長政や天竺徳兵衛にしても冒険・探検への関心の高まりという背景のもとで明治期に再発見されねばならなかった。冒険・探検を安易に国民性論に落とし込むのは慎むべきであろう。

本章では近代中国を取り上げるが、それには二つの目的がある。第一に、近代日本の経験を相対化することである。中国は日本よりやや遅れて西洋近代の（いまからみれば古典的な）冒険・探検を受容した。中国が受容した冒険・探検は日本とさほど変わらなかったばかりか、その多くは日本を経由して受容したものだったが、その後の歩みは日本と大きく異なった。異なる文化的、社会的、政治的、経済的条件のもとで構築される冒険・探検は当然違ったものになる。近代中国の事例は、日本の冒険・探検が特定の条件で構築されたものであることを明らかにするであろう。第二に、冒険・探検される側の視点を問題化することである。中国に関して具体的にいえば、冒険・探検の客体が冒険・探検の主体になる過程をたどることである。一九世紀後半から二〇世紀前半にかけて、中国は多くの冒険・探検の舞台となってきた。大谷探検隊をはじめ、日本人も冒険者・探検者の群に加わった。中国にとって国益を侵害する行為ともいえる冒険・探検を中国人はどのようにとらえたのだろうか。

この問題については、すでに本多勝一が「調査される者の眼」「探検される側の論理」などの文章でその一端を論じている。[2] 本多によれば、冒険はそれ自体で善悪の価値をもたない行動の一様式、純粋な意味での道具であるのに対し、探検はヨーロッパ的な価値基準による世界の「整理作業」である。探検する者は、同時に侵略する者であり整理する者であった。西洋で探検者は英雄とみなされたが、探検された人びとにとって探検者は民族を滅ぼす悪魔であった。ただし、探検＝侵略＝整理をする者とされる者との境界は可変的であり、中国は清末から侵略される側となり、「近代以後の中国からは、どこかに探検隊が派遣された話は全くききません」という状況になったという。実際、近代中国に冒険・探検を見出すことは難しい。試みに『中国的探険家』という本をひもとくと、周の穆王、徐福、張騫から一九九〇年代にいたるまでの探検家が列挙されるが、明代の徐霞客（一五八七～一六四一年）のあと潘徳明（一九〇八～一九七六年）まで三〇〇年の空白がある。[3]

本多は手垢にまみれた「探検」をやめて、反体制的な内容をもつ「反探検」としての探検を提唱した。本多は「反探検」を具体的に示さないが、たとえば一九六〇年に北京地質学院がアムネマチンに探検・登頂したことを「侵略的探検」の要素があると言えるだろうかと述べ、社会主義諸国における「探検」がそれに当たることを示唆している。

しかし、前年にチベットで反乱がおこりダライラマをはじめ多くのチベット人がインドへの亡命を余儀なくされていたことを考えると、この探検に侵略的性格がなかったと言い切るのは難しい。本多の議論は、アメリカの黒人のように、侵略する側の内にある侵略される存在に着目するなど、興味深い視点を示してはいるが、侵略される側が同時に侵略する側にもなるという可能性に想到しないのは時代的限界であろう。

本多は戦後日本の冒険・探検・放浪ブームの背景に、経済的繁栄と「青年の夢」を見ている。本多によれば、青年は冒険的で、どの民族の青年も夢を持つが、その夢は民族の歴史と不可分である。西洋や日本の青年たちが探検を夢見たのに対して、第三世界の青年たちは民族の独立を夢見るのである。最近、探検家の角幡唯介は本多の議論を継承発展させて、冒険＝脱システムという考え方を提出した。[4]これは冒険・探検的精神のあり方の説明としては有効だが、それがどのように実践され、社会で意味づけられ、消費されるかという問題を解明するには十分とはいえない。極夜の北極を四か月歩き続けるという角幡の冒険の実践も、自分探しの時代／社会の刻印を帯びている（第十章参照）。

帝国主義の時代の冒険・探検は、ネイション（国民・国家）の物語に深く埋め込まれていた。ネイションに栄光をもたらす冒険・探検は高く評価され、社会に広く流通し消費された。角幡の議論に引き付けていえば、冒険＝脱システムは国家というシステムと強く結びついていたことになる。だからこそ、この時代の冒険・探検は国家の外部へ向かい、拡張的、侵略的性格を帯びざるを得なかった。別の国家＝システムのあり方を想像し、その実現に身を投じることは不可能ではなかったが、社会的に広く受け入れられるものではなかった。しかし、近代中国には、そもそも前提となるネイション自体が確立されていなかったのである。そのような近代中国で冒険・探検はどのように受け入れられたのだろうか。

二　ネイションと冒険・探検

中国では「孝子は高いところに登らず深いところに臨まない」（『礼記』曲礼）とされ、「冒険」が軽率の代名詞とされてきた。とはいうものの、鄭和の大遠征を持ち出すまでもなく、中国の歴史には冒険・探検とみなすことが可能な事例を数多く見いだすことができる。官僚、商人、軍人、巡礼者、移民たちの足跡は国内外の広大な地域に及ぶ。ただし、これらの行為の多くは自発的になされたものではなく、また積極的価値観のもとに語られることもなかった。

ましてや冒険・探検として社会的に称揚されることはなかったのである。

では、中国で冒険・探検が肯定されるのはいつからであろうか。その嚆矢と見なせるのが、一九〇二年春に梁啓超が発表した「進取冒険を論ず」と題する文章である。[5]梁によれば、進取冒険の精神は希望、熱誠、智慧、胆力から生じるもので、これがなければ人も国も存続することができない。進取冒険の精神こそ「ヨーロッパが中国に比べて強く優れている最大の要因」であった。梁は「文明国が野蛮国の土地を統治するのは天演《しんか》の上で享受すべき権利であり、文明国が野蛮国の人民を開通するのは倫理の上で尽くすべき責任である」と考え、インド征服に功績のあったヘイスティングズやクライブの伝記に胸を躍らせた。[6]梁は帝国主義を批判的にとらえるどころか、逆に侵略される側を批判したのである。ロマン主義、社会進化論、帝国主義、ナショナリズムなどが結びついた梁の冒険・探検観は、亡命先の日本から多大な影響を受けつつ形成されたものである。しかしながら、日本が西洋列強を直接の模範とし、冒険・探検の対象を「野蛮国」に置いたのに対して、中国は自らの外部にそのような対象を見出すことができなかった。それどころか自らが他者の冒険・探検の対象であることに気づかされるのである。国外へと向かった日本の冒険・探検とは対照的に、中国では冒険・探検は国内へと向かうことになる。

梁啓超の冒険・探検観を理解するには、まず近代中国でネイションが不在だったという事実を認識する必要がある。そもそも、梁啓超こそネイションとしての中国を提唱した最初の人物であった。日清戦争後に顕在化した瓜分（国土分割）の危機は、救済すべきネイションの存在を浮かび上がらせた。[7]一九〇一年に梁は「中国史叙論」で「わが国には国名がない」と慨嘆し、「中国」の地理、人種、歴史を論じてネイションを定義づけようとした。[8]本多の言葉を借りれば、他者を侵略し整理するよりも、まず自らを整理する必要があったのだ。中国の冒険・探検が主として内向きに展開したのはそのためであった（防衛的冒険・探検と言うことができるかもしれない）。このようにネイションと結びつけられてはじめて冒険・探検は積極的に肯定される行為となった。あるいは次のように解釈することもできよう。すなわち、近代西洋の冒険・探検とは、帝国主義、社会進化論、ナショナリズムなど一連の概念とセットになっており、冒険・探検を受容しようとすれば、それに附随する諸概念も必然的に受容することになる。それが中国にとって現実的かどうかは関係がなかった。それは真理であり、受け入れざるをえないものだった。中国にとって残された選択肢は生きるか死ぬかであった。中国の国益を侵害する冒険・探検を批判するという立場はありえず、中国もまた冒険・探検を目指さねばならなかった。

しかし、劣敗の運命をたどりつつある中国で、本当に進取冒険の精神を奮い起こすことができるのだろうか。梁は一方で中国人には昔から進取冒険の性質がなかったと慨嘆しつつ、他方で中国史から進取冒険の実例を掘り起こすことにつとめた。実際、漢、唐、清の時代には中国の領域が大いに拡張し、張騫や班超のような人物が現れている。梁は、匈奴を破り漢帝国の威光を西域に輝かせたこの二人を「わが民族帝国主義の絶好の模範的人格」と賞讃した。[9]では西洋との違いはどこにあるのか。西洋は一地を獲得すると永久に保持し、母国に繁栄をもたらすが、中国は一地を得ても長く保てず、国内の混乱を招く。西洋の原動力は国民にあり、国民の力が充満して外に拡張したものであるのに対して、中国の原動力は君主にあり、国力を費やして異民族を服従させるのは、実よりも名のために過ぎない。中国の対外拡張は偶然であり、西洋のそれは必然である。それゆえ、「コロンブスの後には無数のコロンブスがおり、ガマの後には無数のガマがいたが、我々の場合、鄭和の後に、ついに第二の鄭和が現れなかった」のである。[10]こうして梁は冒険・探検を国民性の問題に置き換えた。すなわち、中国人にはもともと尚武精神や進取冒険の精神があったのであり、いまそれを埋没させているにすぎない、と。

ではどうすれば埋没した進取冒険の精神を掘り起こすことができるのか。梁が注目したのは小説である。梁は有名な「小説と群治《しゃかい》の関係を論ず」で「一国の民を新たにしようとすれば、先ず一国の小説を新たにしなければならない〔中略〕なぜかというと、小説には人道を支配する不可思議な力があるからである」という。従来の小説は「ただ才子佳人のたおやかで色っぽい軟弱な心情を描くだけ」であり、頽廃腐敗した社会風俗のなかで、「英姿颯爽とした青年であっても、日に日に磨り減り削り取られて、数年も経たないうちに、まるで老翁のように落胆し、まるでか弱い女性のように元気を失う」にいたる。[11]社会に与える小説の感化力はかくも大きい。とするなら、小説を改良することで、社会と国家を改良できるのではないか、冒険小説によって勇猛果敢で沈着剛毅な国民を陶冶できるのではないか。梁は「中国唯一之文学報新小説」で、「国民の遠遊冒険の精神を激励する」ものとして、ロビンソン漂流記のような冒険小説を挙げた。そして彼自身も冒険小説を翻訳した。一九〇二年二月から八月にかけて『新民叢報』に掲載された「十五小豪傑」がそれである。これはヴェルヌの『二年間の休暇』の翻訳で、森田思軒『十五少年』からの重訳である。[12] 周作人が、「厳復訳『天演論〈進化論〉』、林琴南〈林紓《りんじょ》〉訳『茶花女遺事〈椿姫〉』、梁任公〈梁啓超〉訳『十五小豪傑』が当時の代表的な三つの翻訳もので、国語の時間はほとんどこればかり読んでいた」と回想したように、[13] 同書は教育の現場でも使用され、幅広い影響を及ぼした。

こうして、梁啓超は冒険・探検の価値とメディアとオーディエンスを創出した。中国が冒険・探検の主体となること――それが意味するのは、中国が西洋や日本に追いつくことであった――こそ、その後の中国に課せられた使命となるのである。

三　忘れられた冒険・探検小説

冒険小説は冒険・探検の時代を背景に生まれ、人びとを冒険・探検に駆り立てるうえで重要な役割を果たした。へディンは少年時代、冒険小説や探検記を読み耽った。なかでもプルジェワルスキーの熱心な読者であり、二五歳のときに彼の旅行記をスウェーデン語に翻訳している。進取冒険の精神を主張した梁啓超がヴェルヌ『二年間の休暇』を翻訳したのも、冒険小説が冒険・探検を再生産する役割を果たすことを理解していたからである。

清末に刊行された小説雑誌、あるいは小説論には、多くの場合「冒険小説」というジャンルが含まれていた。たとえば一九〇二年の『新小説』創刊号に掲載されたのは、政治小説、科学小説、哲理小説、冒険小説、偵探小説であった。「成之」なる人物は小説を、武事小説、写情小説、神怪小説、伝奇小説、社会小説、歴史小説、科学小説、冒険小説、偵探小説に分類した。[14] 清末にしばしば言及された「冒険小説」というジャンルは、その後しだいに使われなくなる。今日では、冒険小説は中国の通俗文学関係の研究書に独立したジャンルとして挙げられることはなく、[15] ある研究者は中国で冒険小説は「忘れられてしまった」と述べてさえいる。[16]

近代中国で冒険・探検小説はどれくらいあったのか。樽本照雄『新編増訂　清末民初小説目録』に収録される一八九八年から一九一二年に刊行された小説一万九一五六種のうち、冒険・探検小説は九六種〈異なる版を含めると一八八種〉しかない。このうち翻訳が三分の二を占めている。そもそも、中国には冒険・探検小説家と呼ばれる存在、日本でいえば押川春浪のような人物が見あたらない。この事実は、中国人による冒険・探検小説創作の不振をよく示していよう。

では、実際に書かれた冒険小説はどのようなものだったのか。「冒険小説　片帆影」〈一九〇八年〉を例に考えてみよう。[17] この小説は「コロンブスが海を航って、はじめてアメリカを獲得し、ついに今日の繁華な新世界となった。足跡は世界に遍く、視界は古今に広がる。ゆえに西洋人は一種の冒険的性質に富む」という言葉で始まる。主人公の黄漢生は、東方病夫国某県の資産家の息子で、幼い時から文名が知られていた。久しく遠遊の志を抱き、世界には自分にふさわしい場所があるはずで、科挙試験などは壮志をくじくものであり、官僚の世界にいれば奴隷的性格が生じてしまうと考え、官僚になって欲しいという父の意に背き、家から旅費を持ち出して香港に向かった。香港で洋服を買い、「野蛮な辮子」を切って「文明の公装」に着替えた。同宿者から南洋の良さを聞いた黄は、錫鉱山主を紹介してもらい、シンガポールに向かう。そこでミャンマーの良さを聞いた黄は、船で同地に向かう途中台風にあい、孤島に流れつく。船の乗客はだれも近寄ろうとはしなかったが、黄は島に上陸したくてたまらず、西洋人船長から上陸を許可された。船長は黄に拳銃をもたせ、汽笛が鳴ったら戻るように告げた。黄は島で「野人」に出会う。黄はパンとビスケットをあげると、彼らから大きな珠を二つ渡された。その時、汽笛が鳴り、船に戻った。シンガポールでその珠を売り、巨富を得て、一家をシンガポールに呼び寄せた。黄は冒険の性質によって、海外に楽土をみつけ、不自由なく暮すことができた。

以上のあらすじからうかがえるように、この小説は冒険小説としての魅力に乏しく、描写も拙劣である。著者が陶淵明の「桃花源記」を意識してこの小説を書いたことは、「秦の桃源」という表現の使用や、帰りに再びその島を探したが見つからなかったというプロットから明らかである。桃源郷が秦の苛酷な圧政からの逃避場であったように、この島の住人たちも「自由権利」を享受していた。それは「不自由な地位に置かれ、ほしいままに搾取されている」同胞とはかけ離れた存在であった。主人公の名前、黄漢生とは、黄帝の末裔である漢族が〔生存競争の世界で〕生き延びることを寓意している。しかし小説のなかで主人公は中国を自由の世界に変えようとすることもなく、イギリスの植民地であるシンガポールで不自由のない生活をおくることで満足している。文学的にも、政治的にも中途半端な印象は否めない。

このほか、僻地に理想郷を作り上げるというタイプの冒険小説もある。たとえば、「獅子血（一名、支那のコロンブス）」（一九〇五）では、海龍船の船長が中国人船員を引きつれて世界漫遊の旅をし、アフリカで食人部族を従えて合衆国を建設するし、「氷山雪海」（一九〇六）では、南極に中国人の理想郷を建設する。小説家の想像力が白人―中国人―黒人という当時の人種観から自由ではなかったことに注意したい。フィクションであっても、現実の世界と無関係に構築されるわけではない。

　北上次郎が指摘するように、イギリスでハガードが、フランスでヴェルヌが歓迎されたのは、人びとの探究のエネルギーが外に向いていた時代だったからであり、日本で海洋冒険小説が数多く書かれたのも、南進論が背景にあったからである。[18] 英仏はもちろんのこと、日本でもこの時期、実際に数多くの冒険・探検がおこなわれている。[19] これに対して中国では、冒険・探検小説はほとんど空想の産物とならざるをえず、現実との接点を求めようとすると、その想像の範囲はきわめて限定されてしまう。[20] このことが、冒険・探検小説の不振を招いた一因であろう。

　冒険・探検小説が冒険・探検精神を鼓舞し、現実の冒険・探検を生み出す一方、現実の冒険・探検が冒険・探検小説を生み出す。当時の中国人もこのことをよく理解していた。たとえば、蔣方震は、中国には「封神伝」があるから義和団が出てきたのであり、英米には冒険譚があるから日々植民が拡大したと述べている。[21] 一九〇五年に『魯濱孫《ロビンソン》飄流記』を刊行した林紓もまた冒険小説『霧中人』の序文で小説と現実の関係に言及し、さらにそれが中国の現実に直結していることを示唆した。

　古今中外の英雄の士は、みなはじめは強盗であった。大は他人の天下と国を奪い、次いで財産を奪い、奪うものがなくなってようやく西洋人は探検小説を創った。まず偵察してから奪うのであり、一人では奪わず、国を挙げて奪うのである。コロンブスが現われて、ついにアメリカを奪い、巨万の富を獲得した。ロビンソンなどは、特に優れたコソ泥で、身を霜露にさらし、強盗もできないような場所に投げ込まれたが、やはり財産を得て帰ってきた。西洋人はついに争ってその事を羨み、探検の頭目に祭り上げ、四方に船を出した。わが支那《ママ》が掠奪されたのは、コロンブスやロビンソンの輩が導いたといえなくはない。[22]

だからこそ、自ら民族主義国家となって、欧米の民族帝国主義に対抗すべきだというのが梁啓超の主張である。林の場合、西洋の冒険・探検小説を翻訳したのは、そこに中国の直接のモデルを見いだそうとしたのではなく、列強の侵略への対処法を求めてのことであった。アフリカを併呑した白人がアジアを併呑しないわけがない。中国人は強盗に備えて、彼らの手口を心得ておくべきなのである。ここに、日本と中国の大きな差が存在する。日本では西洋の冒険・探検小説は将来の日本の直接のモデルだったからである。

ところで、林は本当に相手の手口を知るためだけに冒険・探検小説を翻訳したのだろうか。「畏盧居士〔林紓〕がこの書を翻訳したのは、〔主人公の〕レオナードがジョアンナを得たことを羨んでではなく、まさにわが中国が強盗と滅族者〔種族を滅ぼす人びと〕に奪われるのを防ごうとしてである」という「霧中人叙」の一節は、逆に冒険・探検小説がロマンスとして読まれた可能性を示していよう（先述のとおり、林は『椿姫』の翻訳者でもあった）。

とはいえ、民国期と比較すれば、清末はまだ冒険・探検小説の意義が認識され、スケールの大きな小説が書かれたと言うことができる。清末と民国のＳＦ小説の違いについて、武田雅哉は次のようにいう。

清末時期に見られた、あきれるばかりに明るく壮大な宇宙小説や中華雄飛小説のたぐいは、この時期〔民国期〕にはほとんど目につかなくなる。さながら「清朝末期」という時代には、まさにそれがある王朝の「末期」であるがゆえに、「どう転ぶにせよ、世のなかは変わらねばならないのだ」という信念が、さまざまな派閥に共通するユートピア幻想として存在していたかのようにも思われる。たとえば「諷刺」という営為ひとつとっても、清末期のそれは、それぞれ設計図が完成しているユートピアの提言者からの、気炎を吐きながらの、そして、ときには楽しげな社会批評・未来予想であったのに、民国期のそれは、不満分子による、どこかしら諦観を伴ったつぶやきにも似たもので、作者たちはしばしばそれを、みずから「失敗作」であると、早々と宣言したりする。[23]

清末にはまだ夢と希望があった。その後、新しく誕生した中華民国の現実は、夢と希望を打ち砕いた。そして冒険・探検小説の世界も同様に打ち砕かれてしまったのである。

日本では冒険・探検小説と児童文学のあいだに密接な関係があった。近代中国ではどうか。清末には数は少ないながらも子ども向けの小説や詩歌が創作され、そのなかで子どもは未来の国民と位置づけられ、国家・民族の存亡の鍵を握る存在とみなされた。ただし、これらの小説や詩歌は子どもの立場から書かれたものではなく、政治的理想を実現する道具にすぎなかった。梁啓超は冒険小説を提唱し、『十五小豪傑』を翻訳したが、自ら創作したのは政治小説であった。真の意味で児童文学が誕生するのは五四運動の前後である。このとき知識人たちが発見したのは、国家や民族、さらには家族からも独立した「人」という存在だった。子どももまた「人」である。こうして児童本位の文学が書かれ、彼らを国家や家族との結びつきから解放した。

当初の児童文学が素材としたのは、神仙鬼怪、王子公主、花鳥虫魚などだったが、やがて中国社会の現実と向き合う児童文学が登場する。しかしこの時点で、中国にはモデルとなる探検家はいなかったし、次章で述べるように、探検自体が否定的な意味を帯びるようになっていた。

では近代中国で「青年の夢」はどこに向かったのか。日本では明治一〇年代に自由民権的な政治小説が流行するが、帝国議会が設置され国家体制が確立する明治二〇年代以降は冒険小説が人気を博す。『浮城物語』をはじめ国威発揚的な冒険小説は、青年たちのエネルギーを海外に導いた（第二～四章参照）。これに対して中国では、清末以降、国家体制が定まらず、青年たちのエネルギーはネイションを救うことに注がれ続けた。伝統的な秩序のもと、政治参加の回路が限られていた清末には、冒険・探検小説は異なるネイションを想像する手立てとして機能したが、中華民国期にはファンタジーやユートピア思想よりも科学的合理性が救国の手立てとなった。[24] 進歩的青年たちは、『新青年』をむさぼるように読み、社会運動や政治運動のような実践にのめり込んだ。こうして、本多のいうように、中国の青年の夢は民族の独立へと向けられていった。日本人はその冒険・探検的精神を帝国の拡大につぎ込み、中国人はそれを国家の建設につぎ込んだのである。

しかし、近代中国に本当に冒険・探検はなかったのだろうか。子供たちは本当に冒険・探検への夢を持たなかったのだろうか。

四　冒険・探検の挫折

中国の内地に西洋人の足跡が及ぶのは、アヘン戦争以後のことである。グリーンがイギリス帝国の男らしさの典型として技術者、探検家、宣教師、兵士を挙げたように、探検は男の事業であり、探検家は理想の男性性を体現する存在であった。[25] 雲南省を旅した領事館員は籠を使わなかったことを誇り、ある領事代理は雪山を越えるさいに通訳や下僕を籠にのせ自分は徒歩で通した。地質学者パンペリーは、皇帝の命を受け、行く先々で現地の官吏の応対を要求できる権威をもつ人間が、自ら鉱山に入って調査するという行為は、中国人にとっても、日本人にとっても不可解であると述べている。このような振る舞いは彼らの男性性、そして中国に対する優越性を証明するものであった。しかし、中国人はこれを粗野で礼儀をわきまえない行為とみなし、逆に自らの優越性の証左とした。[26] 中国の知識人にとって、真理は現実の考察ではなく、経典の考証によって得られるものであった。そして、いうまでもなく中国は既知の土地であり、改めて調査する必要を感じることはなかっ

図１丁文江をモチーフにした切手
（出典：百度）

た。彼らが調査の意義を理解したとしても、自らそれに当たることは想像もしなかったであろう。

江南陸師学堂附設鉱路学堂を卒業し、日本に留学していた周樹人（魯迅）と顧琅は一九〇六年に『中国鉱産志』を刊行した。彼らは西洋人が中国のことを中国人以上に知っていることに驚き、中国の関係史料だけでなく、リヒトホーフェンの著作や日本の調査などを参考にして、この書物を執筆した。周はこれに先立って執筆した「中国地質略論」で、「中国は中国人の中国である。外国人の研究は許せるが、外国人の探検は許すことはできない」と述べているが、これは帝国主義批判ではなく、鉱物の所有者としての責任を果たせない中国に対する批判である。やがて批判の矛先は、清朝政府に向けられ、辛亥革命につながっていく[27]。清朝にかわった中華民国は地質学を富国強兵に直結する学問として重視し、一九一三年に工商部は地質調査所を設置、所長の丁文江は翌年から西南地区で地質調査を開始した。これは中国人による最初の系統的な野外地質調査・地質図作製とされる[28]。グラスゴー大学で地質学を学んだ丁はフィールドワークを重視し、ハンマーを手に野山を歩き回ったが、それは地質学者に従来の学者にはない属性を与えることになった。シェンは丁の実践した地質学を「筋肉的科学」と呼んだが、彼らはまさしく文と武を統合した新しい時代の男らしさを象徴する存在となったのである[29]。

一九二二年に設立された地質学会は国際交流を推進し、コスモポリタンで寛大な近代中国のイメージを打ち出した。それまで中国から成果を持ち去るだけだった外国の調査者は、地質学会を通して中国の研究者と情報を共有するようになった[30]。外国人と対等にわたりあう中国人地質学者の姿は、中国人に誇りを感じさせたであろう。一九二六年に北京大学哲学系教授の張競生は『美的社会組織法』のなかで、毎年八つの項目で「王」を選び青年の模範とすべきだと論じ、荒地を遊歴し、絶域を探検し、飛行機や汽車を長時間、あるいは高速度で運転するような人を「冒険王」とすれば、青年の探検の前途、冒険の精神に大きな助けとなろうと述べている[31]。これは、冒険・探検が理想的な男らしさの一つとして認知されていたことを示している。（図1参照）

しかし、ナショナリズムの高まりを前に、コスモポリタンな地質学に批判の矛先が向かうことになる。五四運動の興奮さめやらぬ時期に、楊鍾健ら北京大学の学生によって結成された北京大学地質学会は、中国の地質を調査するものが少なく、その知識のほとんどを外国人の調査に拠っている現状を「なんと恥ずべきことだろうか」と嘆き、この恥を雪ぐことを趣旨の一つに挙げていた。[32] 一九二六年一一月にスウェーデンのヘディンが中央アジア探検の準備をするために来華し、地質調査所の協力を得て「中瑞連合考査団 The Sino–Swedish Expedition」を組織すると、北京の研究機関は反対運動を起した。彼らは探検隊の帝国主義的な性格にとりわけ強く反発した。

expedition なる語は、捜求、遠征の意味を含む。バビロンなど現存しない国家に対してならいいが、独立国家には受けつけられない。もしわが国の学者がスウェーデンで同様の団体を組織したら、スウェーデン政府は侮辱と見なさないだろうか。[33]

この反対運動の背景には外国の研究資金の分配をめぐる争いがあったが、運動そのものは、表向きは、ナショナリズムに強く訴える形で遂行された。ここにおいて探検は帝国主義の侵略と強く結びつけられ、ナショナリズムと折り合いをつけることなしに実施することができなくなった。ヘディンは譲歩を余儀なくされ、名目上は中国側を主体とする形で「西北科学考査団」が組織された。一九三〇年に四度目の中央アジア探検を敢行しようとしたスタインはこの変化を見誤ったために、中国側の反発を買い、探検中止に追い込まれた。いまや探検は、アンドリューズの中亜考査団やシトロエン社の中法学術考査団のように、中国と外国の共同考査という形でしか実施できなくなった。しかし、共同とは名ばかりで、外国の探検隊に中国の隊員が居候させてもらっているというのが実態であった。それが白日の下にさらされたのが、中法学術考査団のフランス人隊長が中国人隊員を殴打した事件である（楊鍾健も現場に居合わせた）。探検は国威の発揚どころか、中国の弱い立場を改めて中国人に見せつけたのである。とはいえ、政府の高官が参加した中法学術考査団は、フランスの中国に対する帝国主義的侵略とともに、南京の国民政府による新疆の金樹仁政権への帝国主義的侵略という性格を持っていたことにも注意が必要である。[34]

こうして近代中国は結局、探検の主体になりそこねた。[35] しかしそれは欧米や日本で冒険・探検に向けられたエネルギーが中国に存在しなかったことを意味するものではない。中国のナショナリズムは、このエネルギーを狭義の探検以外の経路で発散させたのである。

一九一七年六月、湖南第一師範学校で優れた学生を選ぶコンテストが開かれ、毛沢東が最多得票を得た。彼が評価されたのは、敦品、自治、胆識、文学、才具、言語などの項目で、このうち胆識は冒険進取や非常時の警備といった資質を指すものであった。翌月、毛は友人の蕭瑜と湖南省の無銭徒歩旅行に出かけた。蕭によればこれは乞食暮しにあこがれた蕭自身が提案したものであったが、毛によれば、ある教師からもらった昔の『民報』(一九〇五年から一九一〇年まで刊行)でチベット辺境の打箭炉まで旅行した中国人学生の記事を読んだ毛が思い立ったものであった。[36]毛の説が正しければ、これは冒険・探検の再生産といえるが、この記事はまだ確認されていない。いずれにせよ、毛の冒険は、彼がのちに有名になったから知られるようになったものの、当時は社会的に存在していないのも同然だった。[37]ついでに言えば、本多が冒険として賞讃する長征も、当時の多くの中国人にとっては惨めな逃避行だった。共産党にとっては、長征そのものよりも、その過程で毛沢東の権威が確立したことが重要だった。また、共産党に共感する青年にとっては、長征そのものよりも、その終着点に建設された延安こそが憧れの対象であった。彼らが危険を冒して延安へ向かったのは、そこにいたるまでの危険のためではなかった。

冒険には五つのタイプがある、と楽山なる人物が一九一八年に述べている。「権利上の冒険」「海陸の冒険と行軍殖民の冒険」「学術上の冒険」「実業上の冒険」「教育家と宗教家の冒険」である。[38]一等国を目指した明治日本とちがい、辛亥革命以降の中国の現実は、一等国に近づくどころか、国内が分裂し、国家の存続すら危ぶまれる状況にあった。一九二〇年代半ばにナショナリズムが高揚すると、帝国主義的侵略と結びついた「海陸の冒険」は必ずしも肯定されるものではなくなった。そんなおり中国の青年たちの心をとらえたのが社会主義であった。それは侵略によらない国家・民族の発展の道筋を示してくれた(当時のソ連は非侵略的と考えられていた)。一九一八年に楽山が示した「権利上の冒険」とは、既存の国家体制内で権利を獲得するための政治的闘争を意図したものであったが(それゆえ彼は青年たちに卒業までは学業にいそしむよう忠告した)、一九二〇年代のそれは革命を意味した。革命は当時の中国の青年にとって最も刺激的で、また意味のある冒険・探検だった。近代中国に「海陸の冒険」がほとんど見られないのは、中国の青年に冒険・探検の精神がなかったのではなく、その精神、あるいは冒険・探検的想像力が「海陸の冒険」に向かわなかったためである。しかしそれにしても、本当に「海陸の冒険」と呼べるような行為が社会的に意義あるものとしてまったく存在しなかったのだろうか。以下に挙げる徒歩旅行は、冒険・探検の精神が地理的（空間的）関心と結びつき、社会的に再生産された事例とみることができる。

五　冒険・探検のオルタナティブ

一九二九年から三一年にかけて、中国はちょっとした徒歩旅行ブームに湧いた。先陣を切ったのは広東童子軍全中国徒歩旅行隊である。鄧錦輝、林天佑、何国鏻の三人は一九二九年一月二〇日に広州を発ち、福建、浙江を経て、同年六月に上海入りした。さらに北上を続けた一行は、山東、北平（北京）を経て、一一月に国境の町、満洲里に至った。この間、林は上海で、何は北平で、ともに病気のため脱落し、代わりに鄧華高と孫燕新が北平で仲間に加わった。おりしも中東鉄道をめぐって中ソ間に戦闘が勃発、鄧錦輝は従軍を志願して満洲里駐在の第一五旅に入った。そのわずか四日後、鄧は戦闘に巻き込まれ、ソ連軍の捕虜となる。鄧は二か月後に釈放され、奉天医院で静養した。鄧と孫は計画を練り直すべく、南京にやってくる。同地で国民党高官である孫科（孫文の長男）から「再接再厲勇往直前」、胡漢民から「万里生還雄心如故」という字を贈られた。[39]

同隊の紹介記事を書いた国民政府官僚の帥元雲は「青春の夢」と題して、彼らの行為をナショナリズムと結びつけた。数千年にわたる長衣大袖の惰性と近年の軍閥どうしの内乱が中国人一般の民族性を蹂躙した結果、中国人はコロンブスの航海やロビンソン・クルーソーの漂流のようなものを聞いても、みな青ざめてひるんでしまい、あえて進もうとしない。そんななか、汪精衛は西太后暗殺をはかり、孫文は清朝政府を覆した。将来の中国を改造し、真正な民主政治を実現し、鞏固な社会を建設し、世界民族と提携し世界平和をはかるのは、青年の肩にかかっている。孫文は「万巻の書を読み、万里の路を行く」といったが、鄧君は列強の侵略を前にして祖国が四分五裂し、兄弟どうしで争いあうのを目にして、ついに書物を棄て、万里長征についた、と。[40]こうして「青春の夢」は国民党の国家建設プロジェクトに組み込まれた。彼らにとって、徒歩旅行と従軍の間に大きな違いはなく、国難にさいしては従軍こそ優先すべき事業だったのである。

すこし時間を戻そう。一九二九年六月に広東童子軍が上海に来たのを耳にした暨南大学童子軍の七名は、七月二日に華北の徒歩旅行に出かけた。まさしく、ひとつの冒険・探検的行為が、別の冒険・探検的行為を生んだので

図2　暨南大学童子軍。南京にて
（出典：『図画京報』六八期）

ある。一行は南京で孫文の墓に参り、山東で孔子とその一族の墓地である孔林と、日本との戦闘のあとが生々しく残る済南を訪れた。八月二一日に北平に到着、ここで五人が戻り、趙栄光ら二名がさらに北上を続けた。東北では朝鮮人が多いのをみて、日本による東三省侵略政策のもっとも顕著な現れだと感じた。東北各地をまわった後、大連から船に乗り、一一月三日上海に戻った。[41] 彼らにとって徒歩旅行とは、中国の偉大な文明を再認識すると同時に、侵略され半植民地と化した中国の現状を再確認する手段であった。（図2参照）

暨南大学童子軍から半年ばかり遅れて出発した全国歩行団はさまざまな障害に遭遇する。同団は結成の由来を次のように語る。門戸開放以来、中国内地を遊歴考察しにくる外国人は数多いが、中国人はただ指をくわえて見ているだけで、危険なことだと考えて足をすくませ、外国人に嘲笑されている。外国人は中国の事物や領土について中国人よりもよく知っており、その知識をもとにして侵略を企てている。中国人は飢えてやせ細り、背をすぼめ腰が曲がったものばかりで、「列強を打倒せよ」と空しく叫んでも、その体力からして外国人と勝負することはできない。こんなことで「病夫」の誹りをどうやって雪ぐのか。そこで全国歩行団を組織し、民気を発揚し、体魂を鍛錬し、冒険精神を提唱せんとした、と。[42]

全国歩行団のメンバーは葛文烈、劉漢儒、婁君俠、荘学本ら九名で、二月二〇日に上海から北上を始めた。しかし途中で内戦の気運が高まり、土匪も猖獗をきわめていたことから、やむなく徒歩を断念して船で青島へ、さらにそこからまた船で天津に向かった。彼らはそれまで各地で歓迎を受けてきたが、反蔣介石政権が支配する天津では嫌疑を受けるのを免れなかった。しかし、彼らの意図を理解した天津の『大公報』が自発的に宣伝した結果、当局の疑いを解くことができた。それでもなお軍警当局の監視は続き、旅館に泊まることすら困難な状態であった。行く先々で民衆は彼らの質問に答えようとせず、実地考察の目的が果たせなくなった。結局彼らは前進を諦めるよりほかなかった。[43] 内戦下で冒険・探検的行為とスパイ行為を区別することは限りなく困難だった。葛文烈は一九三二年に東北民衆抗日救国会から『東北一瞥』を刊行、反日救国運動に身を投じた。中国の現状は、青年たちの夢を革命や救国に向かわせたのである。

一九三〇年五月一八日、上海で中国青年亜細亜歩行団が成立した。その設立宣言は次のようにいう。

歴史上、五千年あまりの文明と創造を担ってきた中華民族は、その長い発展の間に、少なからぬ冒険家、歩行家を生み出し、我々の歴史に光栄な材料を加えた。不幸にも近世に至り〔中略〕衰微と頽廃は青年たちの普遍的精神病態となり、一切の堅毅、有為、勇敢、卓絶にして偉大なる雄図は、我々青年の堕落した生活の中で、淘汰され消え去ってしまった。[44]

彼らの目的は、歩行を通じて中華民族の歴史の栄光を明らかにし、社会に深い印象を刻みつけることにあった。最初の計画は四川、甘粛、新疆からアフガニスタンに至り、トルコ、インド、インドシナなどを巡るという壮大なものだったが、出発前に上海から、広東、インドシナ、シャムを経由してシンガポールを目指す路線に変更された。六月二六日の送別会の席上、自ら中国西北部をくまなく踏査した経歴をもつ国民政府参事の林競は、東亜同文書院の卒業旅行を念頭に、「歩行は中国の青年にとって最良の活路である。日本人が毎年大規模な中国旅行を実施しているのに、中国人は夢うつつに一生を送っている。すぐさま立ち上がって追いつかねばならない」と激励した。商務印書館の黄警頑は「急いで弱小民族の解放をはかり、南洋に連邦を組織することを鼓吹せよ」と訴えた。二七日に開かれた別の送別会で、前福建省教育庁長の黄孟圭は三度南洋に行ったことがあると語り、「マレー半島一帯は、とりわけイギリス帝国主義が同胞の華僑を圧迫する植民地となっている。旅行だけでなく、民族主義の宣伝も加えていただきたい」と要求した。また友声旅行団常務委員の鄭葭官は女性の立場から、団員の女性が男尊女卑の悪弊を打ち破り、女性のために気を吐き、国際的な名誉を高めて欲しいと希望した。[45] これまでの徒歩旅行とちがい、国外を目指した亜細亜歩行団には国威発揚的な発想をかいま見ることができる。また、三名の女性の参加も特徴的である。国家主導で軍事的男性性が構築された近代日本では、冒険・探検は間違いなく男の事業であった。これに対して近代中国では、女性革命家や女性兵士のように、男の領域に女性が参入することがしばしば見られた。[46]（図3参照）

新聞記事で亜細亜歩行団の存在を知った潘徳明は、共同経営していたレストランの事業に始末をつけ上海へ向う。

図3　中国青年亜細亜歩行団。杭州にて
（出典：『文華』一二期）

しかし潘が上海に着いたときには歩行団はすでに出発したあとだった。潘は歩行団の後を追い、杭州で合流した。その後、団員は一人一人と脱落し、ベトナムのタインホアでとうとう潘一人になった。潘は世界一周に目標を切り換え、ホーチミンで自転車を購入した。それから一九三七年七月に上海に戻るまで、七年をかけて世界を一周した。潘は各国の政治家や文化人と会い、ヘディンからは特製の旅行鞄を贈られた。しかし、帰国後すぐに日中戦争がはじまり、また潘自身も記録を公表しなかったため、その偉業は歴史の闇に埋もれてしまった。

　この時期、徒歩旅行の報道が現実の徒歩旅行を次々と生んでいったが、成功に終わったものは少ない。[47]彼らが掲げた目標は決して誇大なものではなかったが、目標を貫徹できたものはほとんどなく、またつねに脱落者を出した。人気作家の張恨水は一九三二年に『旅行雑誌』に連載した小説「似水流年」で、失恋、失学、失業の末、人生に行き詰まった主人公黄惜時が、世界の青年たちがお金もほとんど持たず、事業を捨て、家庭を捨てて世界を徒歩旅行しているのを思い出し、自ら徒歩旅行に出かける場面を描いた。[48]黄は演説をしたり写真を売ったりしながら中国を旅したが、それは当時の徒歩旅行者と同じスタイルであった。そしてその様子が新聞で報じられたため、黄は引くに引けなくなる。小説で描かれた徒歩旅行者は優柔不断で、決して男らしい存在ではない。あるいは作者は当時の徒歩旅行を揶揄したかったのかもしれない。

　潘の世界一周が注目を浴びるのは死後約二年を経てからである。一九七九年七月三〇日、『体育報』が「上海で三〇年代の貴重な体育史料が発見された。潘徳明は単身で、徒歩と自転車により世界を一周した。彼は民族のために栄光を勝ち取り、「東亜病夫」の恥を雪ぐという遠大な抱負に基づき、何度挫折しても意志を曲げず、七年をかけ、行程は数万里に及んだ」と報じた。翌年夏には中国各地で自転車旅行ブームが起きた。[49]さらに彼の事績は本や漫画などでも描かれる。[50]改革開放の時代になって、ようやく潘の物語が受容される素地が整ったのである。

六　中国の冒険・探検のその後

危険を冒したり、未知を探索したりすることは、いつの時代、どこの場所でも起こりうる。そのような行為が、冒険・探検の名の下におこなわれ、あるいは冒険・探検とみなされ、そしてそこに積極的な意義が付与されるのは、東アジアでは近代的な現象であった。清末の中国で提唱された冒険・探検もまさにそのようなものであった。しかし、近代中国は冒険・探検の主体となることができず、冒険・探検は帝国主義者の侵略の手段として否定的な意味を帯びるようになった。青年たちの夢や情熱は、冒険や探検という形で外に向けられるのではなく、救国や革命という形で内に向けられた。また、冒険・探検的な行為も、冒険・探検としてではなく、「考査」や「徒歩旅行」として実施された。このような状況が大きく変わるのは、改革開放後に外国との交流が再開し、中国がふたたび探検の舞台となってからである。その主要な舞台となったのは、万里の長城と長江、いずれも中国を象徴する場所であった。

新疆鉄路局宣伝部の幹部だった劉雨田は、一九八二年四月一四日の『人民日報』で、フランス人ランズマンが、万里の長城を端から端まで歩きたいという夢を語っていることを知った。ほどなくして、七〇代のアメリカ人も同様の計画を中国の駐米大使館に申請していることを知った。外国人が最初に中国の長城を歩き通したら、中国人はどうやって世間に顔向けできようか。劉が探検に乗りだしたのは、このような「愛国」的な動機からであった。一九八四年五月一三日、嘉峪関を出発した劉は、五〇〇〇キロを踏破し、一九八六年四月五日に山海関に達した。一九八四年冬、中央人民広播局は劉の徒歩行に言及した。劉は祖国に承認されたと感じ、大声で泣いた。しかし山海関で待ち受けていたのは免職の知らせであった。その後、劉は妻子とも別れ、人生の全てを探検にささげ、これまでに八〇回以上の探検を繰り返し、中国で最初の職業探検家と見なされている[51]。

一九五〇年に四川省楽山県に生まれた堯茂書は、一九七八年に西南交通大学の撮影技師となった。翌年、アメリカの雑誌で植村直己のアマゾン川の筏下りのことを知り、長江をゴムボートで下る「長江漂流」を思いつき、準備を始めた。一九八四年一一月、アメリカのウォーレンが翌年八月に中国との合同隊を率いて長江漂流を計画しているとの報道を耳にした堯は、外国人の後塵を拝してはならないと、一九八五年六月に単独で長江漂流を敢行した。約一か月後、堯は通珈峡で遭難した。堯の死は多くの青年たちを長江へと駆り立てた。結局、ウォーレンは一九八七年に長江源流にやってきたが、その時点ですでに中国洛陽長江漂流探険隊、中国長江科学考察漂流探険隊、中国青年長江漂流探険隊、そして単独の王殿明らが漂流を開始していた。彼らが期せずして「探険」を名乗ったことからわかるように、一九八〇年代には探検は積極的な価値をもつ行為となっていた。しかし、長江漂流に参加した青年男女のほとんどは漂流の経験もなければ、漂流そのものに魅力を感じていたわけではなかった（ほとんどの隊員はその後、漂流に携わることはなかった）。一〇名にのぼる犠牲者を出しながらも探検を断念しなかったは、国家のプライドのためであった。外国人の探検を契機に、彼らの愛国心がたまたま探検という形で発露したのである。堯茂書は四川省政府から「革命烈士」と認定され、他の多くの参加者もさまざまな形で表彰された[52]。かつて西北科学考査団に参加した徐炳昶らがスウェーデンから各種の勲章を授与されたのに、中国政府からはなんら表彰されなかったのとは大きな違いである。探検の様子は新聞、ラジオ、テレビなどで全国に報道され、探検ブームが湧き起こった。各地に探検倶楽部が誕生し、一九八九年に中国科学探険協会、一九九三年に中国探険協会が設立された。一九九一年には中国登山協会が探検・アウトドア雑誌『山野』を創刊した。その編者の一人、戎小捷は二〇〇〇年に探検の理論的著作『探険論』を上梓した[53]。

冒頭でも触れた探検史の著作『中国的探険家』が刊行されたのは、まさにこのような背景のもとであった。中国探険協会主席の厳江征は序文で、古来数千年にわたって「探険」という言葉は人びとを興奮させ、無窮の魅力を感じさせてきたと語っている。それが事実でないことは、本書の読者であれば容易に納得されるであろうが、むしろ探検がそのように語られるということ自体に中国の変化を見いだすことができるだろう。さらに厳は、探検というのは自然環境のなかで実施し、発見を目的とし、同時に危険を伴う活動であって、決して盲目的な冒険と混同してはならないと述べる。現代中国では、伝統中国と同じように、目的のない冒険は依然として否定的にとらえられる（共産党の政治文化でも「冒険主義」は誤った思想として断罪される）。「科学」を冠する探検隊が多いのはそのためであろう。

一九八八年六月に中央電視台で放映されたドキュメンタリー『河殤』は、中国の伝統的な黄土文明と西洋の青い海洋文明とを対置し、黄土文明を批判した。『河殤』は大きな反響を呼び、民主化を訴える学生を弾圧した天安門事件の前奏となった。興味深いのは、この『河殤』の冒頭で黄河漂流が取り上げられていることである。黄河を克服し、海洋へと向かう彼らは、まさしく改革開放時代の産物であった。

しかし、いまや大国となり、海洋進出に乗り出した中国は、海洋文明になる（＝西洋化）のではなく、自らを海洋文明とみなすようになってきている。学術界では二〇一二年以降、海洋文明研究が急速に進みつつある。これにあわせて、「海洋文学」への関心を高めようとする動きもある。[54]この状況は、南進論を背景にして、冒険小説が流行した戦前の日本を彷彿とさせる。かたや、現代日本の冒険・探検は、もはや国家という大きな物語から切り離されてしまっている（第十章参照）。言うまでもないことだが、冒険・探検をめぐる両国の差異は、中国がようやく戦前の日本に追いついたことを意味するのではなく、両国の近代化のプロセス、社会や文化の違いを反映している。当分の間、中国の冒険・探検（とりわけ探検）は国家との結びつきを強めていくだろうが、国威発揚の道具と化すことなく、現代中国ならではの新しい冒険・探検が生み出されることを期待したい。

注

1 長沢和俊『世界探検史』白水社、一九六九年、三六五頁。

2 以下で依拠するのは本多勝一「「探検」「冒険」「放浪」を促す社会的背景」、「ニセモノの探検や冒険を排す」、「探検の夢と独立の夢」（以上、『冒険論』すずさわ書店、一九七五年所収）、「調査される者の眼」、「探検される側の論理」（以上、『殺される側の論理』朝日新聞社、一九七一年所収）である。

3 鄭石平編『中国的探険家』上海科技教育出版社、一九九八年。中国では「探険」と表記することが多い。本稿では、固有名詞に限り「探険」という表記を採用する。

4 角幡唯介『新・冒険論』集英社インターナショナル、二〇一八年。

5 梁啓超「論進取冒険」『新民叢報』五号、一九〇二年四月八日。訳文は拙訳『新民説』平凡社、二〇一四年に拠る。

6 梁啓超「張博望班定遠合伝」『新民叢報』八、一三号、一九〇二年五月二二日、一二月三〇日。

7 吉澤誠一郎『愛国主義の創成：ナショナリズムから近代中国をみる』岩波書店、二〇〇三年、九二頁。

8 梁啓超「中国史叙論」『清議報』九〇冊、一九〇一年九月三日。

9 梁啓超「張博望班定遠合伝」『新民叢報』八、一三号、一九〇二年五月二二日、一二月三〇日。

10 梁啓超「祖国大航海家鄭和伝」『新民叢報』六九号、一九〇五年五月一八日。

11 梁啓超「論小説与群治之関係」『新小説』一号、一九〇二年一一月一四日、梁啓超「論尚武」『新民叢報』

二九号、一九〇三年四月一一日。

12 全一八回のうち梁啓超は前半の九回までを訳し、後半の九回は羅普が訳した。

13 周作人「我学国文的経験」『孔徳月刊』一期、一九二六年一〇月。

14 成之「小説叢話」『中華小説界』第一年三 - 八期、一九一四年（陳平原・夏暁虹編『二十世紀中国小説理論資料』第一巻、北京大学出版社、一九八九年、四二六 - 四三〇頁所収）。

15 阿英著、飯塚朗・中野美代子訳『晩清小説史』平凡社、一九七九年、二七一頁に科学小説と冒険小説がわずか四行だけ記される。范伯群主編『中国近現代通俗文学史』江蘇教育出版社、二〇一〇年は上下あわせて一三〇〇頁を越える大作であるが、冒険小説に関する記述はない。

16 李艶麗「東西交彙下的晩清冒険小説与世界秩序」『社会科学』二〇一三年三期。

17 伯「冒険小説　片帆影」『中外小説林』二巻八期、一九〇八年。

18 北上次郎『冒険小説論:近代ヒーロー像一〇〇年の変遷』早川書房、一九九三年、四四、一〇九頁。

19 冒険記、探検記のたぐいもないではなかったが、多くが外国人の手になるものであった。梁啓超はつとに一八九六年の「読西学読書法」で「游記」の重要性に触れている。梁が「西学書目表」に挙げた游記のうち、中国人のものはほとんどが外国使節の記録である。

20 もっとも、小説の舞台を未来に移せば、大国としての中国を想像することができた。このような手法は、ＳＦ小説だけでなく、政治小説にも見られた。梁啓超の政治小説が舞台としたのは、一〇〇年後の中国であった。

21 百里（蔣方震）「軍国民之教育」『新民叢報』二二号、一九〇二年一二月一四日。

22 林紓「霧中人叙」『霧中人』商務印書館、一九〇六年。

23 武田雅哉・林久之『中国科学幻想文学館』上、大修館書店、二〇〇一年、二三五頁。

24 Jing Tsu, *Failure, Nationalism, and Literature: The Making of Modern Chinese Identity*, 1895-1937, Stanford University Press, p. 90.

25 Martin Green, *Dreams of Adventure, Deeds of Empire*, Marboro Books, 1979, pp. 204-214.

26 Fa-ti Fan, *British Naturalists in Qing China: Science, Empire, and Cultural Encounter*, Harvard University Press, 2009, pp. 141-144; Grace Yen Shen, Unearthing the Nation: Modern Geology and Nationalism in Republican China, University of Chicago Press, 2014, pp. 40, 48, 64.

27 Grace Yen Shen, *Unearthing the Nation*, pp. 41-44.

28 黄汲清「丁文江：二〇世紀的徐霞客」『中国科技報』一九八六年八月二五日。

29 Grace Yen Shen, *Unearthing the Nation*, pp. 62-69.

30 Grace Yen Shen, *Unearthing the Nation*, pp. 100-103. 本書第三章でも日本の学術探検のコスモポリタンな性格に対する指摘がなされている。

31 江中孝主編『張競生文集』上巻、広州出版社、一九九八年、一七六頁。

32 Grace Yen Shen, *Unearthing the Nation*, p. 83.

33 『申報』一九二七年三月一八日。中国語の名称を「探険」ではなく「考査団」としていたのも、こうした批判を避けるためだったと思われる。しかし、たんなる科学調査として受けとめられていなかったことは、梁啓超が子供への書簡のなかで西北科学考査団を「西域冒険旅行」と呼んでいることからもわかる（丁文江・趙豊田編、島田虔次編訳『梁啓超年譜長編』五巻、岩波書店、二〇〇四年、二二五頁）。

34 拙稿「探検の客体から探検の主体へ：近代中国の学術界とナショナリズム」石川禎浩編『現代中国文化の深層構造』京都大学人文科学研究所、二〇一五年。

35 一九四二年に新疆で実施された石油地質調査は、中国による最初の中央アジア探検と言うことができるかもしれない。戦時という状況で、重慶の「中央」政府と新疆の地方政府の協力が初めて可能となったのである。

36 シャオ・ユー〔蕭瑜〕著、高橋正訳『毛沢東と私は乞食だった：秘められたその青春』弘文堂、一九六二年、九一-九七頁、エドガー・スノー著、松岡洋子訳『中国の赤い星』上、筑摩書房、一九九五年、一九八頁。蕭によれば、この旅行は一九一六年夏のことだが、ここでは中共中央文献研究室編『毛沢東年譜一八九三-一九四九』上巻、人民出版社・中央文献出版社、一九九三年、二八頁に拠り一九一七年夏としておく。

37 毛は旅行の感想を新聞に投稿したとする研究もあるが、その文章は現存しない。

38 楽山「冒険之当否与青年之覚悟」『青年進歩』一六冊、一九一八年一〇月。この分類を本書第三章五九頁のものと見比べていただきたい。政治・実業から学術探検という日本の流れとの違いが理解できよう。

39 帥雲風〔帥元雲〕「広東童子軍全中国徒歩旅行隊記実」『日華学報』一四号、一九三〇年七月一日。

40 帥雲風「広東童子軍全中国徒歩旅行隊記実」。そもそも、広東童子軍は国民党と密接な関係があり、孫科は広州市市長時代に広東童子軍名誉会長をつとめたことがあった。

41 趙栄光「曁南大学童子軍　華北徒歩旅行記」『良友』四三号、一九三〇年一月。

42 湘青「旅行新聞：全国歩行団」『友声旅行月刊』一九三〇年二期。

43 『申報』一九三〇年一月二〇日、八月三日、九月二三日。

44 『申報』一九三〇年五月二一日。

45 『申報』一九三〇年五月八、二一日、六月二五、二七、二八日。

46　拙稿「軍隊と社会のはざまで：日本・朝鮮・中国・フィリピンの学校教練」田中雅一編『軍隊の文化人類学』風響社、二〇一五年。
47　団体としては、西康歩行団（康蔵歩行団）、馮庸大学徒歩旅行団、中華全国歩行団、中華沿海歩行団などが組織されたし、個人としては、杜煜威、田睹嵐、陳亦秦、魏若維、黄鎮東らを挙げることができる。
48　張恨水「似水流年」『旅行雑誌』六巻一〇、一一号、一九三二年一〇、一一月。
49　車同寿『自行車旅游』山西人民出版社、一九八六年、五四‐五五頁。
50　季一徳『環球旅行記：旅行家潘徳明的故事』新蕾出版社、一九八三年、潘衡生『周游世界：中国旅行家潘徳明徒歩騎自行車』人民体育出版社、一九八四年。
51　寸草「穿越〝死亡之海〟的人――記探険家劉雨田」『僑園』一九九九年二期、甘文瑾「我的職業？個人職業探険家！」『北京紀事』二〇〇一年一五期。
52　鄭石平編『中国的探険家』二三〇‐二三〇一頁。
53　戎小捷『探険論』台湾商務印書館、二〇〇〇年。
54　単之薔「大海、為何没有撥動浙人的心弦？」『中国国家地理』二〇一二年二期など。

コラム3 一九三〇年代から四〇年代の「学術探検」「学術調査」の意味するもの

柴田陽一

冒険と探検という言葉は、使い分けが難しい。この点については、他のいくつかの章でも詳しい論述がなされている。本コラムでは、一九三〇年代から一九四〇年代の学者による「探検」あるいは「学術探検」「学術調査」という言葉の使い方とそれが意味するものについて論じ、これに付随する学問的良心の問題にも簡単に言及してみたい。

まず指摘できるのは、冒険的な実践に「科学」や「学術」をかぶせて表現しようとする場合、「探検」という言葉が選ばれる傾向があることである（第三章を参照）。一方、ロマンの要素が強いと「探検」は選ばれず、「科学」の要素が強くなると「冒険」は選ばれない。「冒険」の実利的な側面と植民事業が結び付けられる場合、それは「冒険」ではなく「探検」となるのである。

また、注目されるのは、日本で明治二〇年代に「冒険」が語られるようになって以降、「科学」や「学術」の要素が強い「探検」をより一層強調する形で、「学術探検」「学術調査」という言葉が使われるようになることである。この傾向は一九三〇年代から一九四〇年代にかけての時期に顕著である。

本のタイトルについて言えば、「学術探検」が使われた最初の例（『ダーイン氏世界一周学術探検実記』（同文館、一九一二年）を除く）は、京城帝国大学大陸文化研究会編『蒙疆の自然と文化―京城帝国大学蒙疆学術探検隊報告書―』（古今書院、一九三九年）で、次は、朝日新聞東京本社編『山西学術探検記』（朝日新聞社、一九四三年）である。一方、「学術調査」が使われた最初の例は、『第一次満蒙学術調査研究報告』（一九三四年‐一九四〇年）で、『内蒙古渾善達克砂丘地帯の学術調査』（一九四一年）、『台北帝国大学海南島学術調査報告』（一九四二年）、『蒙古横断―京都帝国大学内蒙古学術調査隊手記―』（一九四三年）などがこれに続く。

この変化の背景には、学術体制の整備や戦時体制の推移といった時代状況を想定することができる。前者については、一九三二年に日本学術振興会が設立されたことが注目される。一九三六年には、文部省が「日本精神ノ本義ニ基キ」「我ガ国独自ノ学問、文化ノ創造、発展ニ貢献シ延テ教育ノ刷新ニ資スル」ことを目的に人文科学・社会科学関係研究者を集めた日本諸学振興委員会を設立した。科研費の交付は一九三九年から始められた。当初は自然科学分野だけであったが、一九四三年から人文社会科学分野にまで拡大された。例えば、地理学分野の研究者たちは一九四三年の「日本民族の南方に於ける生活の科学的研究」という総合研究に加わり、主に東京と京都の両帝国大学の地理学教室がこの研究費の恩恵にあずかったとされている。

後者については、一九三一年の満州事変、一九三七年の日中戦争勃発、一九四一年の太平洋戦争開戦へと拡大していく戦局下、単なる好奇心や欲望を満たすための探検では、社会に受け入れられにくくなってきた。そのため、探検を正当化する手段として「学術調査」「学術探検」という言葉が登場してきたと考えられるのである。

後者について、さらに少し詳しく見ておこう。

戦争の拡大は、同時に学術調査や探検の機会を提供するものであったことも看過してはなるまい。太平洋戦争のまっただ中の一九四二年六月八日の『日本読書新聞』(二面)に、「鶴首される探検書—欧米に三十年も遅れてゐる—」と題する記事が掲載された。著者は東京帝国大学地理学教室の辻村太郎。東恩納寛惇による『泰ビルマ印度』(大日本雄弁会講談社、一九四一年)出版に寄せたものであった。記事の中で辻村は次のように述べている。

地理学修者にとつて優れた旅行記は貴重な参考資料である。しかし真に役に立つ紀行は思つたよりも少いものである。〔中略〕思ふに我が国の地理教育は良好な読み物の欠乏で長い間非常な損をした。幸にしてこの両三年に於ける風潮は諸種探検記の翻訳などの刊行といふやうな悦ばしい傾向を示して来たが、ヘデインの中央亜細亜探検旅行記などが、英仏独を初めとして十箇国以上の国語で訳されたのは、今から三十年以上も前の明治四十年ごろであつた。その探検記も日本では漸く今になつて最後の蒙古中亜の分が紹介されたに過ぎず、西蔵附近に於ける第三回探検のトランスヒマラヤなどは未だ紹介されて居ない有様である。南洋地方に関してドイツの一国をとつて見ても、スマトラではフオルツの「厚生林の薄明」ヘルビツヒの「彷徨する洋人」があり、ニューギネアにはベーアマン紀

> 行があり、最近にはヘルビツヒのボルネオ旅行記が出てゐて、何れも学術的調査に従つた一流地理学者の余技であるが、この方面に於ける本邦学界の欠■を痛嘆させるのである。（■は判読不能）

辻村の認識では、日本において探検記の出版が盛んになったのは、ようやくこの二三年のことであり、欧米諸国に三十年も遅れている。そのため日本の地理教育は、これまで長期間にわたって不利益を被ってきたというのである。つまり、辻村は言外に、探検記のさらなる出版を望み、日本の地理学者が探検記を著すことのできるような探検を行うべきことを説いているのである。

ヘディンの翻訳が日本で出版され始めたのは、一九三八年のことである。岩村忍訳『中央亜細亜探検記』（冨山房、一九三八年）、小野忍訳『馬仲英の逃亡』（改造社、一九三八年）、高山洋吉訳『赤色ルート踏破記』（育生社、一九三九年）、高山洋吉訳『西蔵探検記』（改造社、一九三九年）、高山洋吉訳『北京より莫斯古へ』（生活社、一九三九年）、福迫勇雄訳『ゴビの謎』（生活社、一九四〇年）とつづく。

辻村の記事の二ヶ月後、一九四二年八月三一日の『日本読書新聞』（三面）には、「特輯　最近の探検紀行書」が掲載された。記事冒頭には、「新しき秩序の下に世界の隅々に至るまで漸く改造されんとしてゐる今日、これ等の地域が如何にして発見され、如何なる状態にあるかを改めて考察しなほすのも又意義あることといひ得よう。こゝに共栄圏周辺の最近の探検紀行書を一括し特輯する」と記されている。

さらに、戦局が悪化した一九四四年八月一日の『日本読書新聞』（四面）には、稲垣史生（海軍省報道部勤務）「探検記の簇生」（特輯　支那奥地探検の人と書）が掲載された。

> 私達が探検記に感じる興味は未知の世界への憧れである。〔中略〕かうした普遍性から、大東亜戦争開戦前もそして今日もなほ相当数の探検記が出版された。今までの出版の諸傾向についていろいろな論議があつたにせよ、その中にあつて探検記だけは気持いゝ、さつぱりした地位を占めつつ終始過して来たといへるだらう。〔中略〕探検記が頻繁に現れ出したのは私の記録によれば昭和十四、五年であらう。〔中略〕翌昭和十六年も探検記全盛の傾向は少

しも衰へなかつた。〔中略〕昭和十七年も前年の後を受けて一般向のものが出版された。〔中略〕次に昨十八年を顧みても、用紙節減の年に拘はらずいよいよその数は増加の一途を辿つてゐる。〔中略〕次に私は日本人の探検記を纏めて述べようと思ふ。ところで果して日本人探検記はどれ程あるか。翻訳書全盛の時期に併行せしめると、それは実に寥々たるものである。前述した昭和十五年の「支那辺疆物語」なる合作版の他凡そ左の四組を数ふるのみである。

辻村が嘆いたような状況は、翻訳書が次々に出版されることにより、少しは解消されたようにも思われる。しかし、稲垣が指摘するように、一九四四年八月に至っても、日本人による探検記はまだほとんど出されていなかった。一九四二年に実施された山西学術調査団の報告書は、一九四三年四月に朝日新聞東京本社編『山西学術探検記』（朝日新聞社）として速やかに出版されていたが、一九四一年に実施された京都探検地理学会ミクロネシア調査隊のポナペ島調査の報告書である今西錦司編『ポナペ島—生態学的研究—』（彰考書院）が出版されたのは一九四四年一〇月のことである。一九四二年に実施された今西錦司ら北部大興安嶺探検隊による調査に至っては、その報告書『大興安嶺探検』（毎日新聞社）の出版はずっと後の一九五二年である。

ところで、いかに「科学」や「学術」、そして実利的な側面を強調し、「学術探検」「学術調査」と銘打ったとしても、探検からロマンが消えることはないだろう。このことは、ポナペ島や大興安嶺探検に出かけた今西錦司や梅棹忠夫らの報告書や戦後の語りによく表れている（今西錦司編『ポナペ島』、『大興安嶺探検』など）。また、おそらくは他の学者たちも多かれ少なかれ、「純粋」な気持ちを抱いて「学術探検」に参加していたに違いない。そこまでは理解できるとしても、この際、言及しておきたいのは、資金獲得のためにわざと学術的貢献を謳ったという今西や梅棹の語りには、一種のおごりを感じずにはいられない、ということである。自らの欲望を満たすためなら、「汚い」金を使うことにためらいがないのだろうか。学者あるいは学問はそれほど確固とした自律性を備えた存在なのだろうか。

中身が同じでも、それを表現する言葉が違うことは珍しくない。冒険、探検、学術調査もそういう例であるとも言える。しかしながら、学者たちが自分たちの営為を「学術調査」「学術探検」と称する時、そこには自らの欲望（それがたとえ学術的な目的に即したものであったとしても）のために、国策への貢献を高らかに謳い上げ、自己正当化を図ろうとする意図が透けて見える。戦後に、在野の冒険・探検家たちが「学術調査」に対する批判を展開したのには、こういう背景があったのだろう。例えば、第三章注四七でも言及されているように、雪男探検家として知られた谷口正彦は、『まぼろしの雪男』（角川文庫、一九七四年、五三 - 五四頁）の中で次のように痛烈に「学術探検」を批判した。

探検とか冒険とかいったものは、個人のプレー（遊び）でしかない。ただ探検や冒険をするとなると莫大な金がかかる。そこが麻雀やパチンコやゴルフと違うだけで、本質的には少しも変らない。〔中略〕探検、冒険は個人の金でやるべきだし、個人の自己満足があればよい。本来こういったものは、貴族階級または一部の金持のものでしかなかった。彼らは浪費することで自分の満足を買っていたのだ。この精神は大切にしたい。遊びとは金を使うことから始る。〔中略〕どんな遊びをするときでも貴族的精神を忘れたくない。私はこの精神を大切にしたい。いじいじした気持でやったところで、少しも楽しくないではないか。特に学術探検などと聞くと、おぞましくてヘドが出る。学術調査といえばすむのに、探検とつければスポンサーがつきやすいというにおよんで、なにをかいわんや。極論すれば、探検なんぞ、女遊びと大差はない。女遊びに誰が金を出してくれるか。金がなければ、それをしないだけだ。

ところで、このように何らかの学術的意義を謳い、自らの欲望をカモフラージュし正当化する行為は、現在も研究費獲得の場面などで多々見られることであり、学者の世界では暗黙のうちに半ば許容されており、おおっぴらに問題視されることは余りない。しかし、体制側に寄り添い資金を得る形で進められる研究は、やがて自らの行き先を見失うことになるのではないだろうか。

一九三〇年代から四〇年代に「学術探検」「学術調査」という言葉が急に台頭した事態は、現代の私たちにこうした警告を突きつけていると、筆者には思えてならない。

第Ⅱ部　現代日本社会における冒険と探検

第七章　堀江謙一インタビュー

「太平洋ひとりぼっち」とは何だったのか
——共鳴しあう冒険と日本社会

本章では、世界屈指のヨットマンであり日本を代表する海洋冒険家である堀江謙一氏のインタビューをお送りする。

堀江氏が、わが国の冒険・探検史を語る際に欠かすことのできない人物であることは言うまでもない。それはもちろん第一には堀江氏が成し遂げてこられた冒険行が画期的なものであったからなのであるが、しかし本書で強調したいのは、堀江氏の出現によって日本の冒険・探検の語られ方が大きく変わったということである。

第三章の末尾やコラム3において論じたように、堀江氏が登場する時代は「学術探検」の時代であった。「学術」という大義を持ち、大掛かりな組織による分業的な探検隊・調査隊こそがあるべき姿であるとされた中に、一九六二年に突如、堀江氏による、「ひとりぼっち」の「自分自身のための」冒険が登場し大きな話題をさらったのである。堀江氏の出現は非常に大きなインパクトを社会にあたえた。特に重要な点は、それまで語ることが許されなかった「自分のための」冒険を語ることが可能となり、冒険・探検の姿が一変した点である。明治以降、冒険・探検は一貫して「国」や「社会」に何らか成果を持ち帰らねばならないとされていた。それに対し、堀江氏は「自分のため」に冒険を行い、それを成功させ、そしてそれが社会に受け入れられた初の人物なのである。これ以降現在にいたるまで、自分のために、単独で、世界に飛び出してゆく若者たちが数多く出現することとなる。

インタビュー中にも語られるように、一九六〇年代初頭には同時多発的に単独の「冒険」が行われていた。堀江氏もまたそうした時代に突き動かされた一人であったのだろう。ご本人にそのような意識はなかったとのことであるが、しかしそれでも堀江氏はそうした人々の代表であり、わが国の冒険・探検史の新しい時代を切り開いた重要な冒険家と言える。

ではここで簡単に堀江氏の経歴を紹介したい。堀江氏は一九三八年大阪生まれ。関西大学第一高校に入学しヨット部に所属したのが氏のキャリアのはじまりである。

一九六二年五月、兵庫県西宮市の西宮ヨットハーバーからヨットで日本を密出国し、九四日をかけてサンフランシスコに到着、単独無寄港の太平洋単独横断に成功した。これは世界初の快挙であり、これによって堀江氏の名前は広く知られることとなった。当初批判的であった日本のメディアは、アメリカ側の歓迎を聞いて態度を変え堀江氏を大きく報道することとなり、堀江氏は時の人となったのである。その航海記『太平洋ひとりぼっち』はベストセラーとなり映画化もされることとなった。

『太平洋ひとりぼっち』
（文藝春秋新社、1962 年　初版）

以後、堀江氏は、小型ヨットでの西回り単独無寄港世界一周（一九七三年～七四年）、世界初の縦回り世界一周（一九七八年～八二年）、世界最小の外洋ヨットでの太平洋単独横断（一九八九年）、世界初の足漕ぎボートでの太平洋単独横断（一九九二年～九三年）、アルミ缶リサイクルのソーラーパワーボートでの太平洋単独横断（一九九六年）など、数々の困難な試みを成功させている。

インタビューは二〇一五年八月七日に堀江氏の本拠地である新西宮ヨットハーバーで行われた。聞き手は研究会メンバーから大野哲也、高嶋航、鈴木康史の三名である。予定をはるかに越えて、三時間以上のあいだ、堀江氏は目を輝かせながら、私たちに、かつての航海とこれからの挑戦について雄弁に語ってくれた。

一　冒険とは何か

1　一九六二年の航海をめぐって

大野：今日は堀江さんに冒険についての話をお聞きしたいと思います。インタビュー場所は、一九六二年に堀江さんが太平洋を単独横断するために密出国した記念碑的場所である新西宮ヨットハーバーです。どうぞよろしくお願いします。

まず、もう五〇年前から質問を受け続けていると思いますが、堀江さんが考える冒険って何ですか？

堀江：僕が最初に航海したのは、もう五三年前になります。一九六二年の航海をする前から、「冒険」や「探検」という言葉は知ってたけど、それらの意味については考えたことがなかった。僕のやろうとしていることは、「冒険か探検か」ということも考えたことはなかったです。

ところが、僕の航海が終わったら、マスコミが「冒険とはなんぞや」と議論するようになりました。そういう質問をされると、「冒険とは危険を冒してやることだ」って答えていました。そうしたら「危険って何なんだ」「どの程度危険なんだ」ということが議論になる。

僕にしたら、「冒険とは」なんていうのは一種の言葉の遊びです。僕の航海は、高校のヨット部に入ったのがきっかけでした。今もずっと、その延長できているだけなんです。だけど、冒険の定義はさておき、「本能的に冒険を求めていたんだなあ」という思いはあります。自分の航海を振り返って見れば、人間の本能として、そういうのを求めていたのだと気づきます。

大野：あとで気づいたっていうのは、一回目の航海が終わったころですか？

堀江：そうそう。マスコミで冒険の特集があれば、日本人のAさんやBさんとともに自分の名前がリストに入っていたりする。すると、「自分は、こんなリストに入るんやな」と思ったり。

大野：いやいや、一〇〇パーセント入ってるでしょう。

堀江：自分では、それがわからなかった。

鈴木：一九六二年に、密出国でヨットによる太平洋単独横断をやったときには、堀江さん自身は「危険を冒す」、たとえば命をかけるっていう覚悟はあったんですか？

堀江：客観的にはあったと思います。また、周囲の人にはあったかもしれないけど、僕自身にはそういう覚悟はなかったですよ。

鈴木：えっ、そうなんですか？

堀江：自信満々やったからね。まだ二〇代の初め頃というたら、そういうもんと違いますか。　僕が行くことは、周りの人は結構知っていました。その中の、女性のほとんどは僕が行けると思ってた。女の人たちは、「ヨットがこうでね、装備や食料がこうでね」なんてことは考えなくて、「雰囲気」とか「行けそうな顔してる」とか「顔見たらわかる」って言ってた。当時は、女性の思考は男性とちょっと違うんかなと思いました。

鈴木：では、帰国後のことは想像してなかったんですか？

堀江：全然、想像してなかったよね。

アメリカに着いたときに「僕はどういう取り扱いを受けるんやろう？」とは思ったけどね。まあ、「死刑にはせんやろ」とは思ってたけど、着いたら捕まるとは思ってたから。もちろん、寛大な処置の方がいいけど「死刑以外やったら、何でもいい。社会的に抹殺されたっていい」って気はあった。たとえ処罰されようとも、やりたかったことに挑戦して目標が達成できたことが僕の人生だと思ってたからね。

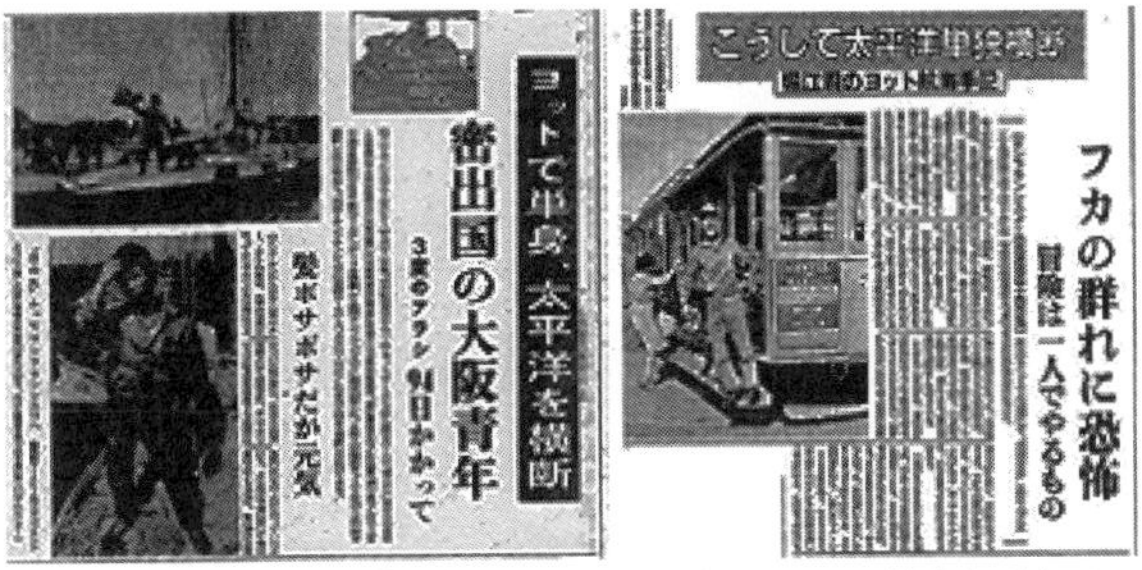

1962 年当時の報道。「冒険は一人でやるもの」との見出しがある。
（左『毎日新聞』1962.8.13 夕刊、右『朝日新聞』1962.8.15 朝刊）

鈴木：「命の危険」というよりは、社会的なことをいろいろ考えていたんですね。

堀江：「命の危険」のほうは、別にどうってことはないわけですから。

大野：ところが、社会的な抹殺まで覚悟してアメリカに到着してみたら、大歓迎を受ける。そのときの心境は、「びっくり仰天」ですか？

堀江：当時もそうですし今でもそうですけど、アメリカは移民に関しては厳しい国なんです。移民に寛大な国じゃないですよ。だって、世界中の人間が行きたがってる場所なんだから。だから、パスポートも持ってない僕は必ず強制送還になるだろうし、強制送還になれば二度とアメリカに行けないと思ってた。「アメリカは行ってみたい国だったから、二度と行けないのはちょっと困るなあ」とは思ったけど、しょうがないと諦めた。六二年のときには、太平洋を横断するのが目的で、アメリカに行くことは目的じゃなかった。だけどそれとは別に、「アメリカには行ってみたい、いろいろなものを見てみたい」という気持ちはありましたから。

高嶋：特に当時は、海外には行けない時代でしたもんね。

堀江：そう、行けない時代です。統計的にいうと年間一〇万人も行ってない、数万人規模の時代です。海外旅行が「解禁」されたのは一九六四年の東京オリンピックの年ですからね。

2 若き日のこと――ヨットとの出会いとヨットへの没頭

高嶋：以前堀江さんは「エベレストの初登頂を聞いて残念に思った」っていう話をしています。

堀江世代の人たちは、その出来事がショックだったっていうことを時々耳にします。当時の堀江さんは、エベレスト登頂も冒険とは捉えてなかったんですか？

堀江：「冒険か探検かスポーツか」というような分類は考えてなかった。エベレストの初登頂は、一九五三年、僕が中学三年のときでした。[1] そのニュースを聞いたときには、「山の時代が終わったな」と思った。一つの区切りになったというか、「夢がなくなったな」と思ったんです。

山登りをやってる人で、僕と同じような気持ちになった人は結構多いのと違うかな。その頃の人たちは、かなり共通した感覚があったと思うんですが……。

大野：一九五〇～七〇年代いうのは山登りが盛んな時期だったんですよね。植村直己さんと松浦輝夫さん[2]が日本人で初めてエベレストに登頂したのも七〇年です。その頃の、日本でのヨットはどういう位置だったんですか？

堀江：さっきも言ったけど、僕がヨットをやりだしたのは、高校の部活からです。ヨットは国体種目でもあるし、オリンピック種目でもあるから、文部省が勧めてたわけです。高校のヨット部は少ないですけど、多くの大学にはヨット部があります。だから、国の政策というんですかねえ。

鈴木：小さいときには、冒険記だとか、冒険小説のようなものをよく読んでたんですか？

堀江：冒険小説ではないけど、ヨットの航海記は好きでした。あの頃、僕らに入ってくる情報量って、そんなに多くはなかったけどね。

よく読んでいた『舵』[3]というヨットの専門誌、当時は薄っぺらい本だったけど、いろんな航海記が載っていて、世界の情勢がだいたいわかりました。それを出していた舵社は、戦前からある会社なんですよ。

ヨットでこんなんした人がおる、あんなんした人がおると書いてあったら、読んでる方はだんだん夢が膨らんでいきます。ヨットを始めた頃は、ヨットで何ができるかということを、僕は全く知らなかったんだけど、情報が入ってくるに連れて……。

それは一九六二年、あの航海がニュースになった時、ほとんどの日本人がヨットで太平洋横断ができるなんて考えもしなかったのと同じじゃないかな。僕がヨット部に入ったときは、それと同じ感覚だった。

高嶋：じゃあ、その時点より前に、例えば冒険小説を読んで未知なるものに心をときめかしたっていうことはなかったんですか？

堀江：あまりなかったですね。だけど先ほども言ったように、エベレスト初登頂のテンジンやヒラリーと同じように、本能的に冒険を求めていたというのはありますよね。もう一つ付け加えると、もともと僕は、僕の人生において、自分の名前の本が出るなんて考えもしなかった。

高嶋：堀江さんが、ヨットをライフワークにするって覚悟したのはいつなんですか？　たぶん最初は、ヨットだけで生きていこうとは考えていなかったと思うんですが……。

堀江：ヨットで生きていくというのは決めてました。「生きていく」というのは、「どのような職業に就いたとしてもヨットを続けていきたい」という意味です。ただ、「どうするか」という具体的な道筋は決まってなかった。当時は、どんな方法があるのかがわからなかったから。とにかく、ヨットから離れたくなかったんです。

当時から「ヨットでああしたい、こうしたい」いうのはありました。ただ、五〇年前の日本は、ヨットが続けられる時代じゃないんですよ。みんな日々の生活で必死ですからね。だから、僕がヨットをやることに対して、周りはさめてたと思うんです。だいたい、そういう人間が理解できなかったと思う。みんな食うのに必死の、戦後の苦しい時代だったから。

大野：だけど、そのあと高度経済成長が来て……。

堀江：来てもねえ。高度経済成長のときでも、やっぱり、まだヨットだけでは生きてはいけなかったと思います。

大野：一九五〇年代から堀江さんはヨットをやってますけど、その当時って、学校を卒業したら一つの会社に就職して、定年まで勤め上げるっていうのが当たり前の人生、当たり前の社会でした。

堀江さんはそういう社会をどう捉えてたんですか？　それとも「そんな生き方は、つまらない」って思ってたのか、それとも「俺もその流れに乗らないとあかんなあ」と思ってたのか。

堀江：僕が行ってた学校は、関西大学の附属高校です。ここは、大学に行くためのエスカレーターの学校です。だから、高校で辞めてしまうなんていうのが、そもそもおかしいんです。でも大学には行きたくない。

勉強したいと思わないのに大学に行くなんて偽善的な気がしたんです。今から思えば「ちょっと若かった」っていう反省はありますけど……。

大野：日本社会とか制度に対する反抗心があったんですか？

堀江：それはなかった。だけど、たとえば「銀行員はいい職業」というような世間の見方に対して、「そんなんがいいの?」っていう気持ちはありました。それと、「人生一回きりや」と思っていました。

鈴木：反抗心について言えば、本多勝一[4]さんは、堀江さんがパスポートなしで行ったことをすごく評価していますよ。

堀江：無許可で行きたかったわけじゃないですよ。日本の憲法とか法律はいろんな自由は認めてます。だけど当時は、出国の自由については、もちろんそれはあるんだけど、ヨットで出国というシステムがまだ整ってなかったということだと思います。だから僕も仕方なく無許可でいったのであって、けっして「禁止されてるからあえてやった」わけではないですよ。

二　社会における冒険の意味

1 若者たちの海外放浪

鈴木：『地球の歩き方』の創刊、格安航空券の販売を行うＨＩＳ[5]の設立や、沢木耕太郎[6]さんの『深夜特急』などの影響で一九八〇年代あたりから、冒険的な海外放浪が若者を中心にして大流行し、現在に至っていますが、こうした若者の海外放浪のルーツは一九六〇年前後にあると言われていて、たとえば川喜多二郎[7]さんの『秘境ヒマラヤ探検記』が六〇年、小田実[8]さんの『何でも見てやろう』が六一年、小澤征爾[9]さんの『ボクの音楽武者修行』が六二年に出版されています。

若き堀江さんが大冒険を成功させてサンフランシスコから凱旋されたのもまさにこういう時代で、堀江さんの太平洋横断は、日本の若者の「旅行」や「観光」のスタイルを大きく変え、現代にまでいたる影響を与えた重要な実践であったと考えています。

堀江：川喜多さん、小田さん、小澤さん、そして僕、みんな同じ時代ですね。

鈴木：若者たちが海外を放浪する時代の流れの中にいたという感覚はありますか?　ヨットマンや冒険家としてでもない、ちょっと違った流れのようなものを。

堀江：自分自身はあんまり意識してませんけどね。だけど、ほぼ同じ時代に、同じようなことをしていた人たちがおるというのは、もちろん知ってました。彼らとはジャンルが違うけど、そういう時代、そういう社会状況のときに青春をやってたというのは、みんな実感としてあるんじゃないかなあ。当時はそれを強く自覚していたわけではないけど、あとから考えれば、そう言えないことはないなと。

大野：堀江さんは、航海中に「旅行」の気分はあるんですか?

堀江：それはあります。少しはあります。ヨットはこっちの港から次の港に行く旅行の一種と言えないことはない。旅行という面はあります。だけど「太平洋ひとりぼっちは旅行だったのか？」と聞かれたら、「その割合はごくわずかだった」と答えます。

鈴木：ここにある初版本『太平洋ひとりぼっち』の最後の広告ページに『素晴しいヨット旅行』という本の紹介が載っていますが。これもまた若者たちの冒険的な海外経験の一つですね。

堀江：柏村勲[10]さんですね。この航海は、僕より一、二年前におこなわれました。ただ、本の出版は僕と一緒か、僕よりちょっと前じゃなかったかな。

鈴木：当時は、こういうヨット旅行が流行していたんですか？

インタビュー風景

堀江：二〇世紀のはじめか、一九世紀の末に、三年二カ月をかけて単独でヨットで世界一周をした人がはじめて現れたんです。それをきっかけにして二〇世紀に入ってから、頻繁じゃないけどヨットで単独とか二人で、世界とか、いろいろな場所に行くのがだんだん盛んになってきた。

大野：柏村さんと堀江さんの航海も、そういう流れの一つであると？

堀江：そうです。その延長です。

2 冒険の大衆化時代と金子健太郎の挑戦

大野：一九六二年、堀江さんが行く前に金子健太郎[11]さんがドラム缶のイカダで太平洋横断に挑戦して失敗しました。その二年後の六四年には、日本冒険界の雄、植村直己さんが日本を飛び出して海外放浪を始めます。若者の海外への志向については先ほども話がありましたが、さらにいえば若者の冒険に対する欲求のようなものも当時の日本社会にあったんですか？

堀江：当然、あったと思います。自分がその中のどこに位置するのかなんてことは、考えもしなかったですけどね。

そもそも、「人類の歴史」は「探検と冒険の歴史」ですが、現代的な意味では、探検や冒険は、ヨーロッパの貴族がやり出したんです。

それに対して、一九六〇年代の日本社会に住む僕らがやったのが仮に冒険だとすれば、結局、冒険の大衆化時代の夜明けだったっていうことだと思います。僕の人生がちょうど、そこに当たった。冒険の黎明期と、僕の青春がクロスしたと思うんです。

大野：金子さんがドラム缶でやるっていうのは、事前に知っていたんですか？

堀江：事前には知らなかったです。あれは僕が行く三カ月前の二月のことでした。金子さんのことは、ニュースで知りました。

大野：堀江さんと金子さんのやりたかったことと、それをやる時期はぴったり一致してますね。

堀江：一致してます。金子さんはドラム缶を三九本結んで、イカダを組んだ。

高嶋：金子さんは出航してすぐに不法出国で捕まりました。あの事件は、パスポートを取らずに行くと堀江さんが決断するときに、なにか影響はしたんですか？

堀江：金子さんの場合は、密出国するときに、記念か激励の意味かわからんけど、花火を打上げてもろたらしい。そんな花火上げたら、ばれるでしょう。そう考えると、金子さんは本気だったんやろうけど、行かなくてよかったんと違いますか。やっぱり、状況が状況やからトリックをせないかんですよ。

僕が太平洋横断をすることは、僕の周りの人は知ってました。だから僕は周囲に、「ヨットの底に貝がつかないように、船底に船底塗料を塗ってから航海に出る」と言ってたんです。だけど、そのままパーンと出たわけです。やっぱり周りに、トリックをしないと。僕は周囲に「ペンキの塗り替えにヨットをどこそこに持って行く」と言ったので、「そっちへ行って、それからこっちに帰ってきて、それから出発するんだな」と思ってた人が多かった。

大野：僕、金子さんに会いたくてずっと探してたんです。東京に住んでたっていうことがわかり、よく通っていた喫茶店まではたどり着いたんですけど。喫茶店のご主人から、二〇〇〇年に入ってしばらくしてお亡くなりになられたと聞きました。堀江さんは金子さんと面識はあったんですか？

堀江：あります。何回もお会いしてます。

大野：そうですか。やっぱり金子さんって、堀江さんのようなユニークな方なんですか？「人間はプランクトンを食べて生きていけるか」っていうことに、すごい関心があったみたいですけど。

堀江：それが彼のテーマですからね。学問的というか、人類の食糧難を救うというか、そういう「人類に貢献しよう」という志が金子さんにはあった。僕なんか、全然そんなのないですからね。

3 冒険とその学術的意義について

鈴木：僕は、そこがポイントの一つだと思っているんです。冒険や探検の本を読んでると、堀江さんは冒険家としてカテゴリーされていて、めったに探検家とは呼ばれない。

その一方で、植村直己さんは探検家と呼ばれることがしばしばある。植村さんは、学術的な要素とつながりながら自分の冒険の価値と意味を高めていこうとしていたのに対して、堀江さんには一切そういうところがないからだろうと思うのですが、国のためにとか、学術のためにっていうのは考えないんですか？

堀江：「日本のために」とかいう気持ちは、僕にもあります。だけど、僕はその気持ちを外には出さないつもりです。だって、「人々の役に立てるためにやってる」なんて気恥ずかしいと思いませんか？たとえ、「日本のために僕は頑張ってる」と内心で思ってても、それを表に出すのは……。

それと、今もそうだし昔もそうだったけど、日本社会が「何をするにも、学術的じゃないと認めない」っていうような空気があると思うんです。だからなんでも学術に結びつけようとする。そういえば、南極観測隊も学術でしょ。名前が観測隊やから、エクスペディションと違うんですね。

でも当時の僕は、そんなことは知らなかったから、六二年の航海はまったく学術的じゃない。

鈴木：では、堀江さんは、学術的な冒険には興味はないんですか？　例えば、海域ごとの汚染について調べるとか。

堀江：例えば、航海のときに誰かから「こういうことを調べたいから、ここところの水を採集してきてくれ」って頼まれたら、喜んで協力します。だからといって、それが僕の本題になることはない。人の役に立つのであればいくらでもやるけど、それはあくまで、「ついで」やね。

やっぱりメインはメインで別にあって、「ついで」はあまり負担にならない程度に。

大野：植村直己さんは結局、個人としての冒険から学術的な冒険のほうへシフトしていきました。最初は、アメリカの農場で不法滞在しながら働いたり、アマゾン川をイカダで下ったりと純粋に個人的なものとして冒険をやっていたのが、電通がスポンサーについた頃からか、どのタイミングで冒険が変質したのかはよくわからないけど。

堀江：それを植村さん自身が求めてたかどうかはわから

んね。一つの妥協点だったのかも知れないね。
鈴木：堀江さんはそういう妥協をする必要はない、ということなんですね。
堀江：いや妥協してもええんやけど、そんな協力者が出なかった。
大野：そういう話は来ないんですか？
堀江：来ないですよ。僕に「出演依頼」なんてない。逆に言えば、使いにくいのと違いますか。

4 個人の楽しみとしての冒険とその社会的責務

鈴木：「みんなに勇気を与えたい」とか、「日本を元気にしたい」と言って冒険をしてる人も多いと思うのですが？
堀江：僕は「自分自身が楽しむためなんです」と言っています。これが一番。「しかし結果として周りの人が喜んでくれればなおうれしい」とは思います。
「人のためにやってる」というのを表に出すのは、僕は気恥ずかしいと思っています。「そんなに高尚なこと、ほんまにできるのかな」と思ってるから、言いたくない。
それに「人のためにやってる」って言う言葉を聞いても、「やっぱり自分のためでしょ」と思うからねえ。
鈴木：近代日本の冒険の歴史を調べていると「社会に役立つ何かを持って帰らないんだったら、そんな危険なことはそもそもするべきではない」っていう風潮がとても強いと感じます。そういう歴史の中で「自分が楽しめればいいんだ」ってはじめて堂々と語ったのが堀江さんで、それ以降「誰のためでもなく自分のために行く」っていう新しい冒険家が続々と出てきた。
堀江：続々と出てます？　やっぱりそういう……。
鈴木：はい、私はそう考えています。無名の多数の若者たちも含めてですね。「自分さがし」の冒険家たちです。みな堀江チルドレンなのだろうと思っています。
堀江：いや「人の役に立てればいい」という気持ちはありますよ。あるけど、それを言葉に出して言うのとはちょっと違う……。「人の役に立ちたい」という気持ちは大事だとは思います。初めてのことであれば何をしたって、それはきっと役に立つはずです。だけどそれは、言わなくてもいいんと違うかな。
大野：それを言っちゃおしまいだと。
とはいえ、堀江さんの本を読んでいると、一九六二年とそのあとの航海は、ちょっとずつ内実が変わってきてるような気がします。
堀江：変わってるでしょうね、それは。
大野：堀江さんの冒険は、六二年以降、縦回り地球一周、西回り世界一周、東回り世界一周、ペダルを漕いで太平洋横断とか、いろいろあります。これらの冒険は六二年の冒険と、気持ちの変化があるんですか？

堀江：変化はないですけどね。僕は、自分がやっていることはスポーツとして考えてます。僕としては、どの航海も可能性の追求なんです。

大野：そうなんですか。リサイクル缶でヨットを作るとか、ソーラーパワーを使うとか、人力でとかっていう冒険では、エコロジーや環境保護を意識していると感じたんですが……。

堀江：環境保護とかじゃなくってね。現代社会は、循環型社会を求めてるから、社会の一員としてマナーとしてやってるんです。たとえば何か買うときでも、エコとかリサイクルとか気にするでしょう。だから僕は、社会の一員として、そういう流れに逆行する行為はしてはいけないと思ってます。

1996年の太平洋横断に使われたソーラーパワーのボート（堀江氏提供）

ですから、「結果として、僕の航海が循環型社会とかエコの社会に貢献できればよりうれしい」とは思います。ただし、これまで言っているようにそれほど大上段に構えてやってるわけではない。あくまでも一市民としてのマナーを守ってやってるんです。ただ、環境保護に少しでも貢献できれば嬉しいとは思っています。

だけど、ソーラーボートとウエーブボートは、たしかにエコには違いないけど、別次元の意味があるんです。昔、人類が海に出るときに使ってきたエネルギーは、人力と風だけでした。その次に発見されたのが内燃機関、化石燃料を使うやり方。

だけど、僕がやったソーラーボートとウエーブボートは、まったく新しいやり方なんです。つまり、今まで人類が海で使えたのは「人力」「風」「化石燃料」、そして「原子力エネルギー」しかなかった。そこへ、僕が新しく自然エネルギーの「ソーラー」と「ウエーブ」を加えたんです。エコという意味もありますけど、僕としては「新しいエネルギーの発見」という意味の方がはるかに大きい。

だって現在は、この五つしかないわけですから。その次、「六つ目はない」と思ってますけどね。六つ目はちょっと難しいね。人類の歴史において、二つ余分にできただけでもいいと思うんですけどね。

あとハイブリッドという考えもあるでしょうけどね。自然エネルギーをもう一つ探し出すっていうのは、なかなか難しいよね。だからこれから、さらにやるとすれば今までの動力エネルギーをもっと進化させることだと思います。

大野：これからもまだ……。

堀江：やりますよ。一応一〇〇歳までチャレンジャーとしていこうと思ってるんです。まあ半分ホラですけど。

5 年齢とチャレンジ——パイオニアワークの意義

高嶋：年齢は意識してるんですか？　例えば七〇歳にしてはこうだとか、八〇歳にしてはこうだとか。

堀江：年齢のことは、あんまり考えたくないんです。なぜかというと、足漕ぎボートの航海をやったのが五四歳のときなんです。本当は、もっと若くて元気なときにやるべきだったと思いませんか？　だけど、若くて元気なときには、成功の可能性がわかってなかった。五〇歳ぐらいになって、「やれる」というアイデアと確信がひらめいたんです。

物事って、適した時期にそれがひらめけば一番いいけど、AやBをやってるとき、AでもBでもないCという世界が見えてくることがある。いろいろな経験を積んでいくうちに「人力もできる」ということが見えてきたってことです。だから、足漕ぎは、五〇代になってしまったんです。

鈴木：「次のチャレンジは、一つ手前の航海中に考える」って言ってますが、そのとおりなんですか？

堀江：そのときに考えてるとは限らないですけどね。ただ、一つの航海をしてると、そのヨットの欠点がわかってくるわけです。「こうしたらもっと便利やな」とか。毎日、いろんなことを考える時間が長いからね。そういうときに「今度やるとしたらこれがいいな」とか考えます。航海中に決める場合もあるけど、航海後、時間がたってから決める場合も多いね。

最初の航海のときも、そのあとのことはほとんど考えてなかった。だけど、そのあとにノンストップ世界一周の時代が来たから、「今度はこれやな」と心に響いてきたんです。

大野：さっきの年齢と冒険についてですけど、例えば今の三浦雄一郎さんは何十歳でエベレスト登頂するっていう記録に挑戦しています。そういうことには堀江さんは興味はないんですか？　例えば八〇歳で単独世界一周とか、九〇歳でなんとかとか。

堀江：三桁になってやれるならノンストップ世界一周をやってみたいと思いますけどね。

高嶋：ちなみに最高齢のヨットで世界一周ノンストップという記録ってあるんですか？

堀江：それは、あるでしょう。僕には最高齢の記録がまだないから、歳がいってくれれば、そういうのに挑戦する可能性はあるでしょうね。

高嶋：ただ、そういうのは特に目指すつもりはないと。

堀江：僕には、世界一周はやれそうにありませんから、僕らしいテーマでやってみたいですね。

大野：自分が楽しい面白いって思うことをやっていくっていう……。

堀江：だけど記録も楽しいよ。記録を否定するわけじゃなくて、記録になるほどいいとは思います。もっとも、記録にならなくてもいいんだけど、記録になるほうがより力は入りますね。

大野：例えば最小とか最短とかそういうことですか？

堀江：うん。最初の航海でも基本的には「世界一広い海」を「世界一小さいヨット」で「一人でやる」ということだったんです。八九年の航海も太平洋を渡った一番小さいヨットだったわけで、現在でもその記録は破られていません。記録は永遠に続くわけじゃないけど、僕の場合は比較的長く続いてる方だと思います。記録は目指していないけど、あったほうがいいということですね。

大野：それがモチベーションなるっていうことですか？

堀江：それもありますね。やっぱり、やる気になる。だけど記録なんか関係なく、楽しむだけでもいいですよ、もちろん。

三　多様化する冒険

1 冒険家同士の影響

大野：堀江さんは、自分の冒険が他の人に与えた影響をどう考えていますか？　堀江さん以降、今給黎教子《いまいきれきょうこ》[12]さんをはじめ、いろんな方がヨットの冒険をやってますけど。

堀江：それは先ほど言ったように、僕の青春と黎明期がクロスしただけのことであって、僕がやらなくても誰かがやってると思います。例えば一九六二年の単独太平洋横断という航海もね、僕がやらなくても、誰かがやってるはずです。オーバーに言うと、コロンブスがやらなくても大西洋横断はあったやろうし。マゼランが世界一周したことも、歴史からいけば、マゼランでなくても他の誰かが必ずやるはずです。そういうもんだと思います。

　だけど僕がやったことによって、ちょっと時期が早まったということはあったかもしれない。ただ、僕がやるやらないに関わらず、それを誰かがやる歴史的必然性はあったと思います。

大野：堀江さんは海洋冒険家ですけど他の冒険家に与えた影響ってあると思いますか？　例えば三浦雄一郎さんや植村直己さんに影響を与えたとか、そういうのを感じることってありますか。

堀江：それはわからないなあ。「影響を受けた」とは誰も言わないからねえ。

大野：では、本を読むと「和泉雅子さんが北極点行った。そういうニュースをラジオで聞いた。おめでとうございます」ということをしばしば書いていますが、他の人の冒険によって堀江さんが影響受けたっていうのはありますか？　例えば植村直己さんが単独で何々したっていうようなニュースを聞いて自分が影響受けたっていう。

堀江：僕が影響を受けるとすれば、やっぱりヨットの世界です。陸上の冒険はあんまり……。相手が自然ということで、山登りとヨットは共通点があるとよく言われますけど……。山は厳しいですよ。

鈴木：山より海のほうが簡単ということですか？

堀江：山は、空気が半分しかないとか、荷物を担がないかんとか（笑）。

ヨットは、空気は一〇〇パーセントあるし、荷物は積んどくだけでえぇ。山で担ぐのとでは大違い。寝ててもヨットはサーっと進むし。だから山とヨットを比較しすぎやと思ってるんです。

そう思いませんか？　山登りは大変ですよ。だから、海のほうが事故率が低い。山は頻繁にいろいろな種類の事故が起こってますよ。

大野：では、斉藤実[13]さんの漂流実験みたいなのに影響受けたということもないですか？　斉藤さんの冒険は同じ海でも別のジャンルって感じですか？

堀江：もちろん関心は持ってます。斉藤さんとか金子さんのように、海で困ったときに食料採取してとか。斉藤さんの前は、フランスのアラン・ボンバール[14]が、一九五二年に漂流実験をやりました。もう、ボンバールも、斉藤実さんも亡くなりましたね……。

最初の太平洋ひとりぼっちでも、そういうことはサバイバルとして知っておきたいという気持ちはありました。プランクトンを食べたいとは思わないけど関心はあります。だけど、斉藤さんや金子さんは、僕とジャンルが違います。僕は、人生をもっと楽しみたいほうです。

2「ひとりぼっち」にこだわる理由

高嶋：堀江さんが単独にこだわる理由はなんですか？それから最初の「ひとりぼっち」っていうのは、堀江さんの言葉なんですか？

堀江：本のタイトルの「ひとりぼっち」はね、僕がじゃなくて、出版社が考えたんです。本が出てから、「ひとりぼっち」って付いたことを知りました。

「本のタイトルをどうしようか」という話はしていて、「『単独』と付けないかん」という人もいた。僕は「そんなもんかな」って思ったりしてね。
「ひとり」にこだわってる理由は、やっぱりスポーツとして僕は「単独」が最もハードルが高いと思ってるからです。複数の難しさもあるとは思うけど、二人や三人だったら、相手がしっかりしてたらこっちは寝てても着けるわけですから。だから単独のほうが複数よりもハードルが高いと思ってます。
大野：だからハードルの高いほうにチャレンジすると。
堀江：できればね。
高嶋：現在、「ひとりぼっち」っていう言葉は、自分の中で愛着のある言葉になってるんですか？
堀江：よかったとは思います。僕の原点は、「世界一広い海を世界一小さいヨットで、一人で横断する」ということで、常にそこにこだわってるわけです。ほかのさまざまな条件について、ハードルが高いほうに挑戦するというスポーツ的な考えです。
　スポーツって、距離とか、タイムとか数学的なところがあるでしょう。文学的じゃ、はっきりしないからね。ニュアンスじゃないから、ムードがないといえばムードがない。だから、芸術的じゃないですよ。

3 冒険と自己責任論

大野：その考えはよくわかりますけど、その先にあるのが自己責任論です。なんかやると必ず「それは自己責任だ」って叩く風潮がありますよね。自己責任論に対して、堀江さんはどう考えてますか？
堀江：基本的にはそのとおりじゃないですか。誰かが責任を肩代わりしてくれるもんでもないでしょうから。
大野：二〇一三年にアナウンサーの辛坊治郎[15]さんが盲目のセーラー岩本光弘さんと組んでヨットで太平洋を横断しようとして失敗しました。あのとき辛坊さんが戻ってきて謝罪会見をしました。非常にかわいそうだと思ったんですけど……。
堀江：まあ、だけどそれは避けられないでしょう。そうじゃないですか？
　辛坊さんの謝罪会見、僕はあれで良かったと思う。マスコミがどう報道するかは別にして、あれ以上の対応はできなかったと思います。そういう意味で、僕は、彼の対応がベストで、「よくやった」と思っています。
　辛坊さんのケースは、クジラがヨットに当たって船体に穴があいて水が入ってきて沈みかけたということでした。あの船から脱出するのは、結構難しいと思います。救命イカダには一〇メーターぐらいのロープと、もう一つ短い赤いロープの二本が付いてるんです。赤いロープを引っ張ったらパーンとイカダが膨らむ構造になってるんだけど、自動車のエアバックみたいなもので、テストはできない。「ほんとに膨らむんか」「膨らんだかて、ほんとに上向きで浮いてくれるんか」とか不安な要素がある。やみくもにロープを引っ張って、もしも手の届かないところに流してしまったら取り返しがつかないからね。しかも目の不自由な人とペアを組んでるわけでしょう。

水が入ってくる中で、イカダを膨らまして、彼をうまいことそれに乗せて、自分も脱出するのには、どれくらいの時間がいるか……。船があと何分で沈むか分からない状況で判断するわけだから、僕は辛坊さんが相当慌てたんだと思ってる。

そういうことを総合的に考えたら、見事な処理だったと思います。「あの船が沈むかな」と思わないこともないけど……、まあ浮いてるもんは沈むからね。

大野：堀江さんは、用心に用心を重ねて発泡スチロールを多用しています。

堀江：僕の場合は、沈まない工夫を相当やってます。だから、辛坊さんがもうちょっと僕のような工夫をしていたら、もう少し安心してやれたのにとは思う。水が入ってきても、水を止めたらいいんやからね。あの船体は簡単に壊れないから、船体が破れて水が入ってきていたとは、僕には思えない。船の底って、エンジンの冷却水とかトイレのポンプとか穴がいくつかあるから、それらのどれかが原因で水が入ってきてたんやと思うんです。

はじめに、それらをチェックしていれば大丈夫やったと思ったりします。だけど、そんなことをやってる間に沈んでしもたらアウトやからねえ。慌てたんと違うかな。結構リスキーなことありますよ。SOSも出さないかんし。

以前、日本からグアムまでの外洋ヨットレースのときにたか号で同じようなことがあった。あの時はSOSの装置を海に落としてしまって、救命いかだには乗り込んだものの、それを持ってなかったから二七日も漂流してしまった。七人中、佐野三治《さのみはる》[16]さん一人だけが助かった。

大野：佐野さんが書いた『たった一人の生還』を読んだんですけど、壮絶の一言ですね。

4 冒険の商業化

大野：堀江さんがショックを受けたエベレストですが、最近のエベレスト登頂ツアーって知ってますか?

堀江：それは、だいぶ前からあるでしょう。

大野：あります。実は八〇年代からあるんです。

ああいう冒険の商業化についてはどう考えてますか？　お金を出しさえすれば技術がまったくなくてもエベレストに登頂できるチャンスがある。つまり誰でも冒険できるっていうことですが。

堀江：いいじゃないですか。もはや宇宙にだって行ける時代ですよ。イギリスだったか、ヨットでもそういうのがあるんです。一人じゃなくて、何人かで組んでいくのが。まったくの素人じゃあちょっとまずいんで、最低限の訓練はしますが。

僕はそれでいいと思います。大衆化時代やからね。僕が冒険家というジャンルに入っているとすれば、僕が、戦後の冒険の大衆化時代の夜明けに位置してたという、ただそれだけのことでね。商業化は、いいと思います。「オーロラを見に行こう」というのと同じで、ツアーも楽しいよ。

大野：なるほどね。

堀江：どうですか、皆さんは反対ですか？　楽しんだらいいじゃないですか。

高嶋：それはそうだと思います。

大野：日本人女性で二人目のセブンサミッター（七大陸最高峰登頂者）になった難波康子[17]さんが亡くなったのがエベレスト登頂ツアーでした。あのときの登頂ツアーで、他の隊も含めると一二人が死んでます。どうやら、天候が急変したみたいですね。

堀江：突風が吹いたんでしょう。だから、本人たちは、わからなかったんでしょうね。一九九六年、僕がソーラーボートでハワイのホノルルを通過するときに、友達が邦字新聞をヨットに放り込んでくれたんです。それにその事故の記事が載ってた。九六年の夏でした。「星に一番近いところに行ってきた」と書いてあって「うまいこと書くな」「こんなツアーがあるねんな」って思った。登頂に成功して下山するときに亡くなられた……、もったいない。運が悪かったんかなあ。

高嶋：やっぱり、山はヨットより危ないですね。

5　冒険とスポンサー

鈴木：冒険の商業化についてさらに伺いたいのは、冒険とスポンサーの関係です。そこで聞きたいんですが、堀江さんと朝日新聞とはどういう関係なんですか？

堀江：一回目の無寄港世界一周をやったとき、朝日新聞が後援してくれたんです。

鈴木：二回目の無寄港世界一周のときも、朝日のほうからオファーがあったんですか？

堀江：そうです。僕は、淡路島でヨットを作ってたんですよ。そしたらそれが新聞社に知られるようになって。

鈴木：一回目の航海のあと、堀江さんは多くのスポンサーからの申し出を断ってますよね。とにかく自分の力でなんとかしたいっていう気持ちがあったんですか？

堀江：スポンサーからの申し出はまったくありませんでした。

鈴木：そうでしたか。例えば三浦雄一郎さんは、冒険をビジネス化するシステムを作り出したところが評価されているのに対して、堀江さんは、スポンサーを取ってきて冒険をやって、それを社会に知らしめて、次のスポンサーを見つけて、次の冒険をやる、という冒険のシステム化は考えないんですか？

堀江：今言ったように、一回目の無寄港世界一周のときは、淡路島でヨットを作ってて、それがたまたまニュースになって後援してくれるようになったわけです。当時、僕は、お金をたくさん持っていたわけではないけど、航海をするだけの最小限は持ってました。だからといって、別に協賛してくれるのを拒否していたわけじゃない。それ以降も、足りる場合も足らない場合もあったけれど、なんとかしてきました。

そのうちにサントリーさんが協賛してくれるようになりました。それはたまたま向こうの役員の方が「うちのマークを付けていかないか」って声をかけてくれたんです。その航海が終わって「ありがとうございました」って言うたら、「次何やるの？」って聞かれた。そういうわけで今も続いています。

鈴木：「よそからお金を取ってきてやる冒険は不純」という意見をどう思いますか？

堀江：そう思う人がいるのはしょうがないですね。ただ僕は、スポンサーを当てにしてやってるわけではないです。一生懸命お金をためて、一つ一つの航海をやってきたんです。一つの航海をして、経済的にある程度回収できたら次の航海ができる。回収できなかったら次の航海はできなくなる。そういうことでやってきました。だけど今は、時代が変わってきましたね。

大野：日本社会が豊かになってきたのも関係がありますか？

堀江：そうそう。大きく世の中が変わってきました。その点でも、やりやすくなってきたという面はあります。

大野：最初は貧しい中でやっていたヨットも、成功することで地位が変わってくる。それで、お金が回り始めるってことは、あったんですか？

堀江：完全に回ることはないけど、多少はありますよ。だからいろいろな挑戦ができる。

サントリーさんが関わりはじめるのが一九九二年の足

漕ぎからです。すでに足漕ぎのボートを建造してテストしてる途中からなんですよ。それがニュースになったわけです。そのときにたまたまスポンサーの話があって。
鈴木：レストランでサントリーの方と偶然会ったという話をどこかで見ましたが？
堀江：そうそう、向こうの役員の方とね。それで、「うちのマーク付けて行ってくれないか」と。それが始まりです。
鈴木：堀江さんが、「自分のヨットにサントリーって書くのは構わないけど、太平洋を横断してる途中では誰も見ないからスポンサーのコマーシャルにはならないよ」って言ったという話も読みましたが……（笑）。
堀江：観客がいないからね。山登りも観客がいないって言いますよ。
大野：しかし……三浦雄一郎さんが着てるもの、スポンサーだらけなんですけど。
堀江：そうですね。Ｆ１の車体みたいなもんですね。僕は一社だけです。
大野：サントリーがスポンサーになってくれたから、アルミ缶のリサイクルというアイデアが浮かんできたんですか？
堀江：そういうエコの時代がちょうど来てたんですよ。どうせアルミでやるならば、アルミ缶リサイクルでやった方がいいということです。
世の中がね、一気に進み出したんです。一メーカーだけのアルミ缶を集めるというような時代ではなくなってた。サントリーとかキリンとか、特定のメーカーのものだけのアルミ缶リサイクルでするというような、そんなスタンドプレーは許されない時代が来たんです。
それまでは、「車で日本を走ってサントリーのアルミ缶だけを回収してリサイクル・ヨットを作ったら面白いな」っていう話をしていたんです。だけど、そんなことが許される時代じゃなくなってね。世の中、ものすごく速いよ。大きなリサイクル時代に入ったんですね。
大野：ゴミのリサイクルなど、国が政策でエコロジーを熱心に推進するようになるのは一九九〇年ごろです。
堀江：そうですね。アルミ缶のリサイクル・ヨットは九六年だから、その時代が来てた。
大野：堀江さんの冒険の志向が、そういう時代にどんぴしゃはまるわけですね。

6 「ヨットマン」と「冒険家」

鈴木：今まで話を聞いて思ったんですが「冒険」につきまとう男くさい雰囲気とは、堀江さんはちょっと違う。昔

「堀江青年」と呼ばれていたような爽やかさがあるというか、やっぱり「冒険家」というよりも「ヨットマン」が似合うような……。

堀江：基本的に僕のスタンスは、「ヨットマン」です。僕は自分を「冒険家です」とは言いたくない。

なぜかというと、例えば絵描きさんを「アーティスト」と言う場合があるでしょう。他人がその人に対して、「アーティスト」というのはいいけど、本人が「私はアーティストです」って言うとちょっと嫌な感じしませんか？

ヨットマンが「俺は冒険家や」と言うのは、「ヨットマンよりももっと格が上や」と思ってるんですよ。「冒険」という言葉には、そういうニュアンスがある。他人が言うてくれるのはうれしいけど、「冒険家」って自分から言う言葉じゃないと思ってる。

大野：つまりさっきの話と同じですよね。たとえ環境保護を意識してたとしても「環境保護のためにやってます」とは口が裂けても言わないと。

堀江：こんなこと言うたらえらい奥ゆかしく聞こえるけど、自分から言うのはねえ。気恥ずかしい気持ちって誰でもあると思うんですけど。

高嶋：そういう堀江さんの気概は、僕らが読んだ著書や雑誌記事などからは見えてこないところですね。

堀江：直接こうやって会話をすると、生身の人間の息づかいみたいなのが、お互いにわかると思っています。例えば、作家の先生と一、二時間会話をすると、その人の作品を読むときに生き生きと読める感じがするんですよ。みなさんは、そういう気がしませんか？　今日も、そういうことがあるかなと思ってます。

「冒険とヨット」といっても、本を読んだりしただけでは、なかなかぴんとこないでしょう。まして細かいところは、わからない。やっぱり、実際に会って、話を聞かないとね。

7 スポーツとしてのヨット

高嶋：スポーツとしてのヨットの日本の位置っていうのは、世界的に見てどこらへんなんですか。一九六二年当時は日本は遅れていたと思うんですけど。現在の日本ヨット界というのは世界的な水準から見てどうなんですか？

堀江：そうですねえ……。僕が最初の航海をした六二年頃は、白人以外でそういう航海をやった人は、おそらくいないと思うんですよ。ヨットというのは、そもそも白人のスポーツですから。

ところが日本人の僕は、この西宮でやってたわけです。僕は意識してなかったけど、当時、白人以外で太平洋横断というような長い航海を単独でやった人、もしくは、やろうとしてた人はいなかったと思います。

現在は、日の丸を掲げたヨットはかなりの数、世界を走ってます。それこそ世界中、走ってます。今年の六月だったかな、友達のヨットに乗せてもらって瀬戸内海とか、韓国に一番近い対馬とかを回ってきたんだけど、どこ行っても、日本のヨットが泊まってました。大したもんやと思ったね。多くの漁港に碇泊してました。

さきほどの柏村さんは、僕が太平洋を横断した後、六三年か六四年に二人か三人で本州を一周してるんです。青森から日本海を下がっていったんだけど、日本海を通る間にヨットには一隻も会わなかったって言ってる。あれから五〇年たったらこんなに変わるんかと。壱岐、対馬、五島列島、屋久島、種子島にも行ってきたけど、どこの港にもヨットの連中がいてる。偶然やけど、僕の友達にも会いました。

1989年に太平洋横断をした
全長2.8mミニヨットの前の堀江氏
（インタビュー当日）

僕は、日本の島にはほとんど行ったことなかったんです。僕は「一生行くことはないな。けどアメリカやハワイには行くチャンスあるやろから、まあ、ええか」って思ってた。それが、今回誘ってくれる友達のおかげで、「このチャンス逃したら行くときないな」と思って行ってきた。「ヨットを楽しんでる人、結構たくさんいてるな」と思いました。今では海に、「海の駅」っていうのもあるんですよ。
高嶋：それはなんですか？
堀江：海の駅って、ヨットを係留させてもらえるとか、燃料が補給できるとか、泊まる設備があるとか、ボートが修理できるとかいろいろあって。そういうところがたくさんあるし、海の駅以外にも漁港もたくさんあるからね。そういうのを利用して行ってる人が多くて、底辺が広がってる感じはあります。五〇年もたてば、広がっていて当たり前ですけど。
それと、会社をリタイアしてからヨットで日本一周したとか、アメリカまで行ってきたとかいう人も結構いてるんです。青春時代に「こんなことしたいな」っていう気持ちがあっても、当時はできなかったでしょ。リタイアして時間的な余裕とかができて、やる人が出てきたんやね。

大野：それは、ぜったい堀江効果（笑）。

堀江：それはさっき言ったように、戦後の僕の青春が、たまたまそこと重なっただけやから。

四　現代社会における冒険の意味

1　究極の自己満足

堀江：今、多くの人が、ヨットで世界中を走り回っているのは、僕が「純粋に自分自身のため」にやったのと近い感覚だと思います。「世のため人のため」ではないと思います。

鈴木：自分の楽しみでやってる？

堀江：自己満足ですね。

大野：要するに、堀江さんが目指しているのは究極の自己満足ですか？

堀江：「世のため人のため」と思ってやったからといって、世の中の人が感謝してくれるとは限らない。そういう意味で、最終的には何をしたって自己満足を超えられないと思ってます。ただし、自己満足なんだけれど、「喜んでくれる方が一人でもいれば、なお嬉しい」とは思います。けれども基本的には、何をしたって自己満足だと僕は思うんです。

高嶋：記録も自己満足を高めるための道具でしかないってことですか？

堀江：そりゃあ、記録はあったほうがいいです。満足度がより高まりますから。

鈴木：ある意味、すごくストイックですね。批判されても反論をしないっていうのも、「最後は結局、自分自身がどう考えるかだ」というストイックな意識が強いからですか？

堀江：「無寄港世界一周はうそや」という批判があったでしょう。あの批判は、僕にとっては非常によかったと、今は思ってるんです。なぜかというと、あの航海は一九七四年の五月に帰ってきた。その直後から批判が始まったんやけど、四年数カ月後に、「単独無寄港世界一周は事実だった」と証明されたんです。僕は、四年数カ月ずっと沈黙して一切反論しなかった。それを「よく我慢してたな」とすごく評価してもらった。

鈴木：われわれも、堀江さんが一切反論しなかったのが不思議だったんです。

堀江：わめいてもしょうがない。わめかずに、自分自身のために作品を作る。ただ、それだけ。そうすると、批判のおかげで僕の評価が逆に高まるということが起こるかもしれない。

2 不法出国を振り返る

堀江：話を一九六二年に戻すと、密出国をしてアメリカに着いたとき、日本のマスコミの僕に対する批判はものすごいものがありました。だけどそれは当時の日本人の正直な気持ちだったと思うんです。今、僕はマスコミを批判しているわけではないですよ。しかしアメリカのほうの反応は違った。アメリカは、僕がしたことを評価して、大歓迎してくれた。そして、その瞬間に、日本における冒険に対する見方が変わったと僕は思うんです。密出国への批判が一気になくなりましたから。アメリカでの報道で、日本の報道とかメディアの対応が変わっていった。ただし、心底変わったかどうかはわかりませんけど。

大野：いや根っこは変わってなかったのだと思います。一九七二年に世界一周に挑戦したとき、出航してすぐにマストが折れて失敗しました。そのときの堀江さんに対するバッシングは尋常じゃなかったですから。

堀江：だけどそうは言うものの、僕は一九六二年が一つの大きなきっかけになったと思うんですよ。一九七二年の失敗は、また別の意味があったと思ってます。

大野：バッシングに対して、堀江さんは全然反論をしませんが、それはなぜなんですか？

堀江：バッシングを超えればいいわけですからね。あのとき僕は失敗しました。だけど、失敗したから挑戦を諦めるんじゃなくて、逆により難しいほうに挑んでいきました。これが僕なりの応答です。それでも「面白くない」って言う人がいますけど、それは「もっと面白いことをせよ」という意味ですから、ものすごい勲章じゃないかと思っています。

大野：ところで、六二年のサンフランシスコ滞在中、日本で「不法出国だ」「帰国したら取り調べるぞ」って騒ぎになっているのは耳に入ってたんですか？

堀江：耳に入ってました。僕は総領事館でお世話になっておりましたから。あんまり詳しく読んでなかったけど、日本の新聞が毎日届いてましたから。

鈴木：日本の論調が変わっていったのも認識されてましたか？　向こうにいる間にずいぶん変わりましたよね。

堀江：それは分かりました。

大野：そういう手のひら返しの日本のメディアに対しては、どういう思いがあったんですか？

堀江：基本的には、日本人の持ってる価値観が今と昔で大きく変化したとは僕は思ってないです。徐々に変わっていってるとは思うけど、本質はまだ変わっていないと思います。だけど今から思えば、六二年が一つのポイントだったんでしょうね。大きな流れでいえば、戦前から戦後における冒険の大衆化時代のポイントだったと思います。

鈴木：サンフランシスコに堀江さんがいきなり現れてニュースになって日本に入ってきた瞬間が歴史のターニング・ポイントだったのですね。

堀江：ちょっとドラマみたいやね。今から思えばできすぎやね。

3 冒険とマスメディア

高嶋：自分を攻撃する雑誌や新聞は、集めて保存しているんですか？

堀江：何も持ってません。「持っとけばよかった」と思うこともあるけど。

大野：じゃあ、ご自身の対談とか手記とかはどうですか？

堀江：持ってません。出たテレビのビデオとかも一切持ってません。見ると、自分の恥部を見るような気がして。

大野：そうなんですか？

堀江：最低限の資料は持ってますけど、記事の類いはほとんど持ってません。みなさんは、僕の記事をたくさん持ってるみたいやから、もし必要な時はまたお願いします（笑）。

昔、新聞社行って資料室に案内されたとき、（両手を広げて）「これぐらいたくさんありますよ」と聞いたことはあります。まあ今では電子化して小さくなってると思いますけどね。

鈴木：堀江さんの記事は無数にあるので、われわれも全部集めることはまだできていません。それでもこれだけあります（と集めたファイル三冊を見せる）。

堀江：僕には欲しい資料があるんです。サンフランシスコには現地時間の一九六二年八月一二日に到着しました。そして一三日に、地元の『エグザミナー』っていう新聞の朝刊に僕の記事が掲載された。それに、僕の航海の象徴になった「ノーパスポート、ノーイングリッシュ、ノーマネー」と書かれてあった。今度、サンフランシスコへ行ったら、それを見たいと思ってるんです。アメリカ滞在中、新聞は毎日読んでたんだけど、一枚も持って帰らなかったんですよ。

大野：それは収集することに興味がなかったのか、それとも欲しかったけども手に入らなかったのか、どっちなんですか？

堀江：手には入りました。新聞だから、「欲しい」と言えばくれたはずです。でも、その時は「持ってても仕方ないなあ」と思ってね。今にして思えば、資料としてもらっとけばよかった。自分に関する記事は、ほとんどスクラップをしてないですからね。というのは、厳密に言うと、僕はそれまで新聞に載ったことないんです。一番最初に掲

Japan to S. F. In Tiny Boat

The Lone Japanese Mariner

92 Days at Sea— He's Unperturbed

"San Francisco Examiner"
(1962.8.13)

載してくれたのが、サンフランシスコの『エグザミナー』。ただ実際には、当時の僕は知らなかったけど、サンフランシスコに到着する三日前くらいにほかの新聞に僕の記事が出た。

鈴木：いま、ここにありますが、朝日新聞一九六二年八月一一日朝刊の「ヨット行方不明に」っていう記事ですね？

堀江：そうそう。この記事を見たという話はよく聞くんです。この記事を見たという人は全員、「もうこれは駄目だ、死んでる」と思ったって言うねん。厳密に言えば、それが僕が載った最初の新聞記事です。

だから僕は、ある日突然社会に出てきたという意味で、極端な例やと思うんです。世間は全く知らないわけですから。普通は、準備段階で取材を受けるとか、そういうことがもうちょっとあるでしょ。

大野：そうなんですよ。日本から誰にも知られずにこっそり出て行って、ある日突然サンフランシスコにポコっと出てきた。

堀江：極端なんよね。そういう意味で、僕は非常に珍しい例だと思います。

大野：ところで堀江さんのすべての本を読んだ感想なんですけど、『太平洋ひとりぼっち』に掲載されている航海日誌は心情を吐露しているけど、最近のものになればなるほど、第三者に読まれることを前提にして書いてる感じがするんですけど。

堀江：それはあります。六二年の航海日誌は「誰にも読まれないだろう」と思って書いていた。実は、六二年の航海日誌は、サンフランシスコに到着したあとは書いてません。到着したところで終わってます。というか、到着する直前の三日間は、そもそも航海日誌を書いてないんです。確実に到着することのほうが、航海日誌を書くことよりも優先順位が高かったから「もうええか」って思って書かなかった。当時は、「日記なんか……」と思ってた。僕は、書くことに対する欲がちょっと欠落してるんです。

高嶋：冒険や探検をやる人は、一般的に、書くことにすごい執着すると思うんです。書いてそれを売って次の冒険の資金に当てる……という人が多いからだと思います。そういう人たちと堀江さんはだいぶ違いますね。

堀江：文章とか写真とかで資金を回収するというのは、素晴らしいことです。そういう意味で、僕は知恵があんまり回ってないんですね。
　ともあれ、最近の日誌は「出版するかもしれない」と思いながら書いている。その日誌に露骨に書くと、いろいろ差し障りがでてくるからねえ。
大野：公開されたものではなく、本心を吐露してる別バージョンの航海日誌もあるんですか？
堀江：いや、それはないです。自分でいうのもおかしいけども、『太平洋ひとりぼっち』以降、自分という存在が、ある程度社会に認知されたでしょう。
　それまでは、僕の存在を誰も知らなかった。僕を知ってる人も、「堀江が太平洋を横断するって大ぼら吹いてる」ぐらいにしか思ってなかった。だからこっちも思ったことを書けたわけよ。だけど、多くの人に認知されるようになると、社会人のマナーとして赤裸々なことは書けなくなる。歳を取って、いろいろ摩擦を起こすのもねえ。

4 道具の進歩

高嶋：一九六二年の最初の航海の船のクオリティは、今の水準からすればどうなんですか？
堀江：ベニヤ板の船ですけど、あの頃は世界的に見ても、合板ヨットの黄金時代の走りだったんです。当時は、合板が新しい材料、今で言うカーボンとまではいかないけど、それに近いインパクトがありました。当時の最先端です。しかも、安価です。その後ベニヤでヨットを作るのが世界中ではやった時代なんです。
鈴木：航海が成功したのは、そういう技術の後押しもあったということですか？
堀江：そうです。マーメイド号は、横山晃[18]さんが設計してくれたんです。この頃、彼が設計した五〇パーセントは合板のヨットなんです。合板は安価で作りやすい材料なんです。合板で作るヨットが時代的に先駆け的だったんです。
鈴木：そうすると金子さんのドラム缶のイカダとは全く逆の発想ですね。堀江さんは、最先端のものを使って誰も成し遂げたことがない冒険を成功させようとした。それに対して金子さんは、最先端とは逆のもの、ある意味、原始的な道具で単独太平洋横断に挑戦した。
堀江：ドラム缶も面白いですけどね。
大野：利用できる最先端技術は惜しみなく利用するという意味で堀江さんの冒険は一貫してますね。
堀江：今の時代は、GPSもいいのができてるし。いろいろなことを、やりやすい時代になりました。
大野：保存食にしてもクオリティが上がってますね。以前に比べて、ご飯もおいしくなりました。水もそうですね。飲料水を作る機械もあるし。

堀江：だけど、そんな上等なもんはいりません。水でいうと、最近の航海では、二リットルのミネラルウォーターを積んでます。二リットルのペットボトルだと、残ってる量を計算しやすい。

鈴木：『太平洋ひとりぼっち』の本で驚いたのは、ビニール袋に飲料水を保存していたということです。映画でもありましたね。それで、航海の途中で水が腐ってきたという……。

堀江：今の時点からすれば、もっとほかの方法があったとは思うんです。やっぱり、いろんな意味で経験不足だった。ちょっと至らんところもあったし、オーバーなところもあったんです。山登りでも同じやろうけど、初めてのときは、オーバーに準備することがあってね。後から思えば、「ここはやり過ぎたな」とか「ここは足りなかった」とところが出てくる。ヨットでも、最初は何もわからないから、バランスが悪いところがあるんです。やっていると、ほどほどがわかってくる。

5 パイオニアワークを語らないこと

大野：ところで、今給黎さんが女性では初となるヨットでの単独無寄港世界一周をやったときに、途中でヘリコプター二機をチャーターして物資を補給しています。それでも「単独無寄港」になってるんですが、このことに対する堀江さんの意見を聞きたいんです。やっぱり、そこまでして記録にこだわらないと駄目なんですか？

堀江：僕は、それでいいと思います。だけど「それはよくない」とか「それはおかしい」と言う人はいるでしょう。それは多分、単独とかノンストップの世界一周レースの規則を参照して「駄目だ」と言ってるんだと思います。だけど、「他からの援助をもらってはいけない」とかはヨットレースだけの話です。

僕は、そんなことはどうでもいいと思うんです。というのは、大事なのは彼女がどう思っているかということですから。基本的には自己満足の世界だから、おのおのの価値観で判断したらいいと思うんです。

高嶋：「自分が冒険であると思えばそれは冒険だ」ということですか？

堀江：以前、南極大陸を横断した人がおられて、そして、その人が出発前に言うてたゴール地点が、天候の具合かなんかでちょっとずれたんです。横断はしてるんだけど、予定のコースから少しずれた。するとメディアで「それはどう思うか」っていう議論が起こった。なんとかケチをつけたいと思ってるんでしょう。
あるメディアが僕に意見を聞きにきたんで「それぞれの主観でいいんじゃないですか」と答えたんです。そんなこと言い出したら、例えばコロンブスの航海は失敗やったという話にもなる。インドや言うてたのにカリブ海やったわけですから。
大野：ともあれ今給黎さんは、そういう批判を受けてる。和泉雅子さんが北極点行ったときには、定期的に空輸のサポートを受けて燃料、人員、食料などを補給していたこと。しかも食料でいえば、ステーキやウナギのかば焼きを食べ続けていたことに対する批判があります。本多勝一さんは「あれはショーだ」と言っている。
堀江：それは、今日の話の最初でも言っていた冒険の定義によりますよ。僕は、個々人の定義でやれば、それがたとえショーであってもいいと思うんです。かば焼きであろうがすき焼きであろうがどうでもいいと思います。
大野：要するに自分がそれでいいと思えばもうそれでいい。
堀江：それでいいと思います。「おかしいから受け入れられない」という人がいたら、もうしょうがない。こっちが「受け入れてくれ」って言ってもしょうがないでしょう。大野さんはどう思いますか？
大野：僕も自己満足でいいと思います。逆に、「それ以外に何があるの？」って思います。
もう一つの質問は、最初の六二年の航海は、出国許可も出ない、パスポートも持ってない、誰もやったことがないという意味で、すごいハードル高かったと思うんです。これをやったときと、これ以降の、小型ヨット、ソーラーパワー、足漕ぎの航海とでは、気持ちやモチベーションの変化があるんですか？
堀江：小型ヨットもハードルは高かったんですけどね。ソーラーパワーも足漕ぎも、実際にはものすごくハードルは高いんですよ。例えば西回りの単独無寄港世界一周にしても、四一年経った今でも日本人でこの記録を破った人はまだいないですからね。西回りやった日本人は、僕以降一人もいないんですよ。[19]
大野：えっ、そうなんですか？　堀江さん以外にいないんですか？
堀江：いないんです。西回りノンストップをやった日本人は、僕が唯一なんです。東回りは何人もいるんですけど。西回りは、東回りよりも比較的難しい。
想像だけではピンと来ないと思います。たとえば、ヨットのサイズに関して言えば、実際に、小型ヨットと別のヨットを海に浮かべて乗ってみたら、難易度が全然違うことがわかります。ただし、どんな航海をしても「これは大変なんだ」「これは難しいんだ」ということを、僕は言いたくない。今までも、言っていないつもりです。

大野：言葉にはしないけど、自分の中ではハードルをどんどん上げていってるんですね。

堀江：六二年の航海は、多くの日本人がヨットを全く知らなかった時代だったから、社会に与えたインパクトは大きかったと思うんです。だけど、それは技術的な難易度とは別の話です。六二年以降の航海については、東回りを除いて、僕以外には誰もやってないんです。

高嶋：挑戦する人はいるんですか？

堀江：いやー、何の役にも立たない馬鹿馬鹿しいことですから、やる人はいないんじゃないですか。詳しくは知らないけど。

だから僕にしてみれば、六二年の航海が簡単だったから、次の航海をしたんです。それで、僕のあと、みんなが同じような太平洋横断をやりはじめたから、僕はそれならばと思って、さらに大きさが半分以下の小っさいヨットでやったんです。一番小さいやつで、「これを超えてみろ」っていう感じ。だからいまだに、誰も超えてないでしょ。航海したのは八九年だったから、もう二六年になります。記録は更新されていくものです。だけど僕の場合は、今のところ幸いなことに、記録が残ってる。[20]

高嶋：大変な記録だという実感はあったんですが、難しさのハードルが上がってるっていうことは、本を読んでいてもわからなかった。

堀江：だいたい、今日まで挑戦者が現れておりません。そろそろ記録更新を期待しております。

鈴木：本日は長時間ありがとうございました。お話を聞いて、ご自身の生き方と、戦後日本の社会の変化が重なり合うなかで、「堀江謙一」という歴史を変えた人物が誕生したのだなということがよくわかりました。今日はお忙しいなか、お時間をいただき、ありがとうございました。

高嶋：貴重なお話を聞くことができました。堀江さんの冒険観を聞いてたいへん勉強になりました。どうもありがとうございました。

大野：とても面白い冒険論でした。どうもありがとうございました。

堀江：いいえいいえ。こちらこそ、どうもありがとうございました。

注

1　一九五三年、ニュージーランド人のエドモンド・ヒラリー（一九一九年うまれ）とネパール人のテンジン・ノルゲイ

（一九一四年うまれ）がペアを組み、イギリス隊として人類史上初めてエベレストに登頂を果たした。
2　一九七五年、の植村（一九四一年うまれ）と松浦（一九三四年うまれ）のペアが日本人として初めてエベレストの登頂に成功した。
3　ヨット、モーターボートの雑誌『舵』（現在は『ＫＡＺＩ』）は一九三二（昭和七）年五月に創刊した。
4　一九三一年うまれ。ジャーナリスト。植村について書いた『植村直己の冒険』など冒険に関する著書多数。
5　一九八〇年に創業された旅行代理店。格安航空券を販売するという当時としては画期的な経営戦略で急成長した。
6　一九四七年うまれ。作家。一九七〇年代前半、沢木は日本を飛び出しインド・デリーからイギリス・ロンドンまで乗り合いバスで旅をした。この旅をもとにして書かれたのが『深夜特急』である。
7　一九二〇年うまれ。人類学者。大学時代から登山や探検などに没頭し、世界各地の「秘境」を冒険した。
8　一九三二年うまれ。作家。評論家。留学先のアメリカから日本に帰国するまでの世界放浪記『なんでも見てやろう』は出版されると同時に大きな反響を得た。
9　一九三五年うまれ。指揮者。音楽の勉強をするために、一九五九年にスクーターで単身でヨーロッパに向かう。欧米での生活を描いた作品が『ボクの音楽武者修行』である。
10　一九二四年うまれ。ヨット・セーラー。一九六〇年に友人三人と一〇カ月をかけてヨットで大西洋横断（ヨーロッパ～アメリカ）を果たす。この航海記『素晴らしいヨット旅行』は一九六二年九月に出版された。
11　一九三五年うまれ。冒険家。
12　一九六五年うまれ。ヨット・セーラー。一九九一年から九二年にかけての二七八日で、ヨットによる単独無寄港世界一周を達成した。
13　一九三一年うまれ。映画監督。一九七五年、単独でサイパンから沖縄までの漂流実験を行うなどした。
14　一九二四年、フランスうまれ。医者。一九五二年、ゴムボートによる漂流実験を行い大西洋横断に成功する。
15　一九五六年うまれ。アナウンサー。二〇一三年に岩本光弘と組み、福島県からアメリカ・サンディエゴを目指し出航。しかし途中でヨットが浸水して救難艇にて脱出する。その後、海上保安庁と海上自衛隊の連携によって救助された。
16　一九六〇年うまれ。ヨット・セーラー。一九九一年に行われた外洋ヨットレースに「たか号」で参加。しかし途中で転覆し、救命ボートで二七日間の漂流後、七名の乗組員の中で唯一生き残った。
17　一九四九年うまれ。登山家。一九九六年、エベレストに登頂し、田部井淳子につづいて日本人女性としては二人目のセブンサミッターになるも下山せず。
18　日本で屈指のヨット設計者。
19　日本人による西回り単独無寄港世界一周という記録は二〇一九年一月現在破られていない。
20　この記録も二〇一九年一月現在破られていない。

第八章　『サイクル野郎』に見る一九七〇年代の自転車日本一周の意味と価値

坂元正樹

一　個人にとっての冒険、その一例としての『サイクル野郎』

1 冒険へのあこがれ

一般人の海外渡航が制限され、海外での冒険には学術探検という名目が必要であった一九五〇年代を経て、一九六〇年代には個人が海外へと出ていくことが可能となり、違法に出国した堀江謙一などを筆頭に、世界を股にかけて冒険や放浪の旅をおこなう者が次々と現れてきた（第七章、第十章を参照）。同時に、人々は新聞や書籍や映画（コラム4を参照）、そして新たなメディアであるテレビ（第九章を参照）をも通して、よりリアルに彼らの冒険を知り、追体験し、あこがれを抱くことができるようになった。そうしたあこがれ自体は、老若男女を問わず持ちうるが、とりわけ年若き青少年が強く抱くことに異論はないであろうし、さらにはあこがれにとどまらず、実行へと移そうとするのも、若さゆえの特権であろう。しかし、メディアで大きく取り上げられるような、スケールの大きな、パイオニアワーク的な冒険（第十章を参照）をおこなうまでに至るのは、そのなかでもほんの一握りの者である。その他大勢の人々、そして後には大きな冒険をおこなうことになる者も、大抵の場合は、まずはより小さな、しかし本人にとってはパイオニアワークである冒険をおこなうか、おこなわないか、というところから、出発することになる。そのような個人的な冒険においては、それが冒険へのあこがれを満たすかどうかが、本人にとって極めて重要な問題となる。そして、その判断基準は、おこなう本人各自がみずからの中に持っているものではあるが、これも大抵の場合は、時代状況や周囲の人間の目によって左右され揺れ動くものであるのではないだろうか。加えて、さまざまな現実的な問題が目前に横たわり、「やりたい冒険」と「やれる冒険」とを見つめながら、人は日々葛藤しながら生きていく。

本章では、一九七〇年代という時代における、ある一つの冒険をとりまく葛藤のありようを、『サイクル野郎』という漫画作品を通して、追体験する形で理解していきたい。

2 資料としての『サイクル野郎』

『サイクル野郎』は、荘司としおによって週刊少年キングに一九七二年から一九七九年にかけて連載され、単行本全三七巻は一九七四年から一九八〇年にかけて出版された。この作品は、主人公の丸井輪太郎による約二年間の自転車日本一周を主題とし、作中では、ともに旅をする矢野陣太郎や日高剣吾をはじめとした、多くの登場人物との交流や、当時の日本各地の風物が、こと細やかに描かれている。フィクション作品ではあるが、一〇年前に自転車日本一周を行い、旅行記も出版していた担当編集者小林鉦明[1]の協力と、作者の現地取材などを通して、読者にリアルな情報を伝えていた。現代から見れば、一九七〇年代当時の日本各地の街並みや観光名所の様子、そして当時の自転車旅行の装備やサイクリング文化を後世に伝える貴重な資料でもあり、物価や社会状況の変化、時事的な出来事なども読み取ることができる。そうした多様な情報を得ることが可能なこの資料を用いて、ここでは、一九七〇年代における自転車日本一周が持つ意味や価値の変遷に着目し、「自転車日本一周」及び「武者修行」というキーワードについて、「アルバイト」、「青春」、「冒険」といった言葉との関連から、考察を進めていく。

二　武者修行とアルバイト

1 出発当初の「武者修行」

自転車屋の息子輪太郎とその同級生の陣太郎は、高校受験に失敗し、高校へ進学[2]せずに家業を継ぐ前に、武者修行として自転車による日本一周へと旅立つ。長い道中で紆余曲折はあるが、武者修行のための自転車日本一周という基本設定は変わらない。

連載第一回の冒頭[3]、輪太郎の最初の出発時[4]には、輪太郎の父がおじいさんの遺影[5]の前で膝をつき、「おとうさんせがれの輪太郎も一人前の自転車野郎になるために…ついに……武者修行にでかけることになりました！」[6] [1-54]と報告している（図1参照）。ここですでに、「武者修行」という作品全体を貫くテーマが提示されている。

作品冒頭で「一人前の自転車野郎」になるための手段と

図１　輪太郎の出発に際し、父親が祖父の遺影に報告する場面（1巻54頁）

して提示された武者修行だが、その後も道中で「なぜ、なんのために」自転車日本一周をやっているのか、という問いに答える形で、繰り返し使用される。最初に輪太郎が自らの旅を武者修行と称するのは、出発して数日後、秩父越の手前で、子どもたちに対してカッコ付けて、「ま…しいていえば一人前の男になるために　全国自転車武者修行とでもいうか……」[2-121]と言う場面で、ここでは「カックイ～～!!」「武者修行だってよ」「むかしのさむらいみたいじゃん!!」「いや……高倉健みたい!!」[2-122]と望みどおりの反応を得ている。しかし、この理由は大人相手にはそれほど受けがよいものではなく、蕎麦の出前持ちで自転車に乗っているおじさんには「へえ!武者修行………あそびにもうまい理屈がつくもんだて」[2-177]と返され、へこまされる。この直前に泊まったユースホステル（以下、YH）でも、一〇年も前にアルバイトをしながら日本一周をやりとげたという青年（横道信也）に出会って衝撃を受けていたこともあって、まだ出発して数日程度しか経っていない段階で、自転車日本一周武者修行というお題目に疑問を抱く。


〈輪太郎（以下、輪）〉「道でであうほとんどがはたらいている人たちゃ通勤の自転車だ……　いったいおれたちのやってる日本一周ってなんだろうな……?」

〈陣太郎（以下、陣）〉「きまってるじゃんか全国自転車武者修行でげす」

〈輪〉「武者修行といえばきこえはいいが……　けっきょく他人からみればていさいのいい理屈をつけてすき勝手にあそびまわってるふうにみえるのかも」

〈陣〉「よせよ!いつもの輪ちゃんらしくもねえ～～」「とにもかくにもおれたちゃ日本一周に出発しちまってるんでがす　理屈はどうあろうとやりとげるのが男の道でげすよ」

〈輪〉「ふふ……そのとおりかもしれねえ　たまにゃおまえもいいことというぜ……」[2-185]

ここでは、同行している陣太郎に「やりとげるのが男の道」と言われ、輪太郎もひとまずは納得する。この、始めてしまったことだから「やりとげる」のが「男」である、という論理も、作品を通底して流れるものとなる。しかし、まわりの大人たちから、いい若者が働きもせずに遊びまわっている、とみなされることを避けるためには、また別の理屈が必要とされ、彼ら自身にとっても、つらく苦しく長い旅を続けるなかで、より強い理由や信念が必要とされるようになっていく。

2 アルバイトをめぐる環境の変化

出発当初は、日本一周全体の見通しもまだ持っておらず、「資金のとぼしい中でできるだけ節約して忍耐力で走破する」[2-165] つもりだったようだが、現実に旅を始めてみると、最初に持って出た数万円程度の所持金[7]では心細く感じていたこともあり、輪太郎たちは道中でアルバイトをして、自分でお金を稼ぎながら日本一周を進めていくことに決める。その結果、自転車で日本一周していると聞いて「せいぜい羽をのばしてバカなことをやったあとは　まじめにはたらくんだぞ!!」[2-182] と言っていた野菜売りのおじさんも、バイトをしている二人を見て、「えらい!」「ただのあそびの日本一周じゃなかったんじゃの　バイトして自分の力でやろうとする心がけ気にいったあ!!」[2-220] と言ってくれるようになる。また、バイトをしていると知った輪太郎や陣太郎の父も二人の行動を評価し、手紙にも「他人のめしを食って働くのは一人前の男になる為にはいい修行だ　カゼひくな　つらくとも自分の決めた道はやりぬけ!」[3-12] などと書いて励ましてくれた。

こうして、資金の目処をつけると同時に、日本一周をさらに価値の高いものにしたアルバイトだが、旅の序盤で東北、北海道を回っている間は、飛び込みでも比較的容易に住み込みで働かせてもらえて、旅館などから逆に短期バイトの誘いを受けることもあった。そこまでは、武者修行として自分でお金を稼ぎながら、自転車で日本一周をしているというだけで感心され、歓迎されていた。しかし、連載期間で三年ほどが過ぎ、輪太郎たちが北海道から折り返し、東京を経て東海道を下る際には、「旅のおかたはどうもねえ……　たしかな保証人でもあれば話はべつですが…」[17-173] などと、何箇所もバイトを断られ続けることになる。

飛び込みの短期労働が困難になっていく描写は、土地柄の違いや、オイルショックとそれに続く不景気による影響など、現実社会の状況を反映させたものであったのだろう。ともかく、親に泣きをいれて頼ることもいさぎよしとせず、お金を稼ぐ手段も断たれた輪太郎は、口がきけないふりなどもしながら、なんとか旅を進めていく。その途中で、銀行強盗を未然に防いだ手柄により警察からもらった感謝状が、信用を得る決め手となり、住み込みで働かせてもらえるようになる。しかし、そうやって働かせてもらえたのが、浄化槽清掃業（汲み取り屋）[8]やチンドン屋といった、人が嫌がるような職業であったのもまた、当時の現実を反映したものだったのであろう。

3 家業を継ぐための修行としてのアルバイト

一方そのころ、輪太郎と別れて一人で日本一周を続けていた陣太郎は、旅の詩を書いて五〇〇円で売ることで、資金を得ていた。だが、詩を売りながら自転車で日本一周をしていると言って親切な人に泊めてもらい、窃盗をはたらく人があらわれ、その人と間違えられて事件に巻き込まれたことをきっかけに、陣太郎は詩を売るのをやめる。

そして、その後の陣太郎は、実家の家業である寿司屋にてバイトをするようになる。輪太郎も自転車屋でバイトをしているが、輪太郎の場合は、自転車で日本一周旅行をすること自体が、自転車屋を継ぐための修行と言えなくもなかったし、親子ともにそのような認識も持っていた。しかし陣太郎の場合は、日本一周自体は、人間的成長をうながす以上のものではなく、理解ある父親によって応援されてはいたものの、輪太郎よりも動機づけや修行としての価値が低くとどまっていた。だが、連載開始から約五年がすぎ、日本一周も半ばをすぎた四国で、はじめて寿司屋でのバイトを経験し、その後も他の土地の寿司屋で働くようになる。

〈陣〉「おれ……家をはなれてはじめて寿司屋のほんとうの修行をしてるでがす」「おやじのところで手伝ってた頃はついついあまえがでてほんとうの仕事がおぼえられなかったでやんすが…　いまは毎日が真剣勝負でがす！　旅に出てこんな充実した気持ちになったのははじめてでがす」[26-123]

寿司屋で修行したことによる成果は、残念ながら得られなかったことが物語の最終盤で示されているが[9]、寿司屋で働いているというだけで、親を安心させることができ、親への不孝をやわらげ、自分にとってもこの旅の修行としての価値を高めることが出来ていた。

しかし、輪太郎の場合ですら、出発前に幼馴染のかおるちゃん[10]から言われた、「自転車で日本一周したってなんの意味もないでしょう」「そのぶんおとうさんのお店でいっしょうけんめいはたらけば一人前の自転車屋さんにはやくなれるわ」[1-177]という言葉が、真実を突いていることは否定しがたい。家業を継ぐための武者修行という言説は、体のいい方便であることからは抜け出せないのである。

三 「武者修行」から「青春の記念碑」へ

1 出立時の動機とその変化

かおるちゃんに事実を指摘されたその日の夜に、輪太郎は二回目の、本当の自転車日本一周へと旅立つ。そこで彼は、より本心に近い旅立ちの動機を以下のように吐露している。

〈輪〉「とにかくおれは日本一周をやりとげないうちは本気でほかのことにうちこめない気がするんだ」「こんなオンボロ自転車屋にだけ……一生くすぶるなんてごめんだ」[1-183]

〈輪〉「全国にゃいろんな自転車屋………」「そして自転車乗りがいる　そういう連中とハダでふれあいたい」[1-184]

こうした思いは、旅を進めていく間に、しだいに具体的な形を持った、より強い動機へと変化していく。輪太郎はさまざまな事件にまきこまれながら、苦労を重ねつつ旅を続け、父や母が病気になっても、日本半周以上も苦労をともにしてきた友が事故に遭い二度と自転車に乗れない身体になっても旅を続けていく。それは、当初からの、「日本一周するのは理屈じゃねえや」「ほかのやつらが聞いたらばかみたいなことでもおれにとっちゃだいじな意味のあることなのさ　この……日本一周をやりとげなけりゃ」[2-18]「これからのおれの人生はなにをやってもだめな気がするんだ」[2-19]という思いを引き継いだものであると同時に、道中で多くの人々からの親切や応援を受け、旅に出たくても出れない事情を持つ人々とふれあうことによって、強められていった思いに突き動かされてのものでもあった。

輪太郎たちは旅のなかで、多様な自転車乗りたちと出会う。彼ら彼女らとの交流、そして時には競争や対決へと発展する対立（そしてその後の和解）は、いかにも自転車武者修行といった体裁をもつエピソード群である。しかし、そうした人々以外との、すなわち自転車乗りではない人々との出会いと交流もまた、輪太郎たちを変化させ、成長させる糧となっていった。自転車日本一周の価値を認めてくれている相手との対話では、自分たちの主張を披露すればそれで済む。しかし、「自分たちの日本一周」を理解してくれない相手と対峙した場合には、あらためてその行為の意味や価値について掘り下げて考えさせられることになる。その過程を通して、より深く自らの旅と向かい合い、自転車日本一周への意味付けをあらたにしていく。

2 自己鍛錬としての武者修行の旅

「日本一周」にしても「武者修行」にしても、その行為の価値や立派さを共有してもらえない相手に対しては、より具体的な意味や理由を説明する必要がでてくる。作中で語られる理由は、その多くが、たとえば、「しいていえば自分の体力の限界をためすです！　それに…　この目でこの足で自分の住む日本という国のすみずみまで見てまわりたい　そういうためでもあります」［13-78］という発言にみられるような、限界をためす、日本を見てまわる、という二種類のどちらかに大別できる。

前者の、限界や可能性をためすという言説は、物語の前半では自己鍛錬を標榜するものとして表れてくる。これから冬になるという時期に東京からわざわざ北に向けて出発したのも、「冬にむかって北をえらんだのは自分の限界をためしたかった」［3-211］ためであり、その後も、悪路や山道、風の強い海沿いの道などを好んで選び走る。高熱を出しフラフラしている状態でも、「なぜ……？　そんなつらいおもいまでして峠へ登る必要があるんだ？…」「わざわざ高い山に登らなくても日本一周はできるんじゃないのか？　それなのになぜ……？　なぜ？…」［16-224］と自問し、「自分でもなぜこんなおもいまでして……登るのか　わからん」「ただ……」「楽をして日本一周するより　自分のぎりぎりの限界に挑戦してみたいんだ」［16-224］と自答しながら、苦しい道を選びつづける。その結果、幾度も崖から落ちたり行き倒れたりして、さらなる苦境へと陥ることもあるが、それらをも乗り越えて旅を続けていく。そうした無謀とも言える行為を積み重ねていくのは、自分たちの旅に明確な価値や意味を見いだせず、旅を通しての成長もなかなか実感し難いことからの、焦りによるものでもあったのだろう。そうして（作中時間で）一年以上旅を続けてきても、未だ輪太郎は悩み続ける。

〈輪〉「全国武者修行とか…すべてをぶっつけて日本一周の旅で自分を試したいとか…理由をつけて旅をしてきた　そしてもう東京をでてから1年と5か月だ…　金欠のためバイトをやるからよけい日数もかかるんだがな　だがよはたしてその……1年5か月日本半周をして武者修行を半分でも成しえただろうか……　本当に自分は苦しい旅を続けて人間として成長しただろうか…？　時々疑問に思うんだ………」［21-47］

それでも、苦労を積み重ねてきたことにより、自分らの旅の価値に自負を持つようにはなるのだが、それもたまたま雨宿りをさせてもらった民家のおじさんからの一喝で、揺らぐような不安定なものであった。

〈輪〉「おれたちはバイトをして1年9か月も苦労の連続で日本一周続けてきた事を　いつのまにか世間に対してほこっていたんじゃないかな…」「〝初心忘るべからず〟というがおれたちゃ長い旅を続けてるうちに　出発当時のような謙虚なひかえめさもいつのまにか忘れちまったしよ」[30-139]

しかし、そうした経験と自問を繰り返すことにより、「あのおじさんのいうように日本一周なんてちっとも偉くはないんだ!!　要は……日本一周をどういう風にやったかという事で…　おれたちの旅の価値がきまるんじゃないかなあ」[30-139]といった境地を経て、物語後半の主題となる、「青春の記念碑」としての日本一周が見出されてくる。

3 若さと青春、青春の記念碑としての日本一周

物語の序盤から、道中で交流をもった人々には、自転車日本一周を、若さ、若者といった言葉と結び付けられて評され続ける。[11]だが、輪太郎たちが自分たちの旅を、自らの若さと結びつけて、青春という言葉を使いながら語るようになるのは、物語も後半に入ってからである。作中で最初に「青春」という語が使われ、日本一周と結び付けられて語られるのは一三巻で、「日本一周」という旗を掲げて走ろうとした陣太郎に対して、輪太郎が「おれたちの日本一周は別に世間に宣伝するのが目的じゃねえんだぞ」「自分の体力の可能性の限界をたしかめながら…　つまり全国自転車武者修行と言うか……」「他人にとっちゃ日本一周なんて意味のないことかも知れん…　しかしおれたちにとっちゃ青春をおもいっきりぶつけても悔いのない意義のあることなんだ　そんなおれたちの心が1枚の旗で道ゆく人に理解してもらえると思うか!!　え!」[13-54]（図2参照）と批判する箇所だが、頻繁に使われるようになるのは二一巻以降である。しかも、「青春の記念碑」という言葉を最初に使ったのは輪太郎でも陣太郎でもなく、ナマハゲ（日高剣吾）であった。[12]その直後に、元ローラースケート日本チャンピオンで、競技生活一筋だった青春時代を取り戻すために、ローラースケートで日本一周をしている、三三才の山川隆という人物に出会い、「きみたちは青春のどまん中にいるんだ!」[13]という言

葉を得て、輪太郎たちは自らの「青春」への自覚を強める。続いて陣太郎が、一人で一足はやく到達した大阪で、荷物ごと自転車を盗まれるという目に遭い、「しかし…自転車は買えても長い間の旅の記録のノートや写真はかえってこないでがす…」[22-54]と、（一時的にではあるが）旅の記念となるものを失って、その意味と価値を思い知らされる。

だが、なによりもその後の輪太郎たちの旅の意味に大きな影響を与えたのは、日高が二四巻で崖から転落する事故を起こし、日本一周を断念するどころか、二度と自転車に乗れなくなる怪我を負った事件であろう。共に旅をした友人が一時は命も危ぶまれる大怪我をしたことにより、それまではなにがあっても応援し続けてくれた輪太郎の父も、「友達が死ぬ目にあってるのにのんきに…旅でもねえだろう」[24-71]と言うようになる。現地の病院で輪太郎、陣太郎とその父親たち四人が一堂に会した際には、四人共涙を流しながら、〈輪父〉「じゃが…1年半も旅をつづけたんじゃ　これでやめても悔いはなかろう…」〈輪〉「あ…　ああ」〈陣父〉「陣太郎！おまえにしちゃ家を離れてここまで旅をつづけられたのは上出来だ」[24-93]といった言葉をかわし、輪太郎たちも一旦は自らの日本一周をここで終えようとする[14]。

しかし、最終的には輪太郎と陣太郎は、旅を断念するよりもつらく悲しい思いを抱きつつ、日高の意思をも継いで、日本一周を継続し、完遂することを決意する。だからといって、日本一周が他人のためのものになったわけではないが[15]、日高がいい始めた「青春の記念碑」という言葉がこのあと頻繁に用いられるようになるのは、日本一周を中途で断念せざるをえなかった仲間への思いの表れでもあったのだろう。そして、彼らの「日本一周」という「武者修行」は、鍛錬の場であるという意味から抜け出し、「青春の記念碑」として、やり遂げられなければならないものとなっていった。

図２　自転車に「日本一周」の旗を付けた陣太郎を批判する輪太郎（13巻54頁）

四　日本一周と世界一周

1　一九七〇年代の自転車と旅行の変化

オートバイや自動車などではなく、自転車という手段で日本一周することの意味として、連載当初の一、二年は、バイコロジーという言葉が前面に押し出されていた。[16]これは、現代文明やモータリゼーションの進行へのアンチテーゼとして、公害を発生させない自転車を見直そうという運動で、一九七一年にアメリカで提唱され、翌年には日本にも広がり、オイルショックが起きたこともあって、翌一九七三年にはさらなる広まりを見せていた。この一九七二年から七三年にかけては、日本国内の自転車生産台数が大幅に伸びて頂点を極めた時期でもあり、一九七一年には五〇〇万台弱だったものが、七二年には七〇〇万台強、七三年には九四一万台を記録した。[17]一九六〇年代末頃から増加していたスポーツ用自転車の生産台数も、一九七〇年には約一〇〇万台であったが、一九七二年から七四年にかけては、二〇〇万台を超えており、生産台数だけをみても、一九七〇年代前半に自転車ブーム、サイクリングブームが起きていたことが見て取れる。作中には新しい自転車道の工事や開通が描かれている箇所があるが、現実でも一九七〇年に「自転車道の整備等に関する法律」が制定され、一九七三年頃から各地で自転車道が建設されていった。一般の道路についても、作中でも描写されているように、一九七〇年代前半ではまだ地方に行くと国道ですら未舗装の砂利道が存在していたが、一九七〇年代の後半には、地方でも幹線道路は舗装されているのが当たり前となっていった。スポーツ車の台数が増え、性能も向上し、道路環境も改善が進んだ結果、長距離サイクリングをする人が増加し、一九七〇年代後半には自転車日本一周も珍しいものではなくなっていく。また、スポーツ車だけでなく、ミニサイクルや後のママチャリに近い軽快車も急激に増加したために、一九七〇年代後半には駅前駐輪自転車が社会問題化するなどの問題も起きていた。[18]

このように、『サイクル野郎』の連載がはじまった一九七二年から、連載が終わる一九七九年までの間で、自転車やサイクリングを取り巻く状況は大きく変化していった。輪太郎たちが全国各地で利用したＹＨも、一九七二年には会員数六三万人台、ホステル数五八五箇所まで増加するが、以後減少し、一九七九年には会員数三八万人台にまで落ち込んでいる。[19]これは一九七〇年代に入り、国民宿舎や国民休暇村などの、他の安く泊まれる宿が増加していった影響もあるが、旅行のありかた自体の変化が進んだ結果によるものでもあった。一九七〇年から始まった国鉄の「ディスカバー・ジャパン」キャンペーンに始まる国内個人旅行の増加とその様態の変化は、日本交通公社の国内パック旅行ブランド「エース」の創設（一九七一年）と多様な展開、『an·an』（一九七〇年創刊）及び『non-no』（一九七一年創刊）によって生み出されていく「アンノン族」のひろまりなどをともないながら、旅行の大衆化、商品化を進行させていった。海外へと渡る日本人も、一九七〇年の六六万人から、一九七二年には一三九万人へと倍増し、その後も増加を続け、一九七九年には四〇〇万人を超えていた。[20] そうしたなかで、輪太郎たちは、各地で人との心のふれ合いを求め、日本のすみずみまで自分の目と足で見てまわる、というスタイルの旅を継続していく。

2 自分の目と足で日本を見てまわる

輪太郎は、まだ日本一周に出発してまもない時期から、この旅を、自己鍛錬の旅であると同時に、「日本をこの目この足で見てまわる」見聞を広めるための旅としてとらえていた。[21] 同じ志をもつ先輩と言える、リヤカーを引いて日本一周を目指して、すでに二年も旅を続けている玉本との出会いと対話を得て、その思いはさらに強められる。

作中の背景にもたびたび看板として登場する、昭和四八年（一九七三年）の交通安全年間スローガン「せまい日本そんなに急いでどこへ行く」にも後押しされ、先を急ぐ他のサイクリストたちに対しては、「日本一周ユックリズム」の旅を標榜する。さらにそこへ、「日本人として日本をもっと知るべきだと思って　日本の各地をこの足でこの目で見てまわって社会勉強でもと……」[8-75]という理屈をつけることによって、自らの旅の意義と価値を高めることに成功する。もちろん、多くの苦労と経験を重ねてきたという自負によるところも大きいだろうが、自分たちの日本一周の形に自信を持つことができていたからこそ、一九七〇年代も後半となり、（物語中でも現実の変化に合わせて、）自転車日本一周が珍しくない時代となっても、ゆるぎなく「おれたちだけの旅」を続けていこうとすることができていたようにも見受けられる。

〈陣〉「輪ちゃん日本一周してる人がそんなにたくさんいるんじゃ　ますますわれわれの旅の値打ちもさがるでげすねえ〜〜」「出発当時は日本一周してるというだけで　ビックリされたり大歓迎されたのに……」「1年10か月（引用者注：現実では約六年）もモタモタ旅をしてるうちに時代がかわってきたでげすねえ　この分じゃ全国では日本一周をしてる人が何百人いるかわからない

でがすよ〜〜〜」[32-21]

〈輪〉「しかしよ日本一周をやるといって旅に出たサイクリストが全員完走できるとは限らんぜ」「軽い気持ちで日本一周に出て途中で挫折するやつだっているだろうし」「はやまわりで主要国道だけを走るサイクリスト列車などで輪行して観光地だけを走るもの（以下略。いろいろな形の自転車日本一周がある：引用者挿入）」[32-22]

〈陣〉「輪ちゃんおれたちの旅がほんとうの日本一周かもしれないでげす！」

〈輪〉「さあそいつはどうかわからんがよ……　ようするに日本一周なんてだれのためのものでもないんだ！」「自分自身が満足出きる旅が出きればそれでいいんじゃないの…　たとえ何百人日本一周していようとおれたちはおれたちだけの旅なんだ!!」[32-23]

3　ちっぽけな「日本一周」

しかし実際には、こうした言葉は、いまさら途中でやめることはできないという意識からくる強がりが多分に含まれているものであった。自転車による日本一周が珍しいものでなくなってきたのみならず、「世界一周」までもが身近なものとして立ち現れてくることにより、彼らの「日本一周」は、よりちっぽけなものとなってきていたからである。

物語の前半から中盤にかけても、世界一周をしている外国人旅行者や、世界一周を目指しているという日本人サイクリストとの出会いはあった。しかし、目の前の日本一周すらおぼつかない状況の輪太郎たちにとっては、世界を巡る外国人旅行者は別世界の人間であったし、（特別注文で一五万円かかったという自転車を見せながら）「これで世界一周をするのがぼくの夢なんですよ」[10-219]と北海道で語った男は、輪太郎たちのニセモノになりすまして、YHなどでちやほやされて喜んでいるような人物であり、そこで語られている世界一周は、実行するのは困難な、単なる夢でしかなかった。[22]

だが、一九七〇年代も後半に入り、自転車日本一周が珍しくない行為となり、外国へ旅行する日本人も増え、作中でも名前が挙げられている植村直己[24]や池本元光[23]など海外を冒険してきた日本人も次々と現れてくる時代になると、世界一周をしている外国人[25]の以下のような言葉も、無視できないものとなってくる。

〈ジャン〉「あなたたち日本一周おわったらどこの国行きますか？」

〈輪〉「別に……　日本一周でおわりのつもりですけど」

〈ジャン〉「ハッハハ　ノン！ノン！　日本の国小さい小さい島国自転車でまわったらすぐにおわりまーす」[31-139]
〈ジャン〉「いまは世界一周の時代ネ　ワタシ日本へくる前にも3人の世界一周旅行者に会いました　みんなたのもしい英雄（ヒーロー）です！　ちっちゃな日本一周ダメネ!!　世界一周しないと本当の英雄になれない」
〈輪〉「（顔を赤くして：引用者挿入）…………………」（カ〜〜ッ）
〈輪〉「ちっちゃな日本一周はダメだと!!　世界一周しないと英雄になれないだと——!!　べらぼうめ！」[31-140]

図3　挫折に涙ぐむ輪太郎（34巻165頁）

YHのミーティングでも、主役はジャンにとられ、陣太郎は、「やっぱしもうジャンのいうように日本一周の時代というより　世界一周の時代なんでがすかねえ」[31-167]とこぼし、世界一周をより強く意識するようになる。輪太郎も、「ジャンがいってたが……　ちっちゃな日本一周なんかより　いまは世界一周でもしないと英雄になれないじだいなのかなあ」[32-15]などと言うようにもなるが、「まず日本一周を完全にやりとげなきゃ　世界一周に出発するかしないかはそれからのこった…」[32-16]と気を引き締める。だが、もうすでに彼らにとって、世界一周は夢物語ではなくなっていた。

さらにその後、福岡のYHでも、七年間で三二万キロの世界一周サイクリングをしてきた岡村洋介という人物に遭遇し、自転車による世界一周が現実的な冒険であると認識させられ、自分たちの日本一周を本当にちっぽけなものと考えてしまうようになる。そのため、このときすでに痛めていた目の状態が悪化し、病院では一ヶ月以上の入院が必要と言われ、日本一周の継続が困難になってしまった輪太郎の心の中での嘆きは、よりいっそう悲壮なものとなる。（図3参照）

そして輪太郎は、自己を犠牲にしてまで献身的に助けてくれる陣太郎を、鉄道で東京へ帰ると騙して振り払い、目の治療を拒否して、ほとんど見えない目で旅を続け、ついには力尽きる。だが、旧知の女性自転車乗りのミキに助けられ、陣太郎の協力や医者の好意もあって、入院して手術を行い、快復して日本一周を続けることとなる。友人たちの助けを借りつつ大きな困難を乗り越え、その後もあらたな人々との出会いを重ねるなかで、輪太郎は迷いを振り切り、日本一周への思いをより強固なものとする。[26]

五 『サイクル野郎』と「冒険」

1 輪太郎にとっての「冒険」

冒険もしくはアドベンチャーという言葉は、この作品全体を通して、非常に限られた文脈でしか使用されていない。一般的な感覚からすれば、彼らの旅自体が冒険旅行であり、旅の道中で遭遇し巻き込まれる事件の数々は、冒険物語を彩るサブストーリーであるとも言えるのだが、この作品では一貫して、[27]彼らの「旅」は「冒険」とは異なるものとして区別されている。

この章の締めくくりとして、本書全体のテーマである「冒険」が、主人公たちの「自転車日本一周の旅」と、どのように対比されているかを示しつつ、輪太郎の旅の結末へと話を進めていく。

東京を出発した輪太郎が、北海道に渡り、日高や陣太郎と一旦別れて一人旅を続けている途中の石狩町で、「アドベンチャー」に無邪気な憧れを持った、小原正太という人物が登場する。正太は漁師の息子で、自転車いじりが好きで、漁師町でこのまま一生くすぶるのを嫌がり、東京へ出て生活することを望んでいた。そして彼は、輪太郎に触発されて、自分も自転車で日本一周をすると言って後を追いかけて来るのだが、「輪太郎さんがいろいろともってるから使わしてもらえばいいよな」[7-10]といった姿勢で、ろくな携行品も持たずに、「あとは原始的な生活へのノスタルジアをむさぼる野宿でござんすね」[7-17]などと、冒険の雰囲気だけを楽しもうとする。そして、輪太郎に「きみ！ほんとに日本一周する気あんの……？」[7-21]と批判されると、「あんの？……なんてさみしいことばだなあ〜〜」「おれだって先輩に負けないくらいのアドベンチャー精神は持ってますよ〜〜」[7-22]と返す。

ここでは、ロマンやアドベンチャーが、正太というキャラクターとあわせて、どこかうわついた、中身をともなわない薄っぺらなものとして提示されている。輪太郎も出発した当初は夢や憧れに浮かれていたところもあったが、東京から北海道まで旅を続けてきたことにより、現実としての自転車日本一周をしっかりと見つめることができるようになっていた。この両者が対置されることによって、輪太郎の成長と自転車旅行に対する真剣さが、より明確に示されている。

これ以降、作中でアドベンチャーという言葉は使用されていない。そして、このあとはじめて「冒険」という言葉が使用されるのは三〇巻で、しかも冒険旅行とは異なる文脈においてであった。しかしそれ以降、輪太郎たちの自転車日本一周についての言及としてではないが、「冒険（家）」という言葉が、頻繁につかわれるようになる。

たとえば、陣太郎と通りがかりのトラック運転手との会話では、「日本一周がおわったら次は世界一周に挑戦したいとおもってます」「ほう!! もしかしてあんたよう北極を犬ゾリで単独縦断した植村直己みたいな冒険家にでもなろうってのかい?」「いやあ…冒険家なんて……それほど大それた考えはもってないでがす」[32-62～63] と、自分には手のとどかない存在として、冒険家植村直己が引き合いにだされている。

また、輪太郎は浜辺でハングライダーが飛んでいるのを見つめながら、「人間が鳥のように飛ぶって… 素晴らしい冒険への挑戦だよなあ」「おれたちが賭けた……ペダルをふんでの日本一周の記念碑とは違った目的の」「青春の記念碑があすこにもあるのかも…………」[35-46] とつぶやく。ここでは冒険に、地面に縛られた自分たちよりも自由な存在への羨みが込められている。

続く三六巻では、自転車世界一周へのトレーニングとして九州一周をおこなっている、大輪西吉《だいわさいきち》というサイクリストと出会う。そこではまた別の冒険観が提示されている。

〈輪太郎〉「旅と……冒険旅行は違うんですか?」
〈西吉〉「そりゃそうタイ冒険旅行は原始生活をやりながら旅バするけん」「ほとんどお金バかからんタイ」[36-13]

輪太郎は、彼から日本一周を小さいことと否定されたこともあり、当初はゲテモノ食いのサイクリストとして敬遠していたが、彼の野草への知識に感心し、世界一周の目的が、「世界中の野山の生きものや植物を採集したい」[36-21] というものであったことも聞かされて、西吉を博士と呼ぶようになり、しばらく一緒に旅をすることにする。だが、罠にかかった子連れのウサギを殺そうとしている西吉に、おもわず「そのウサギにがしてやってくれませんか!! そのかわりぼくがお金を払います」[36-32] と言ってしまい、「ぼくには…やっぱし…お金を使わない冒険旅行は無理かもしれませんね」[36-33] とこぼす。これは、冒険や世界一周そのものに対しての敗北宣言ではないのかもしれないが、西吉のような知識や野性的生活力を持ち合わせない輪太郎が世界一周をするには、日本一周の場合よりも多くの資金が必要になるという現実を自覚させられた場面ではあるだろう。

2 冒険家とスポンサー、輪太郎の選択

日本一周達成まで沖縄を残すのみとなった鹿児島で、輪太郎はここまで共に旅をしてきた陣太郎が父親の胃ガン手術のために日本一周を諦めて、東京へと帰っていくのを見送る。日高が怪我で日本一周を断念したときと同様に、旅を続ける側も深い悲しみを負う。

フェリーに乗る代金をもっていなかったため、沖縄へと向かう漁船に便乗した輪太郎だが、トカラ列島の噴火とシケで船が壊れて遭難し、漂流する。この事件は「自転車で日本一周冒険旅行中の丸井輪太郎少年（17才）も乗っていた!!」[37-115]という見出しを付されて全国紙の記事となり、東京の家族や陣太郎たち、さらには旅の途上で知り合った日本じゅうの人々の知るところとなる。そしてここで初めて、輪太郎の旅に「冒険」が冠される。

携行品のテントを帆にして風を受け、船はなんとか沖縄に到着する。他の乗組員とともに入院中の輪太郎のところへ、トラベル太平洋という旅行会社の人が、新品のキャンピング車を持参して、世界一周のスポンサーになりたいと言ってやってくる。

（引用者挿入：今回の事件のみならず、日本中でいくつもの事件と関係してきたことを受けて）「ニュースバリュー満点　私どもは冒険家としての丸井君を高く買っており世界一周をされる時はぜひわが社にスポンサーをさせてほしいと社長がおっしゃってますので……」[37-147]

輪太郎はこの申し出に興味を示さないわけではないが、「みんなで力をあわせて助かったのにおれだけ冒険家だなんて特別あつかいされるのがいやなんです」と言って、置いていかれたキャンピング車から、漂流中に釣り針として利用したスポーク二本だけを頂いていく。[30]

作中時間で約二年をかけて日本一周を完遂した輪太郎は、この武者修行の結果、期せずして「冒険家」として認められ、さらなる冒険の旅へと出るためのスポンサーをも得ることとなった。しかし、彼はその申し出を受けない。これ以前にも、別の事件の後に、テレビ局から出演を依頼され、「ぜひＫＲＨテレビに　このあとの旅の資金を援助させてください」[33-141]と言われて、「おことわりします」と即答している。彼は、日本一周を売り物とすることをよ

しとしない。

　そればかりか、陣太郎が日本一周を断念しなければならないと知ってからの輪太郎は、鹿児島で再会した旧知のサイクリストから、「いまや日本一周しちょるサイクリストは数えきれんほどたい…　日本一周じゃ故郷へ錦は飾れんでごわす！」と世界一周を勧められた際にも、「別に……おれ……故郷へ錦を飾るつもりで旅をしてるんじゃないです　それじゃ………」[36-170]という返事をしていたように、すでに彼は名誉も賞賛も必要としていなかった。また、沖縄に渡るころには、「青春の記念碑」としての価値すら、「いまのおれにゃどうだっていい」[37-40]という心境に至っていた。

　沖縄を自転車で走っている場面で物語は終わり、その後の輪太郎については作中では語られない。沖縄を走る場面に重ねられたモノローグの中では、「だけどよ今回の漂流中の苦しさは二年の旅のうちでも最高最大のものだったぜ…………あれほどの苦しみの中を生きぬいてこれたんだ…世界一周の旅だってできそうな気がしてきたぜ……」[37-155]と言ってはいるが、このあとそのまま自転車屋を継いだのか、世界一周の旅へとでたのかはわからない。ただ、もし彼がこの後世界一周に出発していたとしても、それは旅を売り物にして資金を得る「冒険」ではなく、名誉や賞賛を得るためのものでもない、あくまで自分自身だけのための「旅」であっただろう。

注

1　『十九才・ニッポン　日本一周自転車旅行』（大和書房、一九六三年）、『体験サイクリング案内　日本一周自転車旅行』実用新書一一二（大和書房、一九六四年）、『日本一周ぼくの自転車旅行』少年文庫二四（少年画報社、一九六四年）。他に、「日本一周自転車旅行のノートから」（『ニューサイクリング』一九六三年九月号、二〇-二三頁）など。

2　一九七二年の高校進学率は八七・二％で、すでに高校進学があたりまえとなっていた時代であった。一九五〇年代に五〇％前後であった高校進学率は、六〇年代から七〇年代前半にかけて大きく上昇し、連載終了時の一九七九年には九四・〇％となっていた（文部科学省「学校基本調査」参照）。
　この作品のモデルとなった小林鉦明は、都立の夜間高校を卒業した後に自転車日本一周の旅へと出発している（小林鉦明「日本一周自転車旅行のノートから」参照）。

3　『週刊少年キング』一九七二年九月二四日／一〇月一日号　四一／四二合併号、巻頭カラー三〇ページ。後に出版された単行本では、編集が加えられ、この場面は一巻の途中に置かれている。

4　町の人々からも盛大な見送りを受けたこの最初の出発では、初日の夕刻に箱根で霧にまかれてガケから転落して自転車を壊してしまい、その日の夜に壊れた自転車を担いで帰宅している。

5　自転車のパーツやサイクリング携行品を組み合わせて作られた特製の祭壇で、写真の中の輪太郎の祖父は、シルクハットをかぶって前輪の大きな自転車にまたがっている。

6　以下、引用箇所の［単行本の巻数-頁数］をこの形式で示す。連載期間が七年と一〇号ほどで、全三七巻であるため、おおよその目安として、五巻で一年、現実時間が経過していることに注意されたい。

7　後に、輪太郎が五万二千円、陣太郎が八万円だったと語られている［6-163］。

8　輪太郎がチンドン屋で働いていたと電話で聞いた父は、日本一周が遅々として進んでおらず、家にもめったに連絡してこなかったために、機嫌を損ねていたせいもあったが、「バカっそんなみっともねえことやって…　親の顔にドロをぬるつもりか!!」［20-76］と怒った。

9　鹿児島の指宿で陣太郎がバイトしていた寿司屋のおやじがこうこぼしている。「東京の寿司屋のせがれというので期待してバイトをたのんだら　これが…ごはん炊かせりゃベチャベチャ　寿司を握らしゃグチャグチャ」「じゃどんやっと東京へ帰るようやで…助かりもうした」［37-18］。

10　道を挟んで向かいのオートバイ屋の娘、田沼かおる。同級生の幼馴染で互いに恋心を持っている。

11　「しかし自転車で日本一周たあ……　さすが若さだねえ」［3-39］、「日本一周!!」「いいなあわけえ者は……　ユメがあってえ……」［7-64］など。

12　〈日高〉「おらはたったひとりでも最後まで日本一周をやりとげてみせるデヤ!!　それを青春の記念碑にスデ……秋田にひとりで帰るダス〜〜」［21-77］。

13　〈山川隆〉「きみたちはその青春のどまん中にいるんだ!　だれがなんといおうと……くじけずに最後までやりとげるんだぜ」「走ることが青春だなんて…と笑いたいやつには笑わしておけ…走ることがおれたちの青春ならそれでいいじゃないか悔いの残らないよう走りつづけるさ　はっはは……」［21-187］。

14　ただし、日本一周を中途でやめようとしたことは、これまでにも何度もあった。

15　〈輪〉「日本一周の旅はどんなことがあろうともすべて自分自身のための日本一周なんだ　他人に誇ることでもなけりゃほめられてデレッとすることでもないんだ!!　なんていうかつまり……青春の記念碑にするための……そう武者修行だったはずだぞ!!」［27-96］。

16　〈南小路正彦〉「輪太郎くん!ぼくのぶんまでがんばってきてくれよな　日本じゅうにバイコロジー旋風をまきおこしてくれ!!」［1-202］、〈輪〉「せっかくのバイコロジー運動とかで自転車が全国的に見なおされてきてるのに　あんなあぶないまねしちゃまずいよ！」[4-216] など。

17　生産台数と輸出入台数の数値は、日本自転車産業振興協会『自転車統計要覧』の各年度版による。この時期の完成車輸出入については、輸出が一〇〇～一五〇万台程度で、輸入は一九七二年の六八〇一台から、一九七三年には七九二八七台と急激な伸びをみせている。なお、国内生産台数は、翌一九七四年には七六九万台に落ち込み、その後一九七九年までは六〇〇万台前後で推移、一九八〇年には六年ぶりに七〇〇万台を超え、八〇年代半ばまでは七〇〇万台前後となっている。

18　駅前駐輪自転車の増加は、都電を始めとした各地の路面電車廃止によるところも大きかった（佐野裕二『自転車の文化史』中公文庫、一九八八年、二五六頁）。

19　宿泊者数で見ても、三三七万人から二二四万人へと大幅に減少している（『ユースホステル運動50年史』日本ユースホステル協会、二〇〇一年）。

20　日本人の海外への出国者数は、一九九〇年一一〇〇万人、二〇〇〇年一七八二万人、二〇一〇年一六六四万人と、その後も二〇〇〇年頃までは増加し続けたが、一〇年ごとの伸び率では一九七〇年代がもっとも高い（『数字が語る旅行業2016』日本旅行業協会、二〇一六年、四三頁）。

21　（なんのために日本一周をしているのかと問われて）〈輪〉「なんのためだって……?」「そりゃ……心身ともにきたえて筋金入りの人間になるためだ」（中略）「最近は日本人の海外旅行者が多いらしいけど　日本をしりつくして外国へいっている人はすくないとおもう　日本をしらずしてなにが外国だ!!」「おれはまず日本をこの目この足で見てまわる」[3-105]。

22　〈輪〉「しかしま……　話だけなら世界だって宇宙だっていけらあ　実行してこそ値打ちがあるってもんさ」[10-220]。

23　日本人としてはじめて、自転車世界一周をおこなった人とされている。著作は『世界ペダル紀行』上下巻（サイマル出版会、一九七四年）、『アフリカよ、キリマンジャロよ』（サイマル出版会、一九七九年）など。

24　たとえば、一九七四年の堀江謙一、単独無寄港世界一周航海〔『マーメイド三世：単独無寄港世界一周』（朝日新聞社、一九七四年）、『世界一周ひとりぼっち』（立風書房、一九七七年）〕や、一九七五年の上温湯隆、ラクダによる七千キロのサハラ砂漠単独横断旅行〔『サハラに死す』（時事通信社、一九七五年）、『サハラに賭けた青春』（時事通信社、一九七五年）〕など。

25　小豆島へ渡る船の中で出会った、二五才のフランス人ジャン。絵を描いて売りながらヒッチハイクで世界一周しており、日本は一九番目に訪れた国だという。

26　日本一周途上の女性サイクリスト、岡島ミユキ。自らチャリンコのミキと名乗る。四国で自分を助けてくれた輪太郎を尊敬し、恋心も抱いている。目の見えない状態の輪太郎を、一旦は見捨てるが、後悔し探しに戻った。

27　唯一の例外として、下北半島で輪太郎たち三人を泊めてくれた民家のおじさんが、「あの3人の目は純粋な冒険心にみちあふれた……若者の目だ！」［5-113］と言っている。

28　二四巻には「冒険ドッグ陸中」というタイトルが付いているが、この巻に登場する、岩手から和歌山まで元の飼い主を探しに一人旅をしてきた犬についても、本文中では「冒険」という語は使われていない。

29　売れっ子スター女優につかのまの休日を与えようとして、ホテルから脱出させるために輪太郎が、「最後は鉄柵をのりこえてさ　昨夜は大冒険させられちゃった」［30-51］と言う場面。

30　しかし病院の外には、すでに組み立てられてスポークも補充され、整備もされて荷物も乗せられた輪太郎の自転車が置いてあった。事件を知り、心配して沖縄まで来ていたミキがやったもので、彼女は物陰から隠れて見ている。

コラム4　冒険・探検と映画　坂元正樹

現代では、インターネットを通して、パソコンやスマートフォンで世界中で撮られたばかり動画を視聴することも可能な時代となっているが、ブロードバンドのインターネットが普及する以前はテレビを通して、テレビが一般家庭に普及する以前は映画を、そしてそれ以前には写真、さらには絵画を通して、人々は冒険、探検が行われている先の映像的情報を得ていた。

西洋では、写真によって遠方の風物が伝えられるようになる以前から、たとえば一八世紀後半にはジェームズ・クックが南太平洋航海で見たものが、同行した画家たちの手によって色鮮やかに描かれ、伝えられていた。一八世紀後半から一九世紀にかけては、挿絵入りの旅行記や探検記が大量に出版され、一八五〇年代のロンドンでは、アルバート・スミスによるモンブラン登頂を題材としたステージショーが、二〇〇〇回もの公演を重ねるほどの人気を博していた。[1]

一九世紀後半以降は写真も利用されはじめ、一九世紀末には動画の撮影も可能となり、それが映画として上映されるようにもなった。日本が探検される側から、探検する側へとなっていったのは、そうした冒険探検を伝える新しい手段がすでに実用化されている時代においてであった。一八九七年に「リュミエール社のカメラマンが日本を訪れたように、日本人たちは二〇世紀の最初の一〇年において、台湾からタイ、シンガポールまでを映写機片手に巡回し、映画の存在を知らしめた」[2]のである。また、アムンセンが一九一一年一二月に人類初の南極点到達を達成した（第十章参照）その翌月に南極大陸に上陸した白瀬（第三章参照）にも撮影隊が同行し、記録動画を残している。[3]

だが、映写された写真が動くこと自体が新奇であった時期をすぎた大正期以降、庶民が対価を払って楽しむ娯楽として急速に発達していった映画産業において、記録映画は少なくとも第二次大戦期以前の日本では、それほど魅力あ

るコンテンツとはなり得なかったようである。

戦前の日本で公開された記録映画としては、『極北の怪異』（一九二二年公開・米製作）、『死の北極探検』（一九二八年・米）、『パミール』（一九二八年・独）、『アフリカ縦断』（一九二九年・米）、『猛獣圏世界横断』（一九三〇年・米）、『バード少将南極探険』（一九三〇年・米）、『アフリカは語る』（一九三〇年・米）、『タイガ』（一九三一年・米）、『オラングータン』（一九三一年・米）、『カンチェンジェンガの登高』（一九三一年・独）、『極北に進むソヴェート』（一九三二年・ソ連）、『コンゴリラ』（一九三二年・米）、『海底』（一九三三年・米）、『ジャッガル』（一九三三年・米）、『第二回バード少将南極探険』（一九三五年・米）などを挙げることができる。[4] どれも外国映画であり、とりわけアメリカで製作されたものが多い。これらの作品がどの程度の興行収入を得て、人々にどのような影響を与えたかについての詳細を語ることは困難だが、日本の映画会社によって製作されたものがほとんど確認できず、また、輸入された外国映画作品数全体に占める割合の少なさを鑑みるに、物語性をもった劇映画と比較して、観客の人気を得られていなかったと推測できる。

さらに、これらの記録映画においても、フィクション性が加味されることもあったようだ。『第二回バード少将南極探険』についての評の中で、児玉数夫は以下のように述べている。[5]

パラマウントは、この第二回作の〈映画〉としての在り方に頭をひねったのである。前作を見た人たちまでも、最後まで興味をつないでひっぱらなければならない。そこで、この探険映画には多少のフィクションがほどこされた。

猛獣映画には、かならずといってよいほどフィクションを加味する。するとニッポン国の人はたいへん蔑視する。バード少将の南極探険記録映画にさえ、若干の筋をもたせる。ここのところが、アメリカ映画の面白いところである。[6]

児玉は『オラングータン』についても、「いま、スチールを見ると演出があったことは歴然」と指摘している。[7]

戦間期のアメリカでは、先に挙げた記録映画群のみならず、アフリカや北極といった未開の地を舞台とした、冒険活劇も各種製作されていた。一九一八年に第一作が公開され、一九四五年までに二一作ものシリーズ作品が作られた

「ターザン」シリーズ[8]がその代表格と言えるであろうし、猛獣映画のフィクション性を高めて高い人気を得た作品としては、『キングコング』（一九三三年・米）などが著名である。そうした作品が作られるようになったのは、映画製作における特殊撮影技術の発達によるところが大きいのはもちろんであるが、アメリカにおける観客の嗜好の要請によるところも大きかったのであろう。探検や冒険の記録映画の体裁をとる作品において、真正性は保証されるべき要素ではあるが、観客が求める、もしくは実際に提示される真正性の程度は、時代と国により異なる。

戦時下に突入した日本では、一九三九年一〇月一日から映画法が実施された。この法律で、劇映画脚本の事前検閲や、文化映画とニュース映画の強制上映、映画製作配給事業の許可制、俳優、監督、撮影技師の登録制などが定められ、映画に対する国家統制が進められていくことになる。[9]

政府は、このような国民総力戦を指導する宣伝媒体として映画の持つ諸機能を百パーセントに活用することを計画し、映画法により、国策宣伝のためにまず文化映画をつくって、これを全国映画館に強制上映し、つづいて報道統制の手段としてのニュース映画を統制して、これを全国に強制上映し、一方映画製作、興行関係者を吟味して、従業者を許可制とし、国策遂行に反する異分子を排除し、あるいは強制的に協力させた。また、生フィルムの生産制限がはじまるとともに、政府機関はこれを利用して、映画界に強力な再編成を干渉してきた。[10]

ニュース映画とともに強制上映されることとなった文化映画は、とくに学生生徒には積極的に鑑賞させるよう文部省からの指導もなされた。[11] 文化映画と認定されるための基準は、映画法において以下のように定められていた。

文化映画認定の範囲及基準　認定すべき文化映画は、政治、国防、教育、学芸、産業、保健等に関し、国民精神の涵養又は国民智能の啓培に資するものにして、劇映画にあらざるものとす。但し取材の真実性を歪曲せしめざる程度に於て部分的に劇的要素の介入あるも妨げず。[12]

国策として文化映画という名の、真実の記録を旨とする映画の製作上映が推進されていく中で、日本でも冒険探検の記録映画が作られるようになる。[13] 立教大学山岳部員によるヒマラヤ山中ナンダコット登頂を記録した『ナンダコット征服』（一九三八年・東京日日新聞社）、日本人の手による最初の猛獣映画とされる『シャム大野象狩』（一九四〇年・合同商事）、インドネシアの珍しい風俗を豊富に採取し興行的にも大成功を収め文部大臣賞も受賞した『蘭印探訪記』（一九四一年・東日大毎）など、[14] 作品の数としてはさほど多くはないものの、それまでの日本映画界では製作されなかったような作品が作られ、積極的に上映された。くわえて、こうした異国の珍しい風物や冒険の様子を映した映画は、文化映画の中では比較的娯楽性が高く、観客に支持されやすかったのではないだろうか。

戦争が終了し国家による統制から開放された映画は、今度はＧＨＱによる検閲と指導を受けることとなったが、娯楽性はすみやかにとりもどされ、アメリカ映画を中心とした外国映画の輸入も再開された。記録映画も細々と製作されてはいたが、観客の支持を得にくいことが明白で資金力に乏しく、海外渡航が制限されていたこともあって、冒険や探検を記録した映画の製作はほとんど行われなかった。ブラジル奥地で原始生活を営む部族を撮影した『裸族（シャバンテス）』（一九五一年・新東宝）のように、ポスターに乳房をあらわにした女性を載せて客の興味を煽るような作品が存在したくらいであった。海外製作の記録映画も、輸入数が制限されていたため、『ザンバ』（一九四九年・米）、『猛獣地帯』（一九五一年・仏）といった、興行的に成功しやすそうな猛獣映画[15]がいくつか輸入された程度であったようだ。

そうした状況に変化が訪れたのは、一九五三年のイギリス登山隊によるエヴェレスト初登頂を記録した『エヴェレスト征服』（一九五四年・英、一九五三年製作）が、爆発的な人気を得たところに端を発する。この成功で登山記録映画のもつ商業的可能性が認識されたことによって、映画会社や当時はニュース映画も製作していた大手新聞社が、学術探検登山隊へ資金を提供し、記録映画を製作するようになる。[16] また、サンフランシスコ条約の締結を経て独立を取り戻したばかりの日本とその国民は、エヴェレスト登頂や南極観測といった、世界の先進国によってなされていた探検事業への参入をとおして、国家としての誇りを得ることを求めてもいた。白瀬の時代と異なり、一九五〇年代のヒマラヤ登山隊や南極観測隊などの探検隊は、世論の後押しをも受けて出発し、その成果として製作された記録映画が人気を博していった。この時期には、長編記録映画だけをみても、『白き神々の座』（一九五四年・日活）、『カラコルム・ヒンズークシ学術探検記録　カラコルム』（一九五六年・映配）、『日本南極地域観測隊の記録　南極大陸』（一九五七年・東宝）、『標高八、一二五メートル　マナスルに立つ』（一九五六年・東宝）、『イラク・イラン探検の記録　メソポタミア』（一九五七年・東宝）、『民族の河メコン　日本民族の源流を探る』（一九五八年・東和映画）、『赤道直下一万粁　アフリカ横断』（一九五八年・東宝）、『南極地域観測隊第一回越冬の記録　十一人の越冬隊』（一九五八年・NCC）、『花嫁の峰　チョゴリザ』（一九五九年・東宝）、『南米パタゴニア探検　大氷河を行く』（一九五九年・映配）、『秘境ヒマラヤ』（一九六〇年・松竹）など、これまでになく多数の探検記録映画が製作、上映された。さらには、こうした国産のものに加えて、海外製作の冒険探検記録映画、そして国内外製作のフィクション性や演出性の強い、冒険や探検を題材とした劇映画も多く上映されるようになった。短編のニュース映画としては、たとえば第七章でインタビューを掲載した堀江謙一の凱旋帰国を伝えるニュース映画なども製作されていた。[17]

一九六〇年前後には白黒テレビの普及率が大きく伸び、一九五八年には約一〇％だったものが、一九六三年には約七五％にまで増加していた。[18]学術探検に同行した取材班の映像は、一九六〇年代以降は主としてテレビ番組として公開されるようになり、[19]時代の変化もあいまって、映画の時代とはまた異なる形で、人々に届けられていった（第九章参照）。

注

1　R・D・オールティック『ロンドンの見世物Ⅲ』小池滋監訳、国書刊行会、一九九〇年、二九四‐三〇七頁。
2　四方田犬彦『日本映画史100年』集英社新書、二〇〇〇年、四二頁。
3　その一部分は、日活の前身会社の一つであるM・パテー商会の製作・配給で、一九一二年に『日本南極探検』として公開された。
4　以下本文中の、タイトル、日本での公開年、製作国、制作もしくは配給会社については、文化庁「日本映画情報システム」（https://www.japanese-cinema-db.jp/）のデータを参照。

5　外国映画の輸入制限がかかる直前の一九三七年には、二九五本のアメリカ映画が輸入された。翌年には一四四本に激減、日米開戦の一九四一年一二月八日以降は、アメリカ映画の興行が禁止された（田中純一郎『日本映画発達史Ⅲ』中公文庫、一九七六年、六五頁、七九頁）。

6　児玉数夫『やぶにらみ　世界娯楽映画史　戦前編』社会思想社　教養文庫、一九七八年、一七六頁。

7　前掲書、七四頁。

8　その後も現代に至るまで、新たなシリーズ作品が制作され続けている。

9　田中純一郎『日本映画発達史Ⅲ』、一四－二八頁。

10　前掲書、一七頁。

11　一九四〇年八月三〇日の文部省次官通牒において、学生の遊技場及び享楽的飲食店への出入り禁止などが示された。その際、映画館については、「興行場への入場制限＝学生生徒の映画その他興行場への入場は、土曜、日曜、祝祭日、休暇等に限りこれを許可する。但し教職員の指導する場合、文化映画、ニュース映画のみを上映する場合及び文部省推薦映画を上映する場合は許可する。」とされた（前掲書、一六－一七頁）。

12　前掲書、一七五頁。映画法の施行細則からの引用。

13　一九三〇年代から四〇年代にかけての学術探検の詳細については、コラム3を参照。

14　以上の三作品については、前掲書、一八八頁、一九一頁を参照。

15　後者の原題は『Congolaice（コンゴ人）』で、内容も猛獣映画というよりも、コンゴ人の生態を描いた作品だったようである。

16　飯田卓「昭和３０年代の海外学術エクスペディション：「日本の人類学」の戦後とマスメディア」、『国立民族学博物館研究報告』三一巻二号、二〇〇七年、二三五－二六一頁。

17　毎日ニュース『ヨット青年　帰る』（日活配給、一九六二年八月一二日付け）。記者会見とパレードの様子がまとめられている。

18　郵政省『通信白書　昭和四十九年版』より。ＮＨＫの契約者数と国勢調査の世帯数から算出。

19　飯田卓、前掲論文、二六一頁。

第九章 「川口浩探検シリーズ」と「真正性」の変容
――テレビ時代のスペクタクルな冒険・探検

高井昌吏

一 テレビで観る「冒険・探検」の誕生

すでにこれまでの章でも論じられてきたように、「冒険・探検」はいつの時代も人々を魅惑してやまない。その中でも、メディアを通した冒険・探検は、人々が手軽にそれらを「疑似体験」できるものである。たとえば、「冒険小説」や冒険・探検をテーマにした映画・マンガなどは、過去も現在も存在し続けている（詳しくは、第一章、第四章、第五章、第八章、およびコラム4を参照）。さらに、あるころからテレビ文化のなかでも「観る冒険・探検」が登場してきた。言いかえるならば、「お茶の間で体験できる冒険・探検」である。

その中でも、かつて日本のテレビ史において絶大な人気を博した冒険・探検番組が存在した。それが『川口浩探検シリーズ』（一九七八年～八五年、「水曜スペシャル」テレビ朝日系）である。番組の内容は、隊長・川口浩が率いる「川口浩探検隊」が未確認生物や原始民族などを追って、全世界（おもに南米、東南アジア、オーストラリアなど）の秘境を探検するというものである。川口浩は、同様の冒険番組『ショック!!』（一九六九～七一年　日本テレビ系）にも出演しており、かつてはこの手のアドベンチャーものの常連だった。

『川口浩探検シリーズ』は一九七〇年代から八〇年代にかけて大きな反響を呼んだのだが、現在ではどのように評価されているのだろうか。この番組は、二〇〇〇年以降もしばしば振りかえられることがある。だが、主に川口浩探検隊を上から目線で馬鹿にする、あるいは「あの番組を過剰な演出と理解したうえで、視聴者たちは楽しんでいた」という認識を示すものがほとんどである。例えば、以下のようなものがある。

水曜スペシャル　川口浩探検シリーズ　世界の謎を巡る探検のテロップに謎の「脚本」の文字が……。出演：川口浩　ゲスト：猿人バーゴン、双頭の大蛇ゴーグ　ほか多数。[1]

今月二日、新春冒険スペシャルと銘打って、「藤岡弘探検隊シリーズ　エチオピア奥地三〇〇〇キロ！　幻の白ナイル源流地帯!!　古代裸族に人類の原点を見た!!」（朝日系）が放送された。この番組は、往年の「川口浩探検隊シリーズ」の隊長・川口浩の遺志を受け継いだ新隊長・藤岡弘（以下、隊長）による探検シリーズなのである。〔中略〕要するに、藤岡弘の探検隊コント。笑いのツボも計算済み。金と時間をかけた壮大な探検ごっこである。[2]

「過剰な演出」という評価や、番組に対する世間からの「嘲笑」はいまだに存在している。だが、一方で川口浩探検シリーズは当時「水曜スペシャル」の特番として高視聴率をたたき出しており（平均視聴率は二〇パーセントを超える）、一部の視聴者をおおいに魅了していたことも忘れてはならないだろう。したがって、『川口浩探検シリーズ』を「まじめな」研究対象として議論の俎上にあげ、「テレビ時代のスペクタクルな冒険・探検」の魅力を明らかにすることも可能ではないだろうか。

そのような認識のうえで、ここでは次の三つの論点を提示したい。第一に、川口浩の冒険・探検番組は「テレビ黄金時代」と呼ばれていた一九六〇年代後半から八〇年代にかけて、どのような番組を目指して制作されていたのだろうか。また、その冒険・探検はいかに語られていたのだろうか。分析視点として、冒険・探検の「真正性」（やらせではない「ホンモノ」の冒険・探検、あるいはそうでないもの）についての「語り」に注目したい。それは、あるときには番組プロデューサーや川口浩自身によって視聴者に提示され、またあるときには視聴者が番組に対する見解を示す際にも使用された。このような「真正性」に対する「語り」が、川口浩の冒険・探検を論じるなかでどのように現れ、いかに変容していったのかに注目する。

第二に、上記のような「語り」は川口浩が生きた時代や、彼のライフヒストリーといかにかかわっていたのだろうか。それは、他の映像ドキュメンタリー作家とどのような違いがあったのか。「テレビ的冒険・探検」というものを広義にとらえるならば、少数民族や貴重な野生動物を描き出すようなテレビドキュメンタリー作家を無視することはできないだろう。その代表格として、著名なテレビプロデューサー・牛山純一が挙げられる。牛山は、四半世紀にわたって放送された『すばらしい世界旅行』（一九六六〜一九九〇年）をはじめ、『冒険者たち』、『ナブ号の世界動物探検』、『ナゾの海底探検』など、六〇年代から八〇年代にかけて数多くの「冒険・探検番組」を制作してきた。では、川口浩と牛山の作品には、どのような差異あるいは共通点が見られたのだろうか。そこにはいかなる要因があったのかを論じていきたい。

第三に、川口浩の冒険・探検に対するイメージが変容していくなかで、視聴者はそこにどのような意味を付与したのだろうか。議論を先取りするならば、「真正性」を消失した冒険・探検番組に対して、人々はいかなる魅力を見いだしていったのだろうか。言葉を変えるならば、「真正性」を失うことは、テレビ的冒険・探検の存在意義を打ち砕くことと同義だったのだろうか。

強調しておくが、本論考は「冒険・探検番組がやらせか否か」に注目するものではない。そうではなく、製作者による冒険・探検にかかわる「真正性」への評価や、「やらせ」という断罪が生じた背景、視聴者の意味付与の変化、「冒険・探検番組」に視聴者が求めていたものなどに焦点を当てる。さらにそれらを総合しつつ、「川口浩の冒険・探検」をメディア史、冒険・探検史の俎上にあげ、学問的な意味づけを試みたい。

二　高度成長期の冒険・探検番組と川口浩

1　冒険番組『ショック!!』における「真正性」の強調

川口浩は一九三六年、東京に生まれた。父は著名な小説家（劇作家、あるいは大映の専務取締としても有名である）で、直木賞や菊池寛賞を受賞した川口松太郎である。母は戦後に大映「母ものシリーズ」で一世を風靡した女優・三益愛子であり、川口浩は少なくとも芸能界ではサラブレッドのような存在だったと言えるだろう。一九五六年に映画俳優としてデビューし、太陽族映画など数多くのヒット作品に出演した。大映の看板スターとなった彼だが、一九六三年に芸能界（映画俳優）を一度引退し、同年に「株式会社 川口エンタープライズ」を設立する。主にマンション経営を中心にして、事業に取り組んでいた。だが一九六七年、テレビドラマ『青春気流』（ＮＨＫ）にて俳優業に復帰し、その後『キイハンター』（ＴＢＳ 一九六九年〜）などのドラマに多数出演した。一方で一九六九年、「川口プロモーション」を設立し、『ショック!!』などの冒険を売りにするような番組を制作していた。この時期から、俳優、テレビタレント（競馬中継の解説やテレビ番組司会など）、あるいは事業家といった二足、三足のわらじをはくことになったのだ。さらに、一九七八年からは『川口浩探検シリーズ』で一世を風靡し、八五年にガンで闘病生活に入るまで番組は続けられた。

それではまず、冒険番組『ショック!!』のなかで、川口浩はどのような冒険を売りにしようとしたのかを考えてみたい。

『ショック!!』（海外シリーズ）

そもそも一九六〇年代は、戦後日本における冒険・探検の流行期だった。まずは一九六一年、小田実の『何でも見てやろう』（河出書房新社、のちに角川・講談社で文庫化）が出版され、アメリカや、その他貧困地域を中心にした貧乏旅行が話題になった。一九六二年には堀江謙一が単独での太平洋横断に成功し、世間をにぎわせた。その詳細は『太平洋ひとりぼっち』として出版され、翌一九六三年には石原裕次郎主演で映画化されている。一九六四年には、戦後の日本において海外旅行が自由化され、一九六六年には、東南アジアや南米などの未開社会を描いたテレビ番組、『すばらしい世界旅行』（日本テレビ系・日立ドキュメンタリー）が放送を開始した。もちろん、植村直己が数々の冒険に成功し、国民的な注目を集めたのも一九六〇年代半ば以降のことである。

そのような状況のなかで、『ショック!!』は一九六九年一〇月、国内シリーズをスタートさせた。番組の内容は、たとえば「アイヌのクマ狩り」や「大自然に挑む、恐怖の海中ダイビング」など、国内における奇行の紹介や、大自然に挑む冒険を中心にしており、川口浩は主にスタジオでの進行役、そしてときには現場へ登場することもあった。一九時三〇分スタートの三〇分番組で、一九六九年はあくまで国内での撮影しか行っていなかった。

だが、大きなターニングポイントは、一九七〇年一〇月からの「海外シリーズ」である。川口浩を中心としたスタッフが世界の国々をめぐり、各地域の奇習や奇行、限界に挑む人間の姿などを映像に納め、それらを詳しく紹介したのである。たとえば、現地人が牛の首を切り落とすシーンや、川口浩が「猿のすがた焼き」を食べるシーンなど、ショッキングな映像であふれていたのだ。

一九七〇年は、言うまでもなく大阪万国博覧会が開催された年である。大阪万博は、それまで多くの日本人にとって漠然としていた「外国」のイメージを、具体的なものとして提示するイベントだった。さらに、それを期にしてテレビの海外旅行番組や秘境探検番組が絶大な人気を誇るようになったという。[3] もちろん、一九七〇年以前から海外旅行や秘境に関する番組は放送されていた。『兼高かおる世界の旅』や『すばらしい世界旅行』が代表的である。だが、それらに加えてテレビの特別企画番組や秘境を題材にしたドキュメンタリー、あるいは『ショック!!』（海外シリーズ）などが現れ、視聴者の関心を大きく引くようになった。

『ショック!!』は、川口浩が現地で突撃取材する様子を

『世界残酷物語』
（映画パンフレット）

前面に押し出し、番組のキャッチコピーも「冒険男・川口浩の猛烈取材、体当たり司会」だった。[4] では、この『ショック!!』（海外シリーズ）は、どのようなコンセプトのもとにつくられたのだろうか。この冒険番組の仮想敵は、ヤコペッティ監督が制作した映画、『世界残酷物語』（一九六二年公開のドキュメンタリー映画）である。

ヤコペッティはイタリア人で、元々は週刊誌の記者という異色の経歴の持ち主である。『世界残酷物語』は、彼が実際に二年間かけて世界を旅し、世界中の蛮行や奇妙な風習を発見し、それらを映像に収めたものである。『世界残酷物語』は世界的な大ヒットをもたらし、興行的には大成功をおさめていた。では、一九六〇年代のヤコペッティに対する評価は、実際にどのようなものだったのだろうか。

実は、映画評論の世界では、彼の作品に対して批判的な論評も目立っていた。批判の矛先はときには「思想のなさ」であったり「芸術性の低さ」であったりもしたのだが、とくに作品の「演出」に対しては、しばしば批判が向けられていた。たとえば、映画評論家の飯田心美は『世界残酷物語』を次のように評している。

飯田心美（映画評論家）

「気になるのはエピソードのあるものが現実の姿そのま

までなく、撮影にあたり作為的に演出されていると見られるものがあり、それが我々に疑惑を起させる。ニューヨークでロッサノ・ブラッチが女性群の襲来にあうところ、南洋土人娘たちのマン・ハント、豚の子が人間の乳房をすうところ、シンガポールの中国人の家で死の床につくという老人、ニューギニアの穴居人生態は部分的に怪しい。ビキニの島で海鳥や海亀が核実験のギセイとなり哀れな生き方をみせるくだりも果して事実そのままかどうか？」[5]。

飯田が展開したヤコペッティ批判は、映像がありのままを撮影したものではなく、事実として「部分的にあやしい」「事実そのままかどうか？」という疑念である。すなわち、まさしくヤコペッティの映画の「真正性」に対して不信感をもっていたのだ。

一方で、川口浩および『ショック!!』のスタッフたちは、自らの番組のアピールとしてヤコペッティを批判しつつ、自分たちの作品の「真正性」を主張するという戦略をとった。

川口浩
「偶然だったんですが、ねらった素材がほとんど〝世界残酷物語〟のヤコペッティ監督がねらったものと同じだった。彼の方は悪評が高くて拒絶されたが、ぼくの方はうまく取り入って成功した」[6]。

大山プロデューサー（『ショック!!』担当）
「ヤコペッティの〝世界残酷物語〟は各地で評判悪いんだナ。ぼくらが撮影しようとすると、イタリア式はご免だと何度もいわれたもの。ヤラセ、ツクリがあって、見世物的に撮るからなんだ。ぼくらのは本当のドキュメントでフィクションはない。ブラジル・サルバドールのシャム双生児姉妹やブラジルの密教カンノンブレーの入信儀式は、ヤコペッティがことに撮影を断わられたものなんだ。フィルムになったのはこれが最初ですよ」[7]。

川口浩や『ショック!!』のプロデューサーたちは、冒険・探検としても、あるいはドキュメンタリーとしても「ヤコペッティの二番煎じ」という批判をかわそうとした。そのために、自分たちが生の素材を「そのまま」扱ったことを強調し、「ぼくらのは本当のドキュメントでフィクションはない」と主張したのだ。すなわち、ヤコペッティを攻撃しつつ、自身の番組に「真正性」を付与しようとしていたのである。

2 視聴者に与えるインパクトの重視

だが、ここでひとつの疑問が浮かぶ。『ショック!!』がテレビ番組である以上、ライバルとして想定するべきはヤコペッティのようなドキュメンタリー映画ではなく、テレビドキュメンタリー、それも未開社会をテーマにするような作品なのではないだろうか。当時でいえば、一九六六年にスタートした『すばらしい世界旅行』(日本テレビ系・日立ドキュメンタリー)が挙げられるだろう。この番組は、プロデューサーの牛山純一を中心にして制作され、当時、東南アジアやアフリカ、南米などの様子をテレビで伝えていた。牛山は日本テレビの『ノンフィクション劇場』などに代表されるように、一九六〇年代からテレビドキュメンタリー業界では第一人者とされていた人物である。たとえば、大島渚が監督を務めた「忘れられた皇軍」(一九六二年)や、土本典昭の作品「水俣の子は生きている」(一九六五年)など、数々の著名な作品が牛山の『ノンフィクション劇場』で放送されている。ちなみに牛山は、ドキュメンタリーだけではなく、一九五九年四月の「皇太子ご成婚」中継の総合プロデューサー、あるいは六〇年安保では安保取材班の総責任者を務めたことでも知られている。一九六〇年代半ば以降、その牛山が全精力を込めて取り組んだ番組が『すばらしい世界旅行』だったのだ。では、ここで『ショック!!』(海外シリーズ)と牛山の代表作である『すばらしい世界旅行』を比較してみよう。

まず、『ショック!!』と『すばらしい世界旅行』には、ある種の共通点もあった。両者はときとして、未開社会の残酷な風習を伝えることも多かったのだ。まだ大阪万国博覧会の余韻がさめやらぬ一九七〇年一〇月、『ショック!!』(海外シリーズ)はスタートした。一方、ちょうど同時期に『すばらしい世界旅行』は「最後の原始境をゆく」と題し、ニューギニアの「人食い人種」を一〇月一一日から四週連続で特集していた(放送時間帯は、二一時〜二一時三〇分)。ちなみに第一週目放送のサブタイトルは「人肉を食う人々」、二週目は「原始人と戦争」、三週目は「裸族の女たち」、四週目は「石器時代を生きる」である。この放送は『週刊読売』(一九七〇年一〇月二三日号)にも取り上げられ、「人食い人種」の写真が計八ページにもわたってセンセーショナルに掲載されているのだ。牛山と他のプロデューサー・ディレクター三名を加えた座談会も記事になっている。

牛山純一

「こんどフィルムでも記録している大ヤマ場なんです

が、一番ショックだったのは、人肉を食べているところを直接見たということでしょうね」[8]。

一方で、『ショック!!』の当時のタイトルを概観してみよう。「神秘心霊手術師!!アリゴー」（一〇月五日）、「流血の密教カンドンブレー」（一〇月一二日）、「生きよ!!ブラジルの双生児」（一〇月一九日）、「ケニアの巨象を撃つ!!」（一〇月二六日）、「本場スペインの闘牛!!」（一一月二日）、などである。冒険とオカルトが入り混じったような内容であるが、基本的なコンセプトは、川口浩が世界の未知なるものを捜し求める、あるいはその場所でさまざまな困難に立ち向かうというものである。このように、視聴者に衝撃を与える番組という意味では、川口浩と牛山純一には多少の共通点もあった。

牛山に対抗したわけではないだろうが、『ショック!!』の「海外シリーズ」は、番組のセンセーショナルさを煽り、前年に放送された「国内シリーズ」（一九六九年）とも違うことを強調した。まずは、一九時三〇分開始から二二時三〇分開始への、放送時間帯の変更である。

大山プロデューサー

「放送時間を夜の十時過ぎという中途半端な時間にしたのは、あまりに〝どぎついシーン〟に溢れているから、食事どき、子どもの起きている時間を避けたかったから……。それだけの配慮を必要とするドキュメントなんです」[9]。

放送時間が遅い時間帯にずらされた理由は、もちろんショッキングなシーンが国内編に比べてはるかに増加したことにあるが、カラーテレビが一気に大衆化したことも影響しているだろう。一九七〇年は、日本で初めてカラーテレビ受信機の生産が白黒受信機の生産を上回った年でもある。もちろん、それは残酷シーンの強烈さと強く関係していた。たとえば「猿のすがた焼き」を食べるシーンが白黒映像で流されるのとカラー映像で流されるのを比較すれば、インパクトの違いは容易に想像できる。ちなみに、川口浩が当時出演していたテレビドラマ『キイハンター』（一九六九年〜）は白黒映像での放送だったのだが、それに対して『ショック!!』はカラー映像だった。そういったテレビメディアの変化も、番組の「どぎつさ」を後押しする要素になっていた。当時のテレビガイドにも、次のように強調されている。

「この残酷シーンがカラー放送で　取材の川口浩が震え上がった本当のドキュメント!!」[10]。

もちろん、その「どぎつさ」がリアルであること、すなわち「真正性」を視聴者に感じさせることにつながったのだろう。さらには、取材する川口浩の「冒険・探検的なイメージ」を強く引き出していたとも考えられるのである。

3 「教養的」ドキュメントではなく「血わき肉おどる」冒険・探検へ

一方で、川口浩と牛山は、番組制作に対する態度が根本的に異なっていた。牛山は既述した「人食い人種」のドキュメンタリーに関して、次のように発言している。

「こんどの取材行では、人間が人肉を食べるという、大変ショッキングな現場をとらえたわけだけど、これはまったく偶然のチャンスに恵まれたからだったんです。最初から〝人食い人種〟をねらって行ったわけではないんです。われわれが興味を持っているのは、未開社会のルポなんでして……」[11]。

これは決して言い訳としての発言ではない。事実、牛山は座談会のなかで「人食い人種はなぜ人を食べるのか」(それは死者、とくに「戦死者」に対する敬意の表れであるという)、あるいは部族のなかの「権力関係」、「婚姻関係」、他部族との争いの要因などについて言及し、文化人類学・民俗学的な視点から分析を加えている。この事実からも、牛山にとって本来、「人食い人種」のレポートが「冒険・探検的」というよりも、むしろ「学術」「教養」に近かったことがうかがえるだろう。実際に『すばらしい世界旅行』を制作していた当時、牛山は文化人類学者の泉靖一(東京大学教授)や山口昌男(東京外国語大学)、民俗学者の岡正雄(東京外国語大学)らと交流を深め、番組への協力を仰いでいた[12]。では、牛山は自らのドキュメンタリーについて、どのように考えていたのだろうか。『すばらしい世界旅行』に関して、一九七二年の時点で次のように語っている。

「私は当時(一九六二年:筆者挿入)から、放送局と放送のあり方について、一つの考え方を持っていた。それは、そのまま「ノンフィクション劇場」の制作方針でもあった。放送事業は、「日本の文化をより実り豊かなものとし、人類の平和と幸福に寄与するために存在する」という考え方である。この方針は今でも変らない。私が放送番組のうち報道、社会教養の分野を選んだのも、映像文化全体の中で、この分野が重要な役割を持っており、しかも、娯楽分野等に比べて、重要視されていないことを憂えたからである」[13]。

娯楽的な「冒険・探検」よりも「社会教養」を重視する牛山の志向は、一体どこから生まれたのだろうか。まず、牛山の両親がともに教育者だったことは考慮すべきだろう。牛山純一の父、牛山栄治は教師を志し、戦前に青山師範学校を卒業している。四谷で小学校教員となり、四谷や江戸川などで青年学校の校長を務めた。戦後は、全日本青年学校長会の会長として学制の改革にも携わり、その後は日本大学商学部教授（豊山高校校長も兼務）、群馬女子短期大学（現・高崎健康福祉大学）学長など、常に教育と関連する仕事に力を注いできたのだ。さらに、母の貞も小学校教員（栄治と結婚し、退職する）であり、純一の姉（二歳上の長女）の治子は中学校の教師である。[14]

家族の影響もあってか、牛山は一九四九年、早稲田大学第一文学部に入学し、東洋史を専攻しつつ、大学内でも幅広い交友関係を築いている。その相手は三宅久之（のちに政治評論家）、土本典昭（のちに「水俣シリーズ」などの記録映画監督）、早坂茂三（のちに田中角栄の政務秘書）など、その後に政治や社会問題などと深くかかわる人物たちだった。[15] 牛山は早稲田大学を卒業後、日本テレビに第一期生として入社し、常に「戦争」や「政治」「社会問題」といった硬派なテーマに関心を持ち続けた。したがって、牛山がテレビメディアを娯楽的なものではなく「教養を深めるもの」としてとらえていたのは、ある意味では必然的なことでもあった。

教育一家の牛山に対して、川口浩の育った家庭はきわめて対照的である。川口浩の父・松太郎は著名な作家であり、文学や大衆文化についての知識は豊富だった。だが、生い立ちとしては私生児で親が誰かもわからず、幼少期は貧しい養父母に育てられていた。学歴も小学校卒で、不幸な境遇ながらも苦労を重ねて生活し、松太郎は小説家としては大成功をおさめた。[16] しかし、私生活では女性関係が激しく、多くの愛人をつくっていた。三益も元は正式な妻ではなく、数いる愛人のひとりだった。若いころの川口浩はそのような松太郎が母の三益を苦しめていると感じ、父に対して憎しみすら持っていたようである。[17]

川口松太郎と三益愛子は、ともに文学・芸能の世界で大きな成功をおさめた人物だが、牛山の両親のように、教育に深い関心があるわけではなかった。二人の長男として生まれた川口浩は、当然ながら経済的にはたいへん裕福な家庭に育ったと言える。だが、若いころから生活はすさんでおり、中学のころは新宿二丁目の赤線から学校に通い、慶應義塾高等学校は中退してしまった。牛山とは違い、川口浩は学校教育からは常に自身を遠ざけており、「社会問題」にも関心が薄かったと思われる。ちなみに、一九六〇年の六月一五日という日に注目してみよう。周知のように、六月一五日は六〇年安保闘争のまっただ中であり、警官隊とデモ隊が衝突するなかで、樺美智子が不幸にも亡くなった日である。既述のように、この日に牛山は日本テレビの安保取材班の総責任者として活躍したが、川口浩はちょうどその日、帝国ホテルで女優の野添ひとみと結婚式を挙げていた。[18]もちろん、結婚式の日取りのほうが先に決まっていたわけだが、このような事実にも両者の生き方の違いが表れているのかもしれない。

一方、川口浩は子どものころから『少年倶楽部』の愛読者で、自身も大の冒険好きだった。したがって、そもそも自身の番組にも「教養」のような意味合いを与えるのではなく、あくまで冒険・探検的な要素を強く加えようとした。のちに探検シリーズで隊長として活躍していた際にも、「子供たちや大人の人が〝血わき肉おどる〟ような番組を作りたいと心掛けて、大分無茶なこともやってきました」と語っている。[19]

その証拠に、『ショック!!』（海外シリーズ）を制作するために海外へ行くにあたっても、民俗学者や人類学者に頼ってはいない。たとえば取材スタッフの人選について、川口浩は「冒険が大好きであること」[20]という点を重視している。『〝ショック〟世界旅行』というレポートによれば、川口浩が夜に現地で売春婦を買ったというエピソードや、昼間にマグロ釣りを満喫した体験なども描かれており、『ショック!!』の取材班にはどこか「過酷ではあるが、楽しい冒険」という印象がある。

だが、当然のことだが、海外ロケにはさまざまな困難がある。たとえば、ジャングルで過酷な生活を強いられたり、あるいは闘牛士の若者が即死する現場に立ち会ったりなど、しばしば恐ろしい経験をしたようである。まさしくショックな出来事に何度も直面している。

しかしながら、一方で『ショック!!』（海外シリーズ）では、決してインパクトのあるシーンを次々と垂れ流していただけというわけではない。では、この番組において、具体的にどのような方法によってショッキングなシーンを強調し、さらに「冒険・探検」的な要素を充実させていったのだろうか。

4 「入れ込み」による「真正性」「冒険・探検らしさ」の創出

『ショック!!』にはヤコペッティのドキュメンタリー映画や、牛山の『すばらしい世界旅行』とはまた違った仕掛けも用意されていた。

大山プロデューサー

「川口浩がいなければ、この企画は成功しなかったでしょうよ。あらゆるシーンに〝入れ込み〟で川口を登場させたからネ。いわば、彼は現場での証人なんだ。絶対にインチキじゃないことがわかるでしょう」。確かに試写を見ると、川口浩の登場によって臨場感と親密感がぐっと盛り上がっている。[21]

『世界残酷物語』は、現地の映像とナレーションのみで構成されている。いわゆる写実主義的な手法が取り入れられており、川口浩のような入れ込み人物、あるいはスタッフなどの映像は使用されていない。一方、『すばらしい世界旅行』では、ディレクターの豊臣靖や市岡康子、中村稔などが現地映像に登場することもあれば、現地に精通している「語り手」として(聞き手はナレーターの久米明)解説することもあった。だが、あくまで彼らの役割は「冒険の主人公」ではなく、現地での映像を解説し、それぞれのシーンに意味づけを行い、「視聴者の教養取得」へ寄与することだったと考えられる。

それに対して『ショック!!』では、普段は現地に存在していないはずの川口浩を投入し、川口浩をあえて冒険の「主人公」とすることによって、臨場感を掻き立てようとした。もちろん、いかなる演出もすることなく「客観的に」番組をつくりあげるということが可能なのかと言えば、そこにはおおいに疑問が残る。むしろ主観的(主体的)に映像を作り上げる(しかない)ということは、番組制作の宿命でもあるだろう。牛山は、『すばらしい世界旅行』の制作に関して、「映像プログラムは、単に組織や機構が制作するものではなく、具体的な「ある人間」の意志と責任において制作するのだという考え方」を重視したと語っている。[22]すなわち、牛山も映像は「客観的」(超越的)な第三者の視点のもとにつくられるのではないと考えてはいるが、『すばらしい世界旅行』の映像制作では、主に写実主義的な手法を採用していた。それは牛山が「冒険・探検」ではなく、あくまでテレビ番組において「教養」を最重要視していたからに他ならない。だが、「冒険男・川口浩」をキャッチコピーとする『ショック!!』は、あくまで「教養」よりも娯楽性、すなわち「冒険・探検」的な要素を全面的に押し出した。したがって、「冒険の主人公である川口浩の投入」というスタイルを採用したのである。

一方で、普段はそこにいないはずの人間を投入することは、本来ならば「真正性」を失わせるような番組作りとも思える。だが、逆に「現場での証人」によって番組の「真正性」を創出するという、新たな発想のもとに番組を制作したのである。そしてこのような手法は、「真正性」をつくりだすのみならず、番組に「冒険・探検」的な要素を強く与えることになった。なぜならば、視聴者は単に現地の映像を観るだけではなく、それに加えて冒険する「現場での証人」・川口浩にも同一化することができたからである。映像の「どぎつさ」が「真正性」や「冒険・探検的なイメージ」を引き出していたことは、すでに述べたとおりである。だが、それだけではなく「主人公」の入れ込みこそが、『ショック‼』が生み出す冒険・探検の特徴であり、完全に牛山の守備範囲から外れた部分だったと言えるだろう。

三 『川口浩探検シリーズ』と「真正性」の変容

前述の『ショック‼』では、少なくとも川口浩の登場が「真正性」を担保することにつながり、さらに「冒険・探検らしさ」の創出に貢献していた。では、『川口浩探検シリーズ』（「水曜スペシャル」・テレビ朝日系　一九七八年三月〜一九八五年一一月）において、それはどのように変化していったのだろうか。

『川口浩探検シリーズ』

1『川口浩探検シリーズ』の特徴

『川口浩探検シリーズ』の放送時間は「水曜スペシャル」の枠内で、一九時三〇分から二一時までの九〇分番組である。スペシャル番組として、一年におおよそ四〜五回程度の頻度（年によって異なる）で放送されていた。一九七八年から八五年までの八年間で、最終的には全四四回で終了している。カメラは基本的に探検隊とそれを取り巻く様子のみを追い、「スタジオ」（現場の映像を観るタレントや観客たちがいる）というものは存在しない。当然のことながら、ドキュメントバラエティなどのようにカメラが「スタジオ」へふられることもない。そもそも、典型的なドキュメントバラエティの形式は、「現場」と「スタジオ」がテレビのなかで交互に映し出され、「視聴者」がそれを観るという形式である。だが、『川口浩探検シリーズ』はそれらとは明らかに形式が異なり、テレビには「現場」しか映らず「視聴者」はそれを観るだけという、むしろ一般的なドキュメンタリーに近い構図である。

川口浩はこの番組の主人公であり、「探検隊の隊長」という設定である。このような形式は、実は過去に牛山純一が制作したドキュメンタリー番組でも使用されていたことがある。たとえば『ナブ号の世界動物探検』(一九七二～七三年　日本テレビ系列)では、近藤典夫(当時、東京農業大学教授)が探検隊長となって、アフリカや南米などで動物探検をおこなっていた。番組内では、野生のゴリラやハゲタカなどを探索し、隊長の映像や探検隊を乗せる車が走る様子も頻繁に流れ、「探検隊」という言葉もナレーションのなかで登場する。しかしながら、近藤は隊長として画面のなかに頻繁に登場するものの、番組の主人公というよりは「現場での解説者」という役割が強く、主人公はあくまでも野生動物たちである。その点で「川口浩探検隊」とは一線を画していると言えるだろう。

『川口浩探検シリーズ』のサブタイトルは、派手でセンセーショナルなものが非常に多い。たとえば、第一回は「人跡未踏の密林に石器民族は一〇〇〇〇年前の姿そのままに存在した!!」(一九七八年三月一五日放送)、第二回は「驚異の人食いワニ・ブラックポロサスを追え!」(一九七八年六月二八日放送)、第三回は「暗黒の魔境アマゾン奥地三〇〇〇キロに幻の原始民族を追え!!(第一部)」(一九七八年一一月二八日放送)などである。だが、このころ『すばらしい世界旅行』でも、同じように派手なサブタイトルがなかったわけではない。いくつか挙げるならば、「アマゾン　幻の原始人をさがしに行く」(一九七七年一月二三日放送)、「首狩り族の子守歌―カリマンタンのダヤック族―」(一九七八年一一月一二日放送)、「ナタで頭を割る女　アマゾン最後の裸族」(一九八一年一〇月一一日放送)などはかなりセンセーショナルな感がある。もちろん、『すばらしい世界旅行』は『川口浩探検シリーズ』とは違い、つねに大げさな言葉で視聴者を煽っていたわけではなかった。しかしながら、タイトルだけを考えるならば、両者には多少なりとも通じる点があったと言えるだろう。

ただ、内容的には『川口浩探検シリーズ』は、牛山純一のドキュメンタリーとは大きく異なる。たとえば、派手な効果音(そのとき現れたものは?「ガッガーーン!!」など)、映像編集(ピラニアに噛まれた川口浩の手がカメラでアップになるなど)、あるいは田中信夫による過剰なまでの激しいナレーション(状況説明の言葉が洪水のように押し寄せ、視聴者に激しく訴えかける)などが大きな特徴である。一方、牛山の『ナブ号の世界動物探検』では、ナレーターはあくまで「教養番組」として動物探検を位置づけようとしていた。たとえば「隊長　ハゲタカに驚く」

（一九七二年一二月三一日放送）では、まず草食動物に大量のハゲタカが群がり食べつくすという、残酷な映像が流される。だが、その後に次のようなナレーションが流れる。「草食動物の肉をハゲタカが食べ、残された骨をハイエナが食べ、ボロボロになった骨は土へ帰り、バクテリアに分解され、草が生えて新たに草食動物の餌となる」。このように、あくまで「自然の摂理」を説明するような内容である。ナレーターは城達也で、口調も落ち着いている。しかしながら、『川口浩探検シリーズ』のナレーター・田中信夫は、逆にあくまで探検隊を取り巻く状況の厳しさや、野生動物のどう猛さを激しい口調で伝えようとしていた。

さらに、『川口浩探検シリーズ』では、「未知なるもの」が無理やりつくりだされていた印象も否めない。たとえば、「双頭の大蛇・ゴーグ」（一九八二年五月放送）や「原始猿人・バーゴン」（一九八二年六月放送）などは、ネッシーやツチノコなどの未確認生物、すなわちオカルトに影響を受けている感が強い。いずれにしても、川口浩探検隊の冒険・探検は、『ショック!!』と同様に、決して「教養」を授けようとしていたわけではない。そうではなく、目的はどう猛な生物が生息する地帯を探検する（あるいはその様子を観せる）こと、困難をのりこえて突き進むプロセスを伝えること、そしてあわよくば未確認生物を発見することにあったのだ。

2　探検隊を語る言説の変容

では、番組がスタートした初期、『川口浩探検シリーズ』はどのように語られていたのだろうか。意外なことであるが、少なくとも一九八〇年まで、この番組を批判するような言説は、管見のかぎりではほとんどみられない。揶揄するような言説に至っては皆無である。それどころか、逆にこの番組をかなり好意的に取り上げた記述すら存在する。

故国に帰るべきであった遺骨を、太平洋戦争随一の激戦地ソロモン諸島に捜し続けるルポルタージュが、十五日の「水曜スペシャル」（テレビ朝日＝後七・三〇）であった。川口浩らが、ガダルカナル島のジャングルの山道で悪戦苦闘しつつ、累々たる白骨を収集してダビに付していく。繁栄の陰に三十有余年放置されたままの遺骨。戦後は終わったと言えるのであろうか？[23]

一九七九年八月一五日の終戦記念日に放送された『川口浩探検シリーズ』は、同日にＮＨＫで放送されたドキユメンタリー『私の太平洋戦争』とともに、読売新聞のなかでかなり「まじめに」評されている。しかも、なかなかの高評価であることには注目すべきだろう。冒険・探検番組でありつつ、そこに「ルポルタージュ」という表現が使用されており、むしろ番組を称賛した記事である。番組タイトルは、「完全踏破！ガタルカナル奥地に白骨街道は実在した!! 二万五千の遺骨が語るガ島奪回丸山道作戦の謎」と、いつもながらに派手なものだった。高評価の理由としては、もちろん番組内容が戦争がらみということにあるだろう。しかも、あえてこの冒険・探検番組を終戦記念日という「シビアな日」にぶつけてきている点は、「決してふざけた冒険・探検とは受け取られていないだろう」という、放送局・制作者側の自信もうかがえる。

水曜スペシャル「人跡未踏！パラオ海底洞窟探検」

日本のほぼ真南、赤道直下のパラオ諸島。サンゴ礁に囲まれたその海面下には、神秘的な海底洞くつの数々が眠っている。川口浩さんを隊長とする探検チームが、そのなかでも大干潮時にだけ姿を現す孤島の洞くつに挑戦した。この洞くつはパラオ本島とつながっており探検隊は本島側と孤島側の両方から挑んだが、落盤、水没の恐怖が重くのしかかり、わずか六キロの距離が苦闘の連続。両サイドからの探検隊のドッキングに、一日半を要した。カメラは不安と闘う隊員たちの汗と涙を克明に迫う。〔中略〕川口さんは、この番組のアドベンチャーものの常連で、「この手のものは、常に危険ととなりあわせだが、それだけにやりがいがある」という。[24]

これもまた好意的な記事であり、「アドベンチャーもの」として、観るに値する番組という評価がうかがえる。少なくとも一九八〇年一月の時点で、『川口浩探検シリーズ』は、新聞で真剣に取り上げる価値のある番組とされていたことには注意すべきだろう。

しかしながら、一九八一年以降になると、『川口浩探検シリーズ』に対するコメントが変化を見せる。

誇大広告なみの題名

「二十九日のテレビ朝日水曜スペシャル「首狩り族か！人食い人種か?! 最後の魔境ボルネオ奥地に恐怖のムル族は実在した!!」を見て一言。この題名では、本当に人の首を狩っているところが出るのではないかなどと、ばく然と思ってしまう。だが実際の画面にはショッキングなものはなく、ナレーションだけが「予期せぬ出来事が待ち構えていた」とか「次に目にしたものは……」などと見る側を首狩りの場面に誘い込むような言葉。これでは不動産の誇大広告と同じだ。納得のいく題名と内容を願いたい」[25]（横浜市南区・匿名）。

この時期あたりから、番組に対するやや批判的なコメントが現れている。もっとも、「首狩り族か！人食い人種か?!」というタイトルについて言うならば、「首狩り族」や「人食い人種」という言葉は『川口浩探検シリーズ』だけではなく、『すばらしい世界旅行』などにも登場することがあった。単純に考えるならば、テレビで実際に人間の首を狩るシーンや人肉を食べるシーンなど登場するはずがないと予測できるだろう。それよりも、投稿者の批判の矛先は、思わせぶりで派手な田中信夫のナレーションに向けられているのだと思われる。だが、数年後にはナレーションだけではなく、冒険・探検の内容に対する批判が急激にエスカレートしてくる。

「「水曜スペシャル」（テレビ朝日系）の探検シリーズには、もういい加減にしてくれと言いたい。毎回最初に期待を持たせておいて、最後は大したことがなかったというパターンだ。最近はネタが尽きたのか、イモリまでを〝現代の神秘〟にしてしまう有様。誰が見ても筋書きがわかる中を、川口浩らの探検隊は「たびたび起こる突然の出来事」に激しく驚く。スペシャルでも何でもない、こんな情けないシリーズは打ち切りを」[26]（男性・二四歳）。

一九八三年には、『川口浩探検シリーズ』に対するこのようなあからさまな批判が、視聴者から生まれてくる。これは冒険・探検番組としての「真正性」が欠如していることに対して、視聴者からの不満が爆発していたと考えられるかもしれない。だが、一方で視聴者はまだ『川口浩探検シリーズ』に「真正性」を求めていたと解釈することも可能であろう。すなわち、少なくともこの番組を揶揄するのではなく、真正面から内容を受け止め、そのうえで「まじめな」批判を加えていたのである。

だが、一九八四年以降、この状況が一変する。

3「川口浩を笑う」という言説空間の形成

一九八四年六月に発売された『ゆけ！ゆけ！川口浩！』（嘉門達夫、シングル）がその先駆けといえる。「川口浩探検隊」はそれ以前から漫才のネタなどで使われていたようだが、もっとも影響力があったのはこの曲だろう。

『ゆけ！ゆけ！川口浩！』 作詞：嘉門達夫

川口浩が洞くつに入る
カメラマンと照明さんの後に入る
洞くつの中には白骨が転がる
何かで磨いた様なピカピカの白骨が転がる
すると突然あたまの上から
恐いヘビがおそってくる
何故か不思議な事に
しっぽから落ちてくる
ヘビの攻撃さけると
動かないサソリがおそってくる
サソリの次は毒クモだ
ヒロシは素手で払い落とす
☆ゆけゆけ川口浩　ゆけゆけ川口浩
　ゆけゆけ川口浩　どんとゆけ!!　☆

原住民が底なし沼にはまる
溺れている原住民の顔は笑ってる
川口浩はピラニアにかまれる
かまれた素手が突然画面に大アップになる
さらに未開のジャングルを進む
道には何故かタイヤの跡がある
ジャングルの奥地に新人類発見！
腕には時計の跡がある
こんな大発見をしながら
けっして学会には発表しない
川口浩の奥ゆかしさに
僕らは思わず涙ぐむ
（☆くりかえし）

大発見をしてジャングルを後にする
来る時あれだけいたヘビやサソリ毒グモいやしない
底なし沼さえ消えている
（☆くりかえし）

もちろん、この曲が川口浩の冒険・探検を完全に揶揄しているというとらえ方は、まったくもって正しいだろう。当の嘉門達夫も、わざわざ探検隊のコスチュームを着てテレビの歌番組に登場し、たびたびこの曲を披露していた。もっとも、一九八〇年代の前半は、各家庭にビデオデッキが普及しはじめていた時代である。「川口浩が、カメラマンと照明さんの後から洞くつに入っている」という事実、その他の演出などは、間違いなく視聴者によりいっそう確認しやすいものになっていただろう。メディア技術の変化は大きいのかもしれないが、一方でそこにはまだ、写実主義的な発想が残されていることに注意しなければならない。すなわち、「映像はありのままを映し出すことが前提とされ、そこにツッコミどころを見い出す」という考えが視聴者に強いともいえるのだ。たとえば、「川口浩が洞くつに入る。カメラマンと照明さんの後に入る」「ジャングルの奥地に新人類発見！　腕には時計の跡がある」などは、まさしく映像そのものを信じているからこそ発せられるツッコミである。考え方によっては、牛山純一などのドキュメンタリーを観ているときと同じ発想（映像を観て、ツッコミの余地があるか、あるいはないか）と同じともいえるのだ。

むしろここで重要なのは、メディアの技術的な変化よりも、「あるテレビ番組の演出を、テレビそのもの（歌番組という別ジャンルではあるが）が堂々と暴きだした」という事実である。「番組の演出を上から目線で笑う」という観方を、視聴者ではなく、ほかならぬ「テレビそのもの」が広めはじめたのだ。その影響もあってか、その後の川口浩は「冒険男」というよりはエンターテイナー的な扱いを受けることが多くなる。そして、川口浩や探検シリーズを揶揄するような言説が世間にあふれだし、笑いの対象になっていくのだ。

対談：愛染恭子と川口浩（一九八四年一〇月）

「大ゲサ探検だなんて失礼よ。エンターテインメントなんだから。この刺激がジンジンきてたまらないのヨォー」[27]。

「先にテレビカメラが着いてて、後から〝よし、行くぞ〟なんて、あれじゃまるで川口浩探検隊だよ」（一九八五年九月に起こった日航機墜落事故に対する自衛隊の初期始動の遅さについて。軍事ジャーナリストの見解[28]）。

4 「やらせ問題」と「冒険・探検」へのバッシング

一九八五年八月、水曜スペシャル取材班による、フィジー島での「人骨バラマキ事件」が、週刊誌などで取り上げられる。これは探検で使用した人骨のようなもの（フィリピンで購入したといわれている）をフィジーから持ち帰らず、取材班が現地で放置し、当局ともめたという事件である。さらに同年の一〇月、『アフタヌーンショー』（テレビ朝日系）での「やらせリンチ事件」が発覚し、テレビ業界、とりわけ『アフタヌーンショー』や『川口浩探検シリーズ』を放送していたテレビ朝日が強烈なバッシングを受ける。「やらせリンチ事件」では、『アフタヌーンショー』の担当ディレクターが逮捕され、メイン司会者が降板し、その後、番組は終了してしまう。『川口浩探検シリーズ』に関しても、「やらせ」という言葉が使用され、雑誌メディアなどでさんざんに叩かれていくのだ。

志賀信夫（放送評論家）

「『水スペ』のヤラセはそんじょそこらのヤラセではない。人物はおろか、それを取り巻く情景から何から、すべて演出してしまう。〝ヤラセもここまできた〟なんて域ではない。もう、これはドキュメントではない、まったくのフィクションですよ。面白く見せるために何だってやる」[29]。

実際には最近の番組はヤラセだらけである。〔中略〕冒険、探検番組だって同類。買ってきた人骨を洞窟の中にバラ撒いておいて、〝大発見〟なんてのは日常茶飯事のようだ。川口浩の大冒険「水曜スペシャル」も〔中略〕それはそうだろう。遠い異国へ取材に出かけたって、そうザラに〝大冒険〟のネタが転がっているはずがない。人食い人種や大蛇や毒グモや白骨が、どこにでもある訳がない。高い費用もかかっているし、仕方がないからヤラセで——となるのだろう[30]。

とくに、「やらせリンチ事件」以降は、報道番組ではないはずの探検シリーズの関係者までもが、番組批判に応答しなければならない状況に置かれる。そもそも「やらせリンチ事件」の本質は、『アフタヌーンショー』のディレクターが未成年者に暴力行為のシーンを要求し、それを実際に撮影したことにある。これは明らかな犯罪行為であり、局やディレクターが批判されて当然のことだろう。だが、「テレビ番組における演出は、どこまで許されるべきなのか」といった問題は、まったく別次元の話である。しかしながら、本質的な問題が深く議論されぬまま、「やらせ」という言葉がひとり歩きし、他の番組にまで風当たりが強くなってしまったのだ。『川口浩探検シリーズ』のプロデューサーも、そのような流れの中で責められることになる。

加藤秀之（『川口浩探検シリーズ』・プロデューサー）

「よくこの番組は〝やらせ〟が多いといわれるんですが、例えばですよ。毒ヘビに噛まれそうになるシーンを撮ろうとする。その場合、ヘビは木の上から落ちてくるのがいいか、はたまた地面から足へはい上がってくるのがいいか、どこか草むらから飛びかかってくるのが効果的かとか、ディレクターとしてはいろいろと考えを巡らせるわけです。また、いきなりヘビから撮るのがいいか、案内人が先に見つけた方がいいのかとか、川口さんのリアクションから入った方がいいとかいろいろ悩む。ですから、あらかじめ適当なヘビを用意しておく、ということもたまにはあり得る。だっていつもいつもこちらが出てきて欲しい時に動物が都合よく出てきてくれるとは限りませんからね」[31]。

このようなディレクターの発言が週刊誌に掲載されることにより、川口浩の冒険・探検の「真正性」は完全に失われてしまった。そもそも、川口浩は一九七〇年にスタートしたテレビ番組『ショック!!』（海外シリーズ）において、冒険・探検の「真正性」を追及することからスタートした。ヤコペッティに対抗心を燃やしつつ、つくりものではない「本物の冒険・探検ドキュメント」を制作しようと考えたのだ。しかしながら、一九八〇年代の『川口浩探検シリーズ』では、「やらせ問題」の渦中のなかで、皮肉にも「真正性」の論理そのものによって裁かれることになってしまった。それによって、マスメディアや視聴者からのバッシングを受け、さらには揶揄されることになったのである。

四　テレビ視聴の変容と「冒険・探検」

1ドキュメントバラエティ的なテレビ視聴の誕生

では、『川口浩探検シリーズ』に対する「真正性」が大きく失われていったのが、なぜ一九八〇年代の前半だったのだろうか。視聴者の側から言うならば、なぜ「真正な冒険・探検」という意味をそこに見い出せなくなったのだろうか。少なくとも、『ショック!!』の時代には、番組に対する批判や世間の嘲笑は生じなかった。もちろん、川口浩の冒険・探検番組の内容そのものが変化したということも理由のひとつだろう。だが、ここでは一九八五年から八六年にかけての、視聴者の「やらせ」に対する態度・見解に関する言説に注目してみたい。

「（『川口浩探検シリーズ』の：筆者挿入）番組中のヤラセのテクニックは、単純なものから複雑なものまでいくらでもあります。〔中略〕サギみたいなもんですよ。ただ、視聴者の方も、そのインチキくさいヤラセを楽しんでいるわけですから、その限りでは罪はないのかもしれません」[32]。

村野雅義（放送作家）

「さて、川口浩探険隊というと、ヤラセとかインチキの代名詞みたいになっちゃったけど、ちょっと待っていただきたい、とボクは、川口浩サンや隊員やスタッフ一同になりかわって、申し上げておきたい。〔中略〕（「川口浩探検シリーズ」担当のプロデューサーは：筆者挿入）ウチの番組を見てくれている人達は、もうエンターテイメントだって、わかってくれているだろう、と信じきって、より楽しい探険隊シリーズをつくってきたわけなのだ」[33]。

ここから明らかに読み取れるのは、「ヤラセだから観ない」という視聴者の単純な認識・態度ではない。「真正／非真正」あるいは「やらせは許される／許されない」といった二項対立を超えた次元で、視聴者は『川口浩探検シリーズ』を楽しんでいたという事実である。そのような見解が、放送作家や一般視聴者などのあいだでは、すでに多数存在していたのだ。だとするならば、『川口浩探検シリーズ』の変化というよりも、私たちはむしろ「テレビ視聴の在り方そのものの変化」および「その要因」に注目すべきではないだろうか。

既述のように、川口浩を揶揄して楽しむような現象は、一九八四年にリリースされた嘉門達夫の曲あたりからしばしばみられるようになった。だが、テレビ視聴のありかたという点から考えるならば、この時代「テレビ番組の内側をテレビそのものが語る」という装置が作動し始めていたのだ。たとえば、番組のつくられ方やその裏側をあえてみせるような構造は、バラエティではすでに八〇年代から『オレたちひょうきん族』（一九八一年五月〜　フジテレビ系）などで顕著にあらわれていた。ドキュメントバラエティに関して言えば、なんといっても一九八五年四月から放送された人気番組、『天才・たけしの元気が出るテレビ』（一九八五年四月〜　日本テレビ系）が象徴的だと言える。この番組のコンセプトは、「テレビがテレビの手の内を見せる」というものだった。

この『元気が出るテレビ』にはさまざまな企画が用意されていたが、たとえば初期の連続企画で、「カッパ」というシリーズがあった。「千葉県のある町の沼にカッパが出没する」という言い伝えを聞きつけた川崎徹（当時のCMディレクターで人気コピーライター、さらに『元気が出るテレビ』のレギュラー出演者）は、早速現地に足を運んだ。地元民の証言を聞き、三〇年前に現地で撮影された八ミリフィルムをみる。そこにカッパらしきものが映っているのを確認すると、川崎はすぐに「カッパ捜索隊」を結成する。まずは「カッパ捜索本部」を設置し、川崎隊長以下、地元消防団、全国のカッパ研究家、ダイバーらが集合するなど、カッパ捜索の準備は着々と進められていく。最新の水中カメラや魚群探知器までも用意し、川崎隊長はカッパの発見・捕獲を目指すのである。魚群探知機がカッパらしき生物を発見する。水中カメラにかすかながらカッパのようなものが映る。このようなスリリングな展開の「つくりかた」をあえて見せながら、カッパ捕獲作戦は進展していくのだ。
この「カッパ」について、ビートたけしは『川口浩探検シリーズ』に言及しつつ、次のように語っている。

「今度、カッパをどう終わらせようかと思ってね、つかまえたことにして、スタジオに連れてきて、水槽に入れて〔中略〕あとは沼にでも返したことにして、なにもフォローしないの。〔中略〕「カッパ」なんて、よく考えると、水曜スペシャルとほとんど変わらない。（笑）あそこに川口浩さんを持ってけば、まんま水曜スペシャル。うん、茶化してる気分はやっぱりあるけどね。川崎さんなんて、真面目な顔して絶対こうです、なんて言ってるんだけど、あの人も腹の中じゃ笑いたくってしようがない。（笑）下向いちゃうの、だから[34]」。

社会学者の北田暁大は、『元気が出るテレビ』について次のように述べている。

通常のドキュメンタリー番組であれば、〔中略〕素材加工＝物語化のプロセスは基本的に隠匿されなくてはならない（というか、「客観性」「非加工性」が擬制されなくてはならない）。『元気が出るテレビ』の方法論は、そうしたドキュメンタリー番組の「お約束」を逆手にとったものだ。内容的にとり上げるに値するとは思えない対象を、大げさなまでのドキュメンタリー的手法――「お約束」を肥大化させたもの――によって料理し、「お約束」に対する嗤いを生み出す。それはいわば、テレビ自身が、《あらゆるテレビ番組はヤラセ（演出的）である》という残酷な真理を告白しているようなものだ[35]。

たけしも言及しているように、「カッパ」は明らかに『川口浩探検シリーズ』を意識してつくられていたと思われるが、それは「盗作」というよりも、番組企画の制作過程をみせながら「パロディ化」しているのである。雑誌では、たけしが「カッパ」の終わらせ方に言及する。一方、テレビのなかでは川崎徹が真面目な顔をしてカッパの存在を語りつつも、腹の中では笑いそうになっている。これは単にテレビが事実をねつ造しているというわけではない。北田の言葉を借りるならば、テレビでドキュメンタリーを演じながらも、ドキュメンタリーにおける「お約束」（物語化のプロセスの隠匿）を意識的に崩し、そこから生まれる「嗤い」をこころのなかでは享受しているということである。
さらに重要なことであるが、『元気が出るテレビ』のスタジオには、たけしや川崎とともに、現場のＶＴＲを観て笑う二百〜三百人の観客たちがいる。川崎は、スタジオの観客たちについて次のように述べている。

「茶の間の人は、自分たちの代表があそこにいて、ろ過してくれている、あの人たちが笑っているんだから、自分たちも笑って大丈夫なんだ、という安心感があるんですね」[36]。

『元気が出るテレビ』には、たけしや川崎を中心とした出演者たちと観客が集う「スタジオ」があった。このスタジオこそが「川口浩探検隊」のような番組の見方を、明確に提示する役割を果たしていたのだ。一方の『川口浩探検シリーズ』には、そもそもスタジオというものが存在しない。常に存在するのは、川口浩が探検する「現場」（南米や東南アジアなどの秘境）と、テレビの前に座っている「視聴者」である。しかしながら、一九八四年の嘉門達夫は『川口浩探検シリーズ』をみるうえで、視聴者に対して既述の「スタジオ」と同様の役割を果たし、この番組を観るための作法を広めたのだ。

このようにして、一九八〇年代以降、テレビ、とくにドキュメントバラエティおいて、これまで触れる習慣のなかったテレビの「お約束」や、「テレビの手の内」までをも眺めるような楽しみが見出されていった。新たなテレビ視聴の作法が現れ、そのような楽しみ方が大勢をなしていくなかで、『川口浩探検シリーズ』は冒険・探検番組としての「真正性」をはく奪されていったのである。

ちなみに、一方で牛山純一は、川口浩とはまったく別の路線を歩んでいた。既述のように、牛山のドキュメンタリーは秘境や野生動物、未開社会などを紹介するというコンセプトにおいて、川口浩と高い親和性があった。しかしながら、『すばらしい世界旅行』では、牛山の方針もあって豊臣靖や市岡康子などのプロデューサーを現地で、一年のうちの半年以上は生活させる方針をとっていた。すなわち、「冒険・探検」ではなく、「フィールドワーク」としての意識を徹底させていたのだ。そのような経緯もあって、牛山の作品は国内外から「テレビ民族誌」として高い評価を受けたのである。このような流れのなかで、牛山は学問の分野として「映像人類学」を提唱した。

一九七三年、シカゴで「映像人類学国際委員会」が旗揚げされ、牛山のプロデュースしたドキュメンタリーが上映され、牛山は「テレビにおける映像人類学」というテーマで講演した。そこで牛山は、「文化は継承されてこそ発展していく。民族学〝文化人類学〟社会学と共に、映像人類学は人類の行動を映像で〝記録〟比較研究していく。地域社会で消滅する生活文化や風俗〝習慣など〟未来に受け継がれる映像として残していかなければならない」と語ったという。[37] さらに一九七九年、人類学会の巨匠であるM・ミードらと共同で、牛山は著書『映像人類学』を編集・出版した。川口浩は嘉門達夫の歌のなかで、「こんな大発見をしながら、けっして学会には発表しない。川口浩の奥ゆかしさに、僕らは思わず涙ぐむ」と揶揄されていたが、牛山は自身の映像を「教養」として堂々と学問の世界で発表していたのである。

　このようにして、牛山は自身のドキュメンタリー作品の権威、および「教養番組」としての価値をさらに高めていたのだ。ここには「学問・教養にすり寄る牛山純一」と「エンターテイメントに特化する川口浩」という構図が読み取れるだろう。もちろん、牛山の作品にも「冒険・探検」のような要素が含まれる番組は存在した。しかしながら、そこでは「教養」「学問」の力学が作動し、ドキュメントバラエティを観るような視聴の作法は、視聴者には採用されなかったのである。

　牛山純一を語る上でも川口浩を語る上でも興味深いことであるが、『元気が出るテレビ』でカッパがとりあげられていたほぼ同時期、牛山も同じく「カッパ」を扱ったテレビドキュメンタリーを制作している。ドキュメンタリー『知られざる世界』（日本テレビ系）、「カッパは妖怪か　日本各地にその謎を追う」（一九八六年九月一四日放送）である。内容は、日本各地に古くから伝わるカッパ伝説を追い、カッパのルーツを歴史学的・民俗学的に探究するというものである。番組では「カッパは実在した」という大胆な仮説を立てているものの、決してオカルト的な内容ではない。人間同士の戦いの歴史、大陸からの人々の渡来、あるいは被差別の問題などから、カッパの存在の真実性を語っている。同じようにカッパを題材にした作品とはいえ、『元気が出るテレビ』や『川口浩探検シリーズ』とは違い、「未確認生物発見」のような冒険・探検ストーリーとは一線を画していた。そうではなく、牛山が強調する学問性を前面に押し出しているのだ。牛山が求めたのは、あくまで「教養としてのテレビ視聴」であり、決して「冒険・探検としてのテレビ視聴」ではなかったのである。

2 「スペクタクルな冒険・探検」を求める若者・子どもたち

　しかしながら、一九八〇年代に生まれた新しいテレビ視聴の作法が、すべての視聴者を凌駕していたというわけではない。一方で、冒険・探検番組にスリルや興奮を求めていた若者、あるいは子どもの視聴者は、少なからず存在していた。『川口浩探検シリーズ』が彼らを魅惑していたという事実も、決して忘れてはならないだろう。

「二十四日放送のテレビ朝日の水曜スペシャル「川口浩探検隊シリーズ」は、テーマと違うメキシコ料理の紹介が番組の半分もあった。そのためか、探検のシーンを二週に分けて放送するとのことで、このシリーズ特有の興奮度も半減してしまった。料理の紹介などやめて一回で放送するべきだ。視聴者の側に立って番組をつくってほしい」（一七歳男性）[38]。

これは、すでに嘉門達夫の曲がリリースされてから一年以上前が経過し、その歌が広く世に知れ渡っていた頃の言説である。だが、それでもまだ『川口浩探検隊シリーズ』に冒険・探検的な盛り上がりを求めていた視聴者はいたのだ。この視聴者のいうように、確かに「メキシコ料理の紹介」では、そこにスリルを見出すことは難しいだろう。彼が期待していたのはあくまで「このシリーズ特有の興奮」であり、それを求めてやまない冒険・探検ファンは存在していたのだ。

さらに、『ゆけ！ゆけ！川口浩！』の発売前ではあるが、「川口浩探検隊」に対する批判がメディアで登場しはじめていたころに、本気で番組に魅惑されていたことを告白する語りもある。

「川口浩探検隊」が始まると私はテレビの前ににじり寄る。ある時から、ラジカセを抱えてテレビのスピーカーに押しつけた。勘の良い方はお分かりだろう。当時の我が家はまだビデオデッキが導入されていなかったのでカセットテープにそのまま録音して後で楽しむのだ。かっこよく言えば「同録」というやつである。興奮冷めやらぬ放送後、何度も何度も聴き返した。もちろんそんな録音方法だとテレビの音だけでなく生活音も入る。番組のクライマックス、「あれは何だ！」という川口隊長の声に「ジャジャーン」という重い効果音が重なる。遂に未知の生物が姿を見せるか？という緊迫したその瞬間、「早くお風呂入りなさい」という母親の声が飛びこんでくる。台所からの声がしっかり録音されていた。そんな混沌とした状況でも、私はドキドキした。〔中略〕翌日（一九八二年五月一二日「双頭の巨大怪蛇ゴーグ」放送の翌日。ちなみに当人は一九七〇年生まれで、当時は一一歳～一二歳である：筆者挿入）、修学旅行の集合場所は「ゴーグ」の話題で持ち切りだった。「お前は見たか？」「あの二つ頭はどうなっているんだ。二匹じゃないのか」。お互い興奮して語りあい、真偽について各自の見立てを述べる。極上の瞬間である。[39]

これはあくまで事後的な語りではある。だが、当時カセットデッキを使って音声を録音したことや、修学旅行の集合場所で友人たちと語り合ったエピソードなどがきわめて具体的であり、少年たちにとって「川口浩探検隊」がいかに魅力的であったかがうかがえる。これはおそらく「真／偽」という二分法だけで語れるものではなく、ましてや「お約束に対する嗤い」という新しい視聴の作法を適応できるわけでもない。むしろ「テレビ的冒険・探検」がつくりだす「ロマン」あるいは「興奮」といったほうが適切かもしれない。

「川口浩探検隊」の放送時間は九〇分であり、比較的長時間の番組である。しかも、同じ場所の探検を、二週に分けて放送することもある。したがって、未確認生物や原始民族の発見といった「結果」もさることながら、発見へたどり着くまでの「プロセス」が克明にテレビの「映像」「ナレーション」「効果音」などを駆使して描き出され、強調された。このような「テレビ的冒険・探検」の特徴は、決して冒険小説や冒険マンガなど、他のメディアにはみられないものだった。それらが『川口浩探検シリーズ』の魅力となり、一部の若者や子どもたちを駆り立て、八〇年代になっても同様の傾向は決して完全に消滅してしまったわけではなかったのだ。

実は「子どもたちのための冒険・探検」という視点は、川口浩自身も自覚していた。

川口浩（嘉門達夫の『ゆけ！ゆけ！川口浩！』について、「やらせ」について）

「ええ、あの歌をレコード化する時に僕の所に（嘉門達夫が：筆者挿入）許可を求めにきていました。別に文句言ったり、反対したりしませんでしたよ。（中略）僕らは番組をおもしろくするために、ある程度の「演出」はしてる。しかし、断じて視聴者を「騙し」たことはない。演出と騙しの違いを理解してもらいたいんです。子供たちは「川口浩」は知らなくても「隊長」は知ってるんですよ。そんな子供たちを裏切るようなことが出来ますか？この番組を見て、子供たちの胸がときめかなくなったらもう番組を終える時かもしれないですね」[40]。

「川口浩探検隊」への風当たりが強くなっていた

一九八五年当時、メディアの取材に答えていた川口浩について、妻の野添ひとみは次のように語っている。

「ぼくたちは、ニュースやドキュメンタリーを作っているのではない。あくまでも娯楽番組を提供しているんです」。おだやかな口調でコメントをしていた浩さん。少年時代、みんなで探検に行った感覚を番組に反映させていたにすぎないのです。[41]

ここには、牛山純一の志向とは対極にあるような、川口浩自身の発想がみられる。川口浩の「冒険・探検」の根底にあるのは、決して牛山のように「学問」にすり寄り、「教養化」することではない。そこにあるのはあくまで、子どものころ『少年倶楽部』を好んで読み、「冒険・探検」に胸をときめかせてきたという、自身の原初体験である。それが、大人になってからの「冒険・探検番組」の制作にも大きな影響を与えていたのだ。

五 「川口浩探検シリーズ」が残したもの

以上のように、当初は「真正性」にこだわった川口浩が、最後には「真正性」の論理そのものによって批判され、揶揄されていったという「冒険・探検史」（あるいはテレビメディア史）を論じてきた。しかしながら、同時に彼の「冒険・探検」が一部の視聴者を魅惑してきたことも確認してきた。一九八五年、川口浩はガンに侵され、二年後にこの世を去った。享年五一歳であった。

最後に、「冒険・探検」というものを考えるなかで、我々は川口浩をどのように位置づけることができるのかについて論じてみたい。もちろん、「テレビ時代におけるスペクタクルな冒険・探検の魅力を、彼は私たちに教えてくれた」と、肯定的に評価することは可能かもしれない。一方で、彼を「真の冒険家・探検家」と考える人々は、おそらくほとんどいないだろう。むしろ、批判や嘲笑、あるいは「半笑い」の対象にされていることのほうが、圧倒的に多いと思われる。「正当な冒険家・探検家ではない」という彼への意味づけは、今後も変わることはないのかもしれない。したがって、ここは二点を指摘するにとどめたい。

第一に、歴史的に考えるならば、「冒険・探検」とは、常に「真正性」という意味から批判にさらされ続けてきたものでもある。これまで、多くの冒険家・探検家に対して、さまざまな批判が浴びせられてきた。たとえば、「本当に極点（あるいは山頂など）まで行ったのかどうか怪しい」、「第一号ではない（二番煎じである）」、「広告代理店に利用されていれば、それは純粋な冒険ではなく、商業主義の一部と化している」、「飛行機で運ばれて帰ってくるのはおかしい」などである（詳しくは第十章を参照）。冒険・探検批判の根拠は、枚挙にいとまがないだろう。そのような歴史のなかで、川口浩は「冒険・探検批判」の理由づけを、新たにひとつ加えてくれたのではないだろうか。すなわち、日本でテレビメディアが誕生し、テレビ時代が成熟する（とくに八〇年代）にともなって、「テレビ的演出（やらせ）」という批判の論拠が「冒険・探検」を評価する際にも現れたのだ。それは、牛山純一などの教養主義的テレビ人には（結果的に）到達できなかった地点でもあり、逆に言うならば川口浩が「教養」ではなく「冒険・探検」にこだわったからこそたどりつけたのだ。

第二に、川口浩は「冒険・探検」に含まれる、人間の「興味本位的」な部分に大きな光を当ててくれたのかもしれない。というのも、川口浩が「冒険・探検番組」で活躍していた一九七〇年代前後、日本はオカルトブームのまっただ中にあった。たとえば、超能力や未確認飛行物体、あるいは「終末論」などが代表的だろう。川口浩の「冒険・探検」に関して言うなら、とくに「双頭の大蛇」や「原始猿人」などの「未確認生物」を扱った作品は、ネッシー、ツチノコ、雪男など、オカルトとの親和性が非常に高い。しかも、未確認生物の発見は、『日本沈没』（小松左京、一九七三年）や『ノストラダムスの大予言』（五島勉、一九七三年）のような、いわゆる終末論とは内容的に明らかに異なっている。川口浩の冒険・探検のほうが、どことなく牧歌的で、視聴者にとっては夢があるとも言えるだろう。いずれにしても、「冒険・探検」とオカルトがいかに近いかということ、あるいは決して切り離せないものであるということを、川口浩はあらためて私たちに教えてくれたのかもしれない。[42]

注

1　宝島社『八〇年代こども大図鑑』二〇一二年、九三頁。
2　『朝日新聞』二〇〇四年一月一三日夕刊。
3　原田実「未確認動物の精神史」『新潮45』二〇〇八年九月号、新潮社、一三九頁。
4　『読売新聞』一九七〇年一〇月五日夕刊。
5　飯田心美「外国映画批評　世界残酷物語」『キネマ旬報』、一九六二年一一月上旬号、七五頁。
6　『週刊TVガイド』一九七〇年一〇月九日号、四一頁。
7　『週刊TVガイド』一九七〇年一〇月一六日号、三五頁。
8　牛山純一「尊敬されると食べられちゃう　ニューギニア島の人食い人種をルポして」『週刊読売』、一九七〇年一〇月二三日号、四〇 - 四一頁。
9　『週刊TVガイド』、一九七〇年一〇月一六日号、三四頁。

10 『週刊TVガイド』、一九七〇年一〇月一六日号、三三頁。
11 牛山純一「尊敬されると食べられちゃう　ニューギニア島の人食い人種をルポして」『週刊読売』、一九七〇年一〇月二三日号、四〇頁。
12 読売新聞芸能部『テレビ番組の四〇年』日本放送出版協会、一九九四年、五一三頁。
13 牛山純一「あとがき」豊臣靖『東ニューギニア横断記　NTVすばらしい世界旅行』筑摩書房、一九七二年、二三七頁。
14 鈴木嘉一『テレビは男子一生の仕事―ドキュメンタリスト牛山純一』平凡社、二〇一六年、二八‐三六頁。
15 丹羽美之「牛山純一」吉見俊哉 編『ひとびとの精神史第五巻』岩波書店、二〇一五年　一〇五頁。
16 日本経済新聞社編『私の履歴書　文化人　四』日本経済新聞社、一九八三年。
17 野添ひとみ『浩さん、がんばったね』講談社、一九八八年、五三頁。
18 野添ひとみ『浩さん、がんばったね』講談社、一九八八年、一一六頁。
19 「川口浩〝名物探検隊の舞台裏―毒へビ、サソリがぼくの友だち―〟」『現代』講談社、一九八五年一一月、一八五頁。
20 川口浩『〝ショック〟世界旅行』日本テレビ、一九七一年、三頁。
21 『週刊TVガイド』、一九七〇年一〇月一六日号、三六頁。
22 牛山純一「あとがき」豊臣靖『東ニューギニア横断記　NTVすばらしい世界旅行』筑摩書房、一九七二年、二三七頁。
23 『読売新聞』一九七九年八月一九日朝刊。
24 『朝日新聞』一九八〇年一月一八日朝刊。
25 『読売新聞』一九八一年五月五日朝刊。
26 「読者の広場」『週刊TVガイド』、一九八三年一月一四日号、一八二頁。
27 「川口浩の『世界女体探検』に肉迫」『週刊ポスト』、一六巻四三号（一九八四年一〇月）、二〇二頁。
28 「生存者はまだいた！『救援』はなぜ遅れたか！」『週刊サンケイ』、一九八五年九月一二日号、二〇〇頁。
29 「国辱的「ヤラセ番組」だった、テレビ朝日の「人骨バラマキ」」『週刊新潮』、一九八五年八月一五日号、一四二頁。
30 大西満「大西満のちょっと拝釣」『週刊釣りサンデー』、一九八五年一一月一〇日号、八四‐八五頁。
31 「川口浩〝名物探検隊の舞台裏―毒へビ、サソリがぼくの友だち―〟」『現代』講談社、一九八五年一一月、一八五‐一八六頁。
32 「国辱的「ヤラセ番組」だった、テレビ朝日の「人骨バラマキ」」『週刊新潮』、一九八五年八月一五日号、一四二頁。
33 村野雅義「放送作家が見たテレビ朝日〝水スペ〟人骨バラマキ騒動劇」『噂の真相』一九八五年一〇月、八七‐八八頁。

34 『広告批評』、一九八五年一〇月、一三-一四頁。
35 北田暁大『嗤う日本の「ナショナリズム」』NHKブックス、二〇〇五年、一五五頁。
36 別役実・川崎徹「言葉の意味と方向を解体する」『広告批評』、一九八五年一〇月、五九頁。
37 『川崎市市民ミュージアム ニュース』五五号(二〇〇〇年七月一二日)、二頁。
38 『読売新聞』一九八五年七月三一日朝刊。
39 プチ鹿島「「川口浩探検隊」の探検隊」『EX大衆』、二〇一五年四月号、一一〇頁。
40 「川口浩〝名物探検隊の舞台裏―毒ヘビ、サソリがぼくの友だち―〟」『現代』講談社、一九八五年一一月、一九〇頁。
41 野添ひとみ『浩さん、がんばったね』講談社、一九八八年、一七〇頁。
42 本稿は、「旅や冒険を表象するテレビ番組と「真正性」「教養」」(桃山社会学会編『社会学論集』第二巻一号、二〇一七年)の内容を大幅に加筆修正したものである。

コラム5　冒険とスポーツと資本主義

大野哲也

サッカー、ラグビー、テニス、ボクシング、登山など、近代スポーツの多くは一八世紀から一九世紀にかけてイギリスで誕生した。

スポーツ〝sport〟の語源は、ラテン語で「一時的に離れる」という意味をもつ〝deportare〟である。それがフランス語化されて、「気晴らし」を意味する〝desporter〟になり、さらに英語化されて「楽しみ」や「遊び」を意味する〝disport〟になった。つまり、原初のスポーツは気晴らしであり、遊びだったのだ。

なぜ「一時的に離れる」が「気晴らし」や「遊び」に、さらにそこからスポーツ〝sport〟に変化したのだろうか。

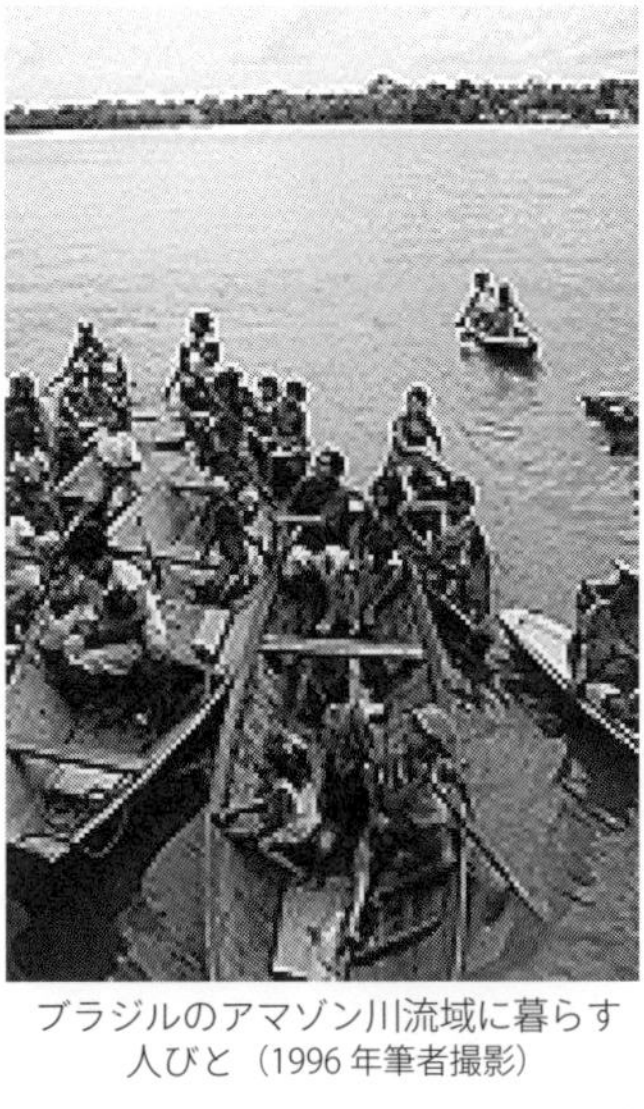

ブラジルのアマゾン川流域に暮らす人びと（1996年筆者撮影）

その理由の一つは、一八世紀にイギリスで始まった産業革命にある。産業革命は、それまでの家内制手工業から、蒸気機関の発明に代表される技術革新によって工場制機械工業へと社会を大きく変化させた。そしてこの生産プロセスの変化は、朝になると自宅から工場へ通勤し、その日一日の労働が終わると自宅へ帰っていくという通勤労働者の誕生をも意味していた。この変化によって、家内制手工業では渾然一体としていた「労働の時間」と「それ以外の時間」が明確に分離した。すなわち、労働以外の自由な時間である「余暇」が誕生したのである。

余暇の誕生は労働者に、労働によって疲弊した肉体と精神を回復させる機会を与えた。労働者は、労働から「一時的に離れ」て「遊ぶ」ことによってリフレッシュしたのである。これがスポーツ〝sport〟の語源になったのである。

遊びならば「できるだけ長い時間遊びたい」と思うのは誰もが同じだろう。そして実際に、当時のスポーツは相当長い時間をかけて遊ばれていた。たとえば、フットボールを例にとると、一八四五年にイギリスのラグビー校で成文化されたルールには「試合が無得点のままであれば五日後あるいは三日後に引き分けとする」という一条があったほどだ。

サッカーとラグビーを含むフットボールの起源には諸説があるが、イギリスにおける競技の歴史を遡っていくと、一三〇〇年ごろに各地で盛んにおこなわれていたボールを取り合う祭りにいきあたる。この祭りは町人や村人を二分し、町や村の上手にある水車や下手にある養鶏場のゲートなどをゴールに設定して、一つのボールを奪い合いつつ設定したゴールにボールを運び込んだほうが勝ちという遊びでもあった。何百人という人たちが、何日間にもわたって、昼夜を問わずボールを追いかけ、時にはボールを巡って乱闘を繰り広げるという相当荒々しいものでもあった。この遊びであり祭りでもあるボールの奪い合いが徐々にフットボールというスポーツに変化していく。そのプロセスで、手を使ってはいけないというルールのサッカーと、楕円形のボールを持って走る選手に猛烈なタックルをすることを認めるラグビーに分かれていった。

ところで一四世紀には、現在のようなゴム製品はまだ発明されていなかった。当時は、現在のボールの代用品として、ブタやウシの膀胱がつかわれていた。屠殺したウシから膀胱を取り上げ、それに空気を入れてボールにしていたのである。膀胱は意外と丈夫で破れにくかったようだが、それでもゴム製のボールと比べるとはるかに脆弱で、破れた場合はまたブタやウシを屠らなければならなかった。相当血なまぐさい遊びでもあったのである。ちなみにラグビーボールがなぜ楕円形をしているのかは、ここに関係がある。ウシの膀胱が楕円形をしており、それが現在にまで継承されているのだ。

こうした血で血を洗う遊びは、驚くほど長い期間続いた。現在、多くの球技で使用されているゴム製ボールの発明は、一九世紀の後半まで待たなければならなかったからだ。

ゴムの歴史は古い。西洋がゴムを発見したのは一五世紀だったという。イタリア生まれの海洋冒険家クリストファー・コロンブスが、自身の二回目のアメリカ探検の際、立ち寄ったカリブ海の島で現地の人たちがゴムで遊んでいるのを見て、それを帰国後に報告したのだ。だが当時の科学技術は、温度の変化に敏感に性質を変えるゴムを安定させる方法をもっておらず、製品化するには至らなかった。

しかし一八三九年にアメリカ生まれのチャールズ・グッドイヤーが加硫法（硫黄を加えて加熱する）という製法を発明したことによって、ゴムは温度への耐性ができ、弾性が増し、性質が安定した。これによってゴムを利用した工業製品が開発される目処がたったわけだが、この時期、まだゴムの木は西洋の手にはなかった。

ゴム分を含有する植物は地球上に多く存在するが、その中でもゴム製品という意味においては、ヘベア・ブラジリエンシスという種が最適であることが、当時、すでにわかっていた。だがその木は名前のとおりブラジルのアマゾン川流域という西洋にとっては「未開の地」に生息域がひろがっていたので、ヨーロッパの列強はまだ手中に収めることができなかった。

そこにイギリス生まれのプラントハンター、ヘンリー・ウィッカム（一八四六─一九二八）が登場する。プラントハンターとは、簡潔に説明すると食用、薬用、観賞用など、西洋にとって有益な植物を世界各地のジャングルや密林に命がけで分入って西洋まで運んでくる冒険心に富んだ人たちのことをいう。

ウィッカムの冒険は、二〇歳にして始まった。彼はまずニカラグアに向かった。だがその旅の目的はよくわかっていない。プラントハンターという意識はほとんどなかったようだ。ただ単純に未知の世界に対する憧憬があったのかもしれない。ともあれ彼は、マラリアに苦しみながらも約一年間、奥地へと冒険し続けた。

その後、一旦イギリスに帰国したウィッカムが次に試みたのは、ベネズエラからブラジルにかけての冒険だった。こうした南米での長期滞在によって彼はゴムの知識を習得していった。そしてプラントハンターとして成功することを夢見てブラジルに移住するに至る。

まさに波乱万丈を地でいくウィッカムの人生は、経済的に成功するわけでも、大きな名声を得るわけでもなかった。いやむしろマラリアに罹って生死の境をさまよったり、ブラジルに連れて来た母と妹を病気で亡くしたり、事業に失敗して無一文になったり、妻がウィッカムに愛想を尽かして彼の元を去っていったりと、苦難続きの人生だった。

しかし一八七六年に、ウィッカムが七万粒にも及ぶヘベア・ブラジリエンシスの種子をイギリスに「密輸」することに成功したことは、その後の産業の発展、特に欧米における資本主義の発展に大きく寄与した。ヘベア・ブラジリエンシスの種子を入手したイギリスが、種子から育てた苗木をアジア各地にある自国の植民地に送ってプランテーション化に成功したのである。

こうしてゴム製品が安定的に製造される目処が立った。それ以降、今日に至るまでの社会的、歴史的なプロセスでゴム製品にもっとも大きな影響を受けたのは自動車産業だっただろう。加硫法を考案したグッドイヤーの名前が示すように、空気入りゴムタイヤを装着した自動車が一気に普及していくとともに、自動車産業に連動して多種多様な産業が瞬く間に発展していったからだ。

自動車だけではもちろんない。サッカーボールやラグビーボールなど、ゴム製品が誕生することによってスポーツが劇的に変わった。つまり一九世紀の資本主義という経済システムの急成長は、その根幹部分において、破天荒で自滅的な冒険家ウィッカムの生き様に負うところが大きかったのである。

ウィッカムの冒険によって資本主義社会が劇的に変化し、資本主義によってスポーツが劇的に変化するという連鎖を生んだ。だが同時に、資本主義的な社会だからこそ、彼のような生き方が可能だったということもできる。両者はニワトリとタマゴの関係なのだ。

資本主義によるスポーツの変化は多岐にわたるが、それらの中でも特に象徴的なのは、スピード化とビジネス化という二つの変化だろう。

通信手段を例にとると、飛脚や伝書鳩が手紙になり、電報から電話になり、現在ではスマートフォンやインターネットにまで進化している。この変化をもたらしたのは、資本主義の根本精神である競争原理が社会のあらゆる要素の隅々にまで浸透しつつ、それがグローバルな規模で展開されるプロセスで、果てしなきスピード化が必然的に要求されたからだ。

こうしたスピード化の波は、スポーツにまで押し寄せてきた。たとえば一九世紀の末にアメリカで誕生したバレーボールは、一九九九年に、サーブ権を持っているチームがラリーに勝った場合にのみ得点が認められるサイドアウト・システムを廃止して、サーブ権には関係なくラリーに勝ったチームに得点が入るラリーポイント・システムを導入するという、ゲームの本質的な部分のルール改正をおこなった。サイドアウト・システムでは試合時間が長すぎてテレビの放送時間内にゲームが終わらないというのが、ルール変更がおこなわれた最大の理由だった。

「パフォーマーがおこなっているスポーツをオーディエンスが観て楽しむ」のが、それまでのスポーツのあり方だった。ところがメディアの発達はこの主従関係を逆転させた。「スポーツを放送する」のではなく「放送するためにスポーツをする」というように、あるいは「スポーツを観て楽しむ」のではなく「人びとを楽しませるためにスポーツをする」というように、スポーツの主体がパフォーマーからオーディエンスへと移転したのである。

ここにおいてビジネスは、明らかに、スポーツに優先された。しかしスポーツは、ビジネスに絡み取られるだけの受け身の存在でもなかった。外圧によるスポーツのスピード化によって、スポーツが含有していた長い時間遊ぶための工夫としての冗長な部分が削除されることとなり、現代の価値観に適合したカタチに修正をほどこされていったからだ。競技の面白い部分が濃縮されたうえで増幅されたのだ。

つまりスポーツは、資本主義という経済システムと二人三脚で発展・変化してきたものなのだ。そして、それにともなって公平で平等で合理的なルールが整備されてもいった。しかしその一方で、本来の気晴らしや楽しみや遊びとしてのスポーツは勝利優先主義へと変貌し、五日かけて引き分けるものから一〇〇分の一秒を競い合い、それに勝利した者が巨万の富を得ることができる巨大なビジネスへと変質したのである。

第十章　「人跡未踏の地」なき時代の冒険

大野哲也

一　「人跡未踏の地」なき時代の冒険

「冒険」という言葉にはロマンティックな魔力がある。冒険は人びとを空想の世界に引き入れ、好奇心をそそり、虜にする。冒険を成功させれば、地位と名誉と栄光と大きな自己満足、さらに時には金銭的な利得さえも手に入れることができる。これが冒険を一層魅惑的にしている。こうして冒険という病魔に取りつかれた者は、しばしば自分の命も顧みず、危険な罠にあえて身を投じていく。一九一一年に試みられた「世界最悪の旅」[1]と評されたロバート・スコット隊による南極点への冒険は、その典型例だろう。

スコットが南極点を目指した一九〇〇年ごろ、地球上には人類がたどり着きたくてもたどり着けない孤高の地が三か所あった。それは北極点、南極点、エベレストの頂上である（冒険コミュニティではこれらを「三つの極（three poles）」と呼ぶ）。そしてこの三か所をめぐって国家の威信と自己の尊厳を賭けて、激烈な征服レースが繰り広げられた。

三か所の中で最初に陥落したのは北極点だった。それまで何度も北極点に挑戦しては跳ね返され、両手足の指を八本失っていたアメリカ人のロバート・ピアリーが、一九〇九年四月六日、ついに北極点の攻略に成功したのである。

次に落城したのは南極点だった。ノルウェー人のロワール・アムンゼンとイギリス人のスコットが熾烈な南極点争奪レースを繰り広げた末に、犬ぞりを使ったアムンゼン隊が一九一一年一二月一四日に人類史上初めて南極点に立った。[2]一方、スコット隊は馬を採用したものの厳しすぎる気象状況のために機能せず、片道一三〇〇キロに及ぶ氷の行程のほぼすべてで徒歩を強いられた。それでも一番乗りを信じて前進を続けたスコット隊は、重度の凍傷に苦しめられながらもアムンゼンから遅れることわずか三五日、一九一二年一月一六日に南極点に到達した。南極点に燦然と輝くアムンゼンが残したノルウェー国旗を発見したときのスコットの個人的かつ国家的な落胆は、想像を絶するものだっただろう。そして凍りついた心身は、すでに限界を超えていた。結局スコット隊は帰路、全滅してしまうのである。これが「世界最悪の旅」と言われる所以である。

最後まで抵抗したのはエベレストだった。南北両極点で辛酸をなめた世界のリーダーを自負するイギリスにとっては、エベレストだけは他国に負けるわけにはいかなかった。国家の面目を懸けて挑み続け、そのプロセスで幾多の死者を出し続けながらも、一九五三年五月二九日、英連邦のニュージーランドからエドモンド・ヒラリーを呼び寄せてイギリス隊に組み込み、ネパール人のテンジン・ノルゲイとペアを組ませて、ようやくエベレストの征服に成功したのである。

こうして社会的・政治的な価値という意味における人跡未踏の地は、世界地図から「消失」した。そしてピアリー、アムンゼン、ヒラリーとテンジンは偉大な冒険家として歴史に名を残すことになった。

多くの命が散っていった冒険の時代は、しかし、国家にとっても冒険者にとっても幸福の時代だった。地球上には人跡未踏の地があり、それを征服することが即、国家の威厳につながり、征服者は後世にまで名を残す栄光と名誉を手に入れ、社会的な地位の上昇と金銭的利得を確約されたからである。国家も人も、ただ単純に人跡未踏の地に挑戦しさえすればよかったのである。

しかしそのような冒険の黄金時代から一〇〇年以上が経過した現代では、冒険の社会的・政治的意味が大きく変化している。もはや地球上に人跡未踏の地はなく、どこへ行っても、どんなことをしても結局は先達の二番煎じにしかならないからだ。冒険にとってのユートピアがない以上、現代の冒険には社会的・政治的価値がほとんどない。

冒険のエッセンスの一つがパイオニア・ワークであるとすれば、ピアリーらの偉業は、確かにパイオニア・ワークという栄光が燦然と輝いていた。そしてパイオニア・ワークに価値があるのであれば、現代の冒険が「日本人初」「最年少」「新ルート」「単独」「無酸素」「最短」「全山完登」などのバリエーションに活路を見出すことは必然だった。

だがバリエーションに冒険的価値があるのであれば、ジャーナリストの本多勝一が言うように「富士山でもうずまき状にぐるぐる登れば「人類初めて」になる。」[3]。それが恐ろしくナンセンスであることは論をまたないであろう。つまり現代の冒険は、きわめて困難かつ錯綜とした状況におかれているのだ。

ところがこうした冒険受難の時代であるにもかかわらず、多くの冒険が試みられているという奇妙な現象が現在生じている。一例として一九九六年に創設された植村直己冒険賞を確認してみよう。二〇一六年に同賞にもたらされた冒険情報数は個人一四三、団体四〇、計一八三件にも及ぶのである[4]。

既知の地しかない時代に、人びとは何を目指して冒険に身を投じていくのだろうか。そこにはどのような意味があるのだろうか。

二　冒険の歴史人類学

1 冒険とは何か

論をすすめる前に、まず「冒険」とはどういう行為なのかを考えてみよう。

日本冒険界の雄、植村直己を詳細に論じた本多は「「無謀でない冒険」とは形容矛盾であって、冒険は本来「無謀」なものである。」と語ったうえで、「冒険」を次のように定義している。

> 冒険を定義するとき、どうしても欠くことのできない条件をひとつだけ挙げるとすれば、何でしょうか。それは、生命の危険を冒す点だと思います。ジェット＝コースターに乗って、いくら冷や汗をかいてもそれはスリルであり、危険であるかのように感じられるにすぎませんから、冒険ゴッコではあっても冒険ではない。生命の危険のない冒険は、したがってすべて冒険ゴッコであるといえましょう。〔中略〕ほかに、冒険という言葉に欠かすことのできない条件は、何でしょうか。私の考えでは、いかなる場合にせよ、実行する当人に主体性がなければならない点だと思います。どんなに馬鹿げた行為であっても、当人の意思で、積極的に行うものでなければならない。〔中略〕以上の二点を備えていさえすれば、冒険の条件としては必要かつ十分ではないかと存じます[5]。

つまり本多は「危険」で「主体性」がある行為、――それは往々にして「無謀」でもある――、を冒険と呼ぶのである。

一方、当の植村は冒険をどのように考えていたのだろうか。

植村は各界の著名人との対談の中で冒険について次の

ように語っている。

みんな、それぞれが、何か新しいことをやる、それはすべて冒険だと、ぼくは思うんです。[6]

結局、いままでだれもほかにやっていなかったというところですね。非常に未知の要素を含んでいるわけです。[7]

他人がやったことの中には何の魅力も感じない。[8]

これらが植村の冒険についての語りのすべてではないが、彼は冒険のエッセンスとして「パイオニア・ワーク」を重視していたことがよくわかる。

そして人跡未踏の地なき現代における冒険について次のように語った。

現代の冒険は、たらいの中で走り回っているようなものかもしれませんね。今は北極だってアマゾンだって、飛行機やモーターボートでわけなく行けるんですから、昔のほうが、ほんとに未知なものに挑むおもしろさがあったでしょうね。[9]

前回のエベレスト登頂（一九七〇年）でも、日本人で初めて世界の最高峰に登るんだという気持ちが登るまではあったんです。ところが、いざその頂上に立ってみると、「エベレストはすでに登頂されているんだ」という思いが湧いてきて、それまでに一生懸命やってきた割には熱いものがこみ上げてこなかったですね。[10]

植村は人跡未踏の地なき時代に、それでもなお未知を求めて冒険を志すこと自体に困難を感じ、既知の地の中でパイオニア・ワークを目指さなければならないことに苦悩していたのだ。

結局、植村は一九八四年、人類史上初となるマッキンリー厳冬期単独登頂を達成した直後に消息を絶ってしまう。

植村直己冒険賞は、植村の出身地である兵庫県日高町が、彼の功績を称える目的で創設した。同賞は冒険を「周到に用意された計画に基づき、不撓不屈の精神によって未知の世界を切り拓くとともに、人々に夢と希望そして勇気を与えてくれた創造的な行動（業績）」[11]と定義している。具体的には「極地、山岳、海洋、空等の自然を対象とし、日本または世界各地において、人間の可能性に挑んだ創造的な勇気ある行動（業績）」[12]のことを指す。

この冒険の定義は、既成の価値観に縛られずに、己の好奇心と冒険心の赴くままに地球を縦横無尽に駆け抜けた植村の生き様から導きだされたものだろう。

本多、植村、植村直己冒険賞の定義を整理してみると、①危険、②主体性、③パイオニア・ワークの三要素が現代の冒険では重要視されているということがわかる。[13]

これらの三要素に加えて、本多と植村は言及していないが、植村直己冒険賞が「人々に夢と希望そして勇気を与えてくれた創造的な行動（業績）」という要素を冒険の定義に入れていることは注目すべきことだ。なぜなら植村直己冒険賞は冒険を「見る（オーディエンス）」「見られる（パフォーマー）」関係の中で成立する行為だとみなしているからである。

写真１　植村直己冒険館の外観（2018年）

「オーディエンス－パフォーマー」関係は、たとえば南極点一番乗りを果たしたアムンゼンが、帰還後に世界中から祝電を受け取り、オーストラリアなどで講演をおこなったさいに熱烈な歓迎をうけ、ノルウェーの国民的英雄になっていったことからも理解できる。同時に、スコットの悲劇が伝えられるとイギリス中が悲嘆にくれ落胆したことからも納得できる。

また一九八四年に植村に国民栄誉賞が贈られたことも「オーディエンス－パフォーマー」関係をよく表している。国民栄誉賞は、国民栄誉賞表彰規定によれば「広く国民に愛され、社会に明るい希望を与えることに顕著な業績があったもの」に与えられるからである。彼自身が冒険をする際にオーディエンスの眼差しを意識したり自覚したりしていたかはもはやわからないが、彼の冒険の多くは、観衆によって鑑賞され消費されていたのである。

本多らが指摘した冒険を構成する三要素と、第四の要素「オーディエンス－パフォーマー」関係が社会に流通し定着するなかで、多くの日本人はさまざまな冒険に挑戦してきたのである。

2　冒険の歴史人類学

文化人類学者の竹沢尚一郎は、一八世紀から一九世紀にかけてのアフリカにおける西洋の探検家たちの足跡を辿りながら、その時代における啓蒙主義、帝国主義、植民地主義、そしてヒューマニズムの交錯を描き出している。[14]

竹沢によれば「「未知」の大陸や国々について書かれた探検記や旅行記、エッセイ、冒険小説などは、一九世紀後半にもっとも人気を集めたジャンルの著作であった。(中略) 遠方の「他者」に向かうベクトルと視線は、この世紀の国民の大半が共有したいわば時代的関心事になっていた」。[15] こうした「他者」への興味や、未知なる世界への好奇心を原動力にして、何人ものヨーロッパ人がアフリカ大陸へ命懸けで旅立っていった。

ヨーロッパ人として初めてニジェール川に達したイギリス人のマンゴ・パーク。ヨーロッパ人として初めてトンブツクーを訪れ、その地の地図と情報を持ち帰ったフランス人のルネ・カイエ。宣教師であり医師でもあったアフリカ探検の第一人者、イギリス人のデイヴィッド・リヴィングストン。彼らが母国にもたらした現地の情報は、植民地政策の立案と実施に重要な役割を果たした。

しかし彼ら自身は極端な人種主義者でも、植民地主義を信奉する自民族中心主義者でもなかった。いやむしろそれとは逆で、彼らの著書をみてみると、彼らの現地の人びとに対する眼差しはきわめて平等主義的であり、そこにはヒューマニズムが満ち溢れている。[16] だがその公平な姿勢は、ともすれば啓蒙主義につながり、それを手にしたヨーロッパ諸国は、そこに商業主義を基盤とする莫大な利益のにおいをかぎつけた。これが奴隷貿易や帝国主義に接続し、支配の正当化へとねじ曲がっていったのである。

そしてそれを正当化するプロセスで「文化的で理性的な私たち」と「未開で野蛮な彼ら」の差異を強調すればするほど、命懸けで未知の世界に分け入っていく探検家たちの勇気は賞賛されることとなり、彼らの社会的地位は上昇し、彼らの冒険譚は社会で絶大な支持を受けることになったのである。

一方、比較文化史を専門とする白幡洋三郎は、一六世紀から一九世紀に活躍した有名・無名のプラントハンターたちに着目して、彼らと西欧の近代化の関連性を論じている。プラントハンターとは、「植物のもつさまざまな面の魅力にひきつけられて、人類史がはじまって以来、人跡未踏の奥地や遠く海外へ、植物採集に出かけた人々」のことをいう。白幡によれば、初期のプラントハンターのターゲットは薬用植物だったにちがいなく、そこから食料や香料という具合に採集の範囲を拡大していった。[17]

しかし一七世紀にヨーロッパで園芸ブームが巻き起こることによって、事情が一変する。たとえばオランダでの園芸熱は、チューリップによってもたらされた。一六世紀後半にトルコからヨーロッパに入ってきたチューリップは、一七世紀に入り、オランダで爆発的な人気を博した。こうした園芸熱は瞬く間にヨーロッパに広がっていく。それに連動して、その植物に薬用や食用というような有用性がなくとも、ヨーロッパに存在しないというただそれだけの理由で高い価値がつくようになった。

ヨーロッパで園芸ブームが巻き起こる時期と、一六世紀が大航海時代だったことが一致しているのは決して偶然ではない。[18] プラントハンターが異国の珍しい植物をヨーロッパに届けるために、未知の世界に飛び込んでいく。そして現地で見つけた固有種を船でヨーロッパに送り届ける。こうした西洋の先端技術と、西洋の「他者」への眼差しに支えられて、プラントハンターは世界地図の空白地帯へと、自らの冒険心を鼓舞しつつ足を踏み入れていったのである。

プラントハンターたちの活躍によって、西洋にとっての人跡未踏の地は消失していき、ヨーロッパではガーデニングという新しい文化とライフスタイルが生まれ育っていった。そしてこうして新たに誕生したビジネスと、人びとの植物を愛でるという平和的な心は、植民地主義を正当化する原動力にもなっていった。

本節で確認したのは、冒険が植民地主義や啓蒙主義、あるいは近代化といった「大きな物語」と簡単に接続するということだった。

冒険心は個々人の心に「自然」に宿るものであり、それはあくまで個人的な事柄のはずである。そしてまた、冒険によって「冒険心を満足させたい」「社会的な名声を得たい」「金銭的な利益を得たい」というようなことも個人的な欲望だ。しかしそうした個々の欲望と、植民地主義に代表される「大きな物語」は、社会の状況によっては、いともたやすく接続してしまう。「大きな物語」と個々人の欲望はいわば車の両輪であり、こうした相乗効果がその後の世界情勢を激変させていったのである。

いまだに厳然と存在する南北問題や人種差別などのいびつな社会構造をもたらした歴史的要因の一つは、間違いなく人びとの「素朴」な冒険心だったのである。

三　現代の冒険の諸相

1 女性と冒険

現代日本社会の冒険を分析するとき、植村直己冒険賞は大きな手がかりとなるだろう。

同賞は第一回の受賞者に、ミャンマーの最高峰かつ未踏峰のカカボラジ山（五八八一メートル）に初登頂した尾崎

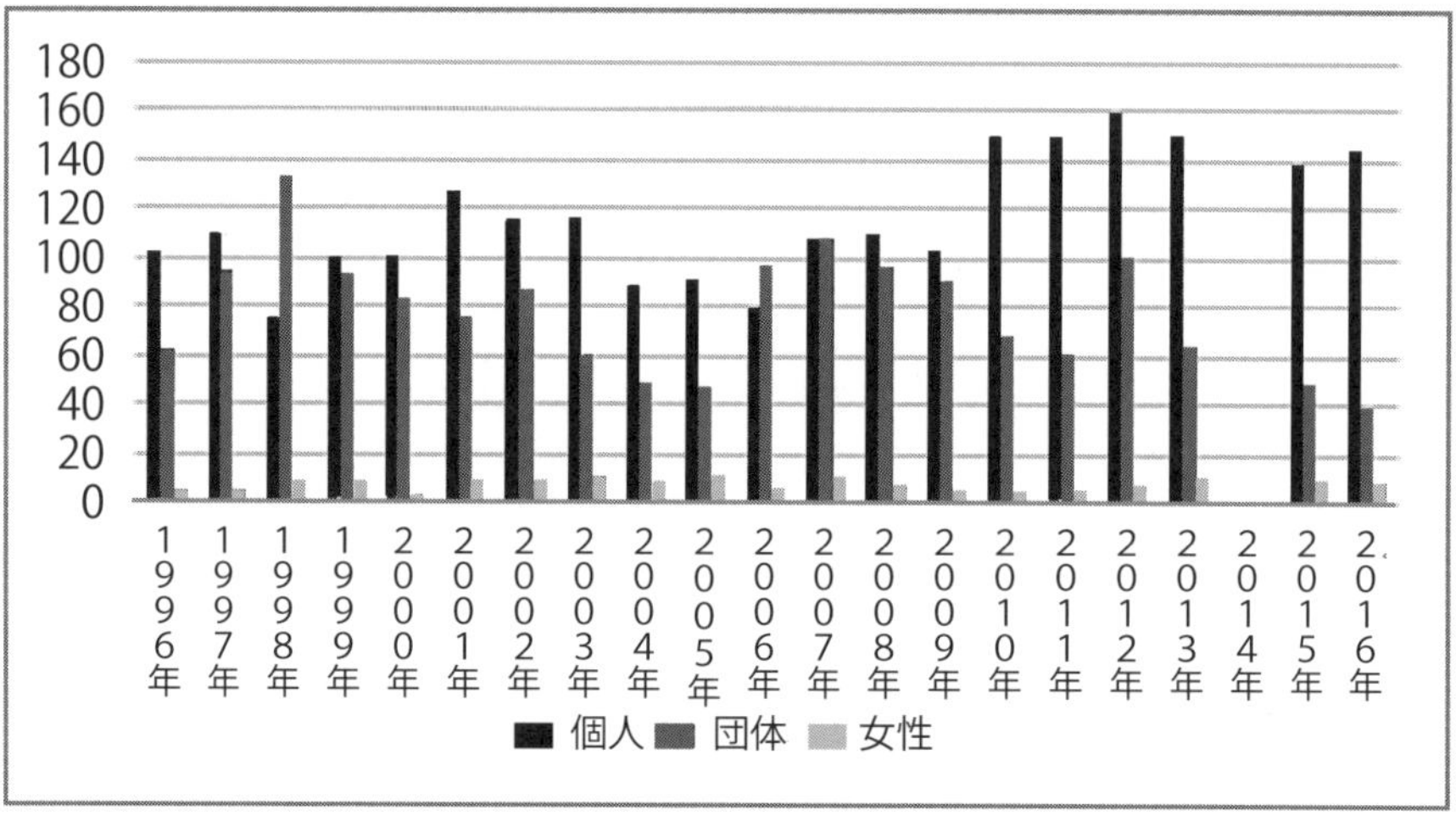

図1　植村直己冒険賞に寄せられた冒険情報数
『植村直己冒険賞』の1996年版から2016年版を集計して筆者が作成した（注19参照）。「女性」数は、団体は除外し、個人の冒険だけを集計した。名前から性別を判断し、性別がわかりにくい名前については、インターネットで検索して性別を判断した。グラフの縦軸は情報件数を表している。

隆を選んだ。以来、南極点無補給単独徒歩到達に成功した荻田泰永を選出した二〇一七年まで、二〇回で男性一七名、女性四名、計二一名の冒険家を讃えている（二〇一四年は選考自体はおこなわれたものの受賞者が受賞を辞退したために、データの公表もおこなわれなかった）。

同賞をみてみると、現代日本社会の冒険が二つの特徴を備えていることがわかる。一つは同賞に寄せられる「冒険情報数」が膨大な数にのぼるということであり、もう一つは男性偏向が著しい冒険界において、女性が一定の割合で常に存在しているということだ。

具体的にみていこう。図1[19]のとおり、同賞が設立されて以来、個人・団体を含めて毎年二〇〇件前後の冒険情報が寄せられていることは、驚くべきことだろう（最多は二〇一二年の二五九件、最少は二〇〇四、二〇〇五年の一三七件）。毎年、約二〇〇名の日本人が冒険しているという事実は、現代日本社会において冒険が一般化していることを明示している。

これまで冒険は、ピアリーらが象徴するように、「タフ」で「マッチョ」という男性性が強調されてきた。しかし現代の冒険はそのような男性性を発散していない。特殊な才能に恵まれた者だけが挑戦できるものとしての冒険から、誰もができるものとしての冒険へと激変しているのだ。

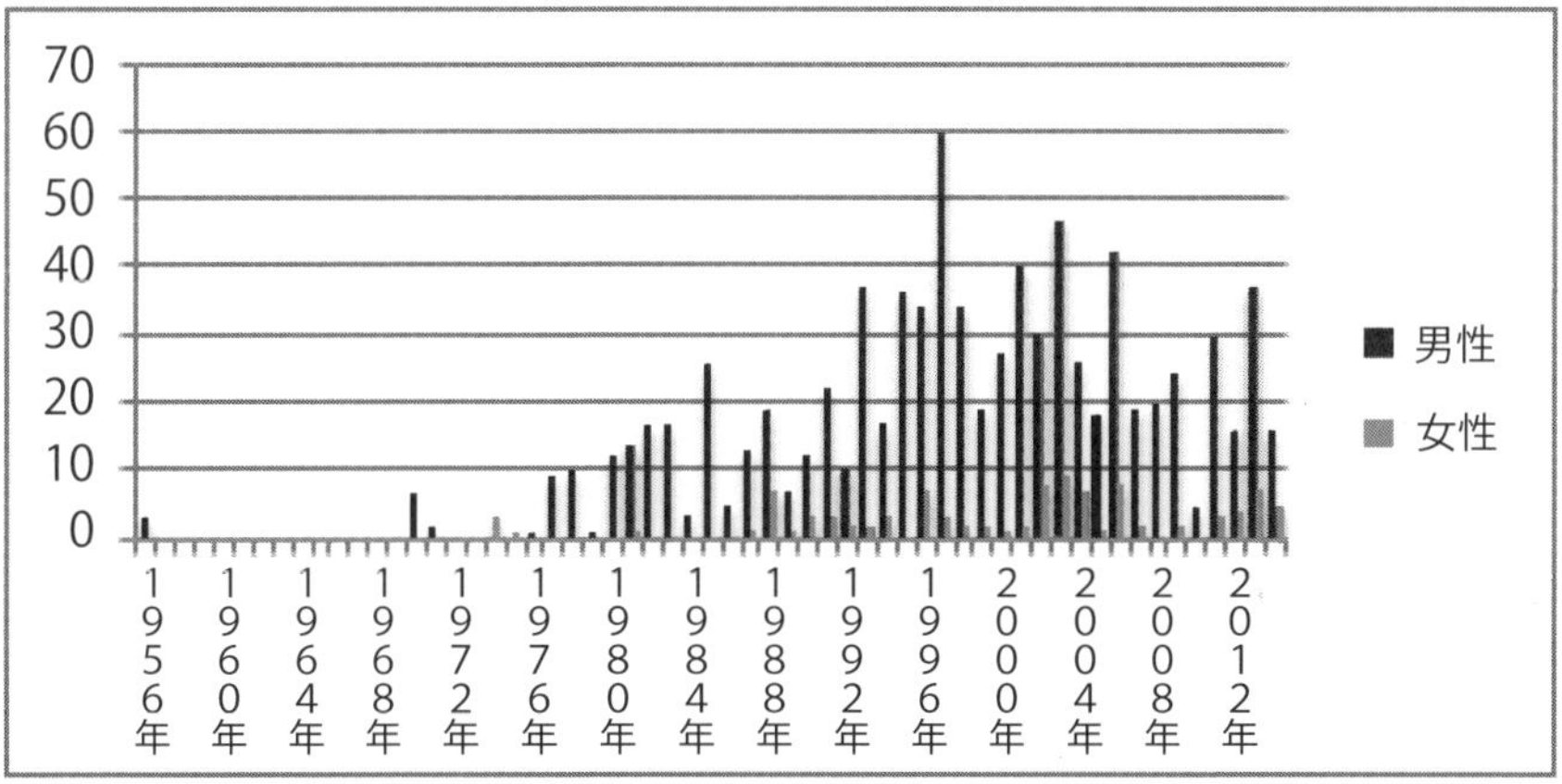

図2　日本の男女別の8000メートル峰登頂者数

日本山岳会HPをもとにして筆者が作成した（注25参照）。これらは2018年4月22日時点における、日本山岳会がHPで公表している日本山岳会の遠征隊、または日本山岳会が後援した遠征隊の登山者数である。したがって日本山岳会が把握していない登頂者はこの数字には含まれていない。グラフの縦軸は人数を表している。

では次に戦後の日本社会に焦点化して、女性の冒険を基点にして冒険の社会的変遷を素描してみよう。それによって現代の冒険が、専門的な行為から一般的な行為へといかに変質していくのかが、植村直己冒険賞とは異なった角度から理解できるだろう。

一八七二年（明治五年）、「神社仏閣ノ地ニテ、女人結界ノ場所有之候処、自今被廃止候條、登山参詣等可為勝手事」という太政官布告によって登山は女性に開かれたが、それでも女性登山家に対する世間の眼差しは冷ややかなものがあったという。[20] こうした空気がまだ残存していた一九〇五年一〇月（明治三八年）に日本山岳会は創立した。「山岳會設立の主旨書」に「登山の氣風今や諸洲に普遍して、壮佼は素より、老婦人にまで及び、嚮導者は特定の校堂にて養成せられ、道路は開拓せられ、精細なる地圖紀文は出版せられ、其山岳研究の盛なるは、殆ど邦人意想の外に在り」[21]と示されているとおり、男女を分け隔てしない会のリベラルな姿勢は、当時としては画期的だった。

とはいえ日本山岳会が設立された一九〇五年から大正末期の一九二六年までに、日本山岳会に入会した女性はわずか九名にすぎなかった。[22] 同時期に入会した会員が一〇二〇名[23]いたことを思えば、女性の存在は極めて稀であった。当時はまだ「登山は女性がするものではない」という空気が、社会に色濃く残っていたのである。

この空気が変化してくるのは昭和の時代に入ってから だ。特に第二次世界大戦後から徐々にではあるが女性登山家が日本国内から海外の山へと進出しはじめた。たとえば川森左智子が日本人女性で初めてマッターホルン（四四七八メートル）とモンブラン（四八一〇メートル）に登頂したのは一九五七年のことだった。いまでこそ海外の山を登ることは珍しいことではないが、一般人による海外渡航が厳しく制限されていた当時[24]、海外の山に登ることは人生における大冒険だった。それが男性ではなく女性であれば、困難性と冒険性がよりいっそう高まったことは想像に難くない。

さらに一九七四年には佐藤京子らが、世界に一四座しかない八〇〇〇メートル峰の中の一つ、マナスル（八一六三メートル）への登頂に成功した。これは女性による八〇〇〇メートル峰の世界初登頂という金字塔だった。そしてその翌年の七五年には、田部井淳子が女性では世界初となるエベレスト登頂を果たして日本人女性の冒険史に偉大な一ページを書き加えた。

こうしたプロセスを経て日本人女性の八〇〇〇メートル峰への挑戦と冒険は、その後、八〇年代から急激な増加傾向を示すことになる（図2参照）[25]。

2 和泉雅子の北極点挑戦

戦後の日本社会は川森、佐藤、田部井以外にも多くの女性冒険家を輩出している。一九六七年から一九七一年にかけての四年を費やして、女性で初めてヨーロッパ・アルプス三大北壁[26]を完登した今井通子。一九九一年から九二年にかけての二七八日で、日本人初となるヨットによる東回り単独無寄港世界一周を達成した今給黎教子《いまきいれきょうこ》。彼女たちの「自分らしい」生き方がメディアで流通することによって、女性の冒険が社会的に認知されるようになり、それが多くの女性を冒険へと促すことにつながった。こうしたプラスのフィードバックによって、冒険が徐々に一般化していったのである。

そうした中でひときわ異彩を放ったのが、和泉雅子の冒険だろう。女優として成功して確固たる社会的地位を築き上げていた彼女は、冒険の経験が皆無であるにもかかわらず、一九八五年、三七歳のときに突如、スノーモービルで北極点を目指したのである。

ただしこの冒険は、和泉自身が単独でスノーモービルを操り北極点に向かうという「ハード」なものではなかった。彼女は、現地先住民と極地の経験に長けた日本人スタッフを実働部隊として配置し、一〇日ごとに物資はもとより、実動部隊の交代要員までをも空輸してもらうフルサポート体制を組織したのである。こうした手厚いバックアップによって、たとえば食事に関しては「天丼」「すきやき」「うなぎ」「松たけごはん」などを常食するという、社会で流通する冒険の一般的なイメージからはかけ離れた「豪華」な冒険になった。彼女の心持ちは、極北で先住民に倣ってセイウチやアザラシの生肉を食べ続けた植村のそれとは、見事なまでに対照的だった。

和泉自身の主な役割は陣頭指揮を執るというもののみであったが、それでも氷の裂け目から北極海に落ちそうになったり、十数メートルの高さの乱氷に行く手を阻まれたりと苦労の連続だった。このときは北緯八八度四〇分のところで巨大な氷の裂け目にそれ以上の前進を阻まれ、六五日間の冒険も無念の撤退に終わった。[27] しかし四年後の一九八九年に前回と同じ方法で北極点に再挑戦し、六二日間をかけて見事北極点に到達した。

北極点到達という夢を実現した和泉は、この冒険で日本人女性初という称号まで手に入れたわけだが、彼女の冒険は現代の冒険のあり方をよく表している。一つは自らが定めた目標を達成するためには自力にはまったくこだわらないということであり、もう一つは冒険を志す特徴的な動機にある。

和泉は北極点を目指す理由を「好きだから好き」[28]、「北極点は、誰からも強制されたものでもない。私一人の夢なのだ」[29]と語り、「自分らしさ」の発露であることを「軽やか」に宣言している。

こうした冒険の動機は、ピアリーらが国家の威信と自己の尊厳を懸けて極地に赴いたこととは一線を画している。人跡未踏の地が消失したことで、冒険によって国家の威厳を保つことはできなくなった。しかしそれは同時に、冒険が国家という「大きな物語」から解放されたことをも意味していたのである。究極の自己満足の行為としての冒険が成立する契機でもあったのだ。アウトドアのテクニックを何も持ち合わせていないにもかかわらず、自らの夢のためだけに、「他者」に依存して北極点を目指した和泉は、現代日本社会における新たな冒険の先駆者だったのである。そして彼女が冒険で証明したことは、他力を利用することで誰もが「軽やか」に冒険できる現代社会の成熟度であり、「自分らしく」生きるための手段の一つとして冒険が機能できる、その可能性だった。[30]

四　現代の冒険の内実

1 冒険の商業化

たとえ素人であっても冒険にチャレンジできるという

表1　商業登山を催行している代表的な会社

会社名	設立年	国
レイニヤー・マウンテニアリング（Rainier Mountaineering, Inc）	1969	アメリカ
エイジアン・トレッキング（Asian Trekking）	1982	ネパール
ピーク・フリークス8000（Peak Freaks 8000）	1983	カナダ
マウンテン・マッドネス（Mountain Madness）	1984	アメリカ
アルパイン・アセンツ・インターナショナル（Alpine Ascents International）	1986	アメリカ
インターナショナル・マウンテン・ガイズ（International Mountain Guides）	1986	アメリカ
アドベンチャー・コンサルタンツ（Adventure Consultants）	1992	ニュージーランド
ヒマラヤン・エクスペリエンス（Himalayan Experience）	1996	イギリス
セブン・サミッツ（Seven Summits）	1998	オランダ
アドベンチャー・ガイズ（Adventure Guides）	1998	日本
アルペングロー・エクスペディションズ（Alpenglow Expeditions）	2004	アメリカ

状況の背後には、驚くべき事実があった。それを端的に言えば、他力のシステム化、つまり冒険の商業化である。以下ではそれを探っていこう。

冒険への敷居が低くなった要因は、登山を事例にすると、用具の進化と多様化、シェルパなどによる登山ルートの整備、荷揚げやガイドのシステム化などを、まず挙げることができる。高度順化などに関するデータの蓄積と医学的知見の進展、天気予報の精度の向上、通信網の進化なども大きく寄与した。また事故などが起こったときのバックアップ体制の整備も冒険家に安心をもたらしている。

だがもっとも重要なのは、こうした要素を最大限に活用して「登頂ツアー（商業登山）」が発明され、社会に定着したことだろう。たとえばエベレスト登山の場合、ツアー会社によって料金にばらつきはあるものの、現在ではおおよそ四〇〇万～八〇〇万円の資金があれば、「誰でも」ツアーに参加できるようだ。中には登山者の技量のレベル別に料金体系が組まれている会社もある。

もちろんツアーに参加したからといって、生命の絶対的な保障を会社がしてくれることはない。しかし現代の冒険は、資金さえあれば、過去の冒険家たちのように特別の才能と技量がなくともエベレストに挑戦できる権利が得られる。

筆者の調査に対して日本山岳会は、八〇〇〇メートル峰に登頂したクライマーが登頂ツアーを利用したかどうかについては把握していないとのことだった（二〇一四年一〇月）。また日本ヒマラヤ協会は一九八〇年代から商業登山が行われ始めたという経緯は把握しているものの、その詳細な歴史についてはわからないということだった（二〇一四年一一月）。しかし登頂ツアーの「発明」が、八〇〇〇メートル峰への冒険というハードルを低くしたことは間違いない。

こうした冒険の商業化の象徴が、アドベンチャー・コンサルタンツを利用してエベレストに登頂し、日本人女性で二人目の「七《セブン》サミッター」[31]になった難波康子だった。

これらの要因に加えて、日本社会における所得の増加や、労働観の変化も見逃せない。特に高度経済成長を支えた「終身雇用」と「年功序列」に代表される日本型雇用が瓦解し、多くの企業で能力主義が採用されるという変化は冒険にも大きな影響を与えた。冒険を志す者が、会社を辞めて社会から一時的に離脱することを躊躇しなくてもよくなったからだ。現在の日本社会では、たとえ会社を辞めても、それは社会からのドロップアウトを意味しない。能力主義は能力さえあれば日本社会への再参入を何度でも可能にするからだ。

こうした社会状況下では、冒険家であること自体が社会資本になる可能性をもつ。能力主義は個々人がどのような能力を持っているかが重要であり、冒険を成功させた、あるいは冒険を志したということが、当人固有の資質を表すからだ。個人的な動機で始めた冒険を社会資本へと変換できる可能性がある、この回路の存在が冒険の一般化に拍車をかけるのである。

2 ごっこ化する冒険

ところが冒険の環境が整えば整うほど、その背後では皮肉な状況がうまれていた。

たとえば北極点を目指した植村の冒険は「犬ぞりという最も原始的な走行道具を使いながら、一方では、近代的な機器を駆使して安全確保に万全を期している。NASA（アメリカ航空宇宙局）が打ち上げた人工衛星ニンバス六号で行動が確認され、いわば宇宙からの監視つき。白クマにテントを破られ、食糧を食べられてしまっても、犬がクレバスに落ち込み死んでしまっても、ちゃんと代わりが空から補給される。成功がはじめから約束されているような旅」[32]だった。

そして苦難の末にたどり着いたゴールから、植村は、彼を回収するためにチャーターした飛行機に乗って帰還した。

こうした内実を本多は「北極点に達したことは当人より

も早くワシントンが知っていた。当人は天測で確かめようとしていたんだ。ところが曇っていたから分からない。だけどこっちはやきもきしてね。人工衛星でもう到着は知っているわけよ。観客は到着を知っているのに、当人は知らない。それはまさに現代的な「ロケ的冒険」だと揶揄し、「ショー」「カンニング」と断罪している。[33]

和泉の冒険も、カナダのレゾリュート村に設置されたベースキャンプの手厚いサポートによって支えられていた。和泉の冒険の内実をみて、ジャーナリストの武田文男は「冒険ごっこ」[34]と一刀両断し、本多も「そこで評価ですけれども、さっき言ったように、そういうことをしたいという彼女の気持ちは結構だ。しかしね、本当は無理なことじゃありませんか、彼女みたいな人は、初めから」[35]と酷評した。さらに和泉の冒険を快挙として報道するメディアを「それをあたかもアムンセンやピアリーなみの大冒険・大探検みたいに報道されると、極論すれば一種サギに近くなってくるんですね、世間に対する。いや、極論じゃなくて正にサギでしょう」[36]と切り捨てている。[37]

今給黎も航海中、多くの無線家と交信し激励を受けたり、鹿児島の実家にいる母親との会話を楽しんでいた。他の船舶から気象情報を入手したり、時には差し入れの申し込みを受けることもあった。

たとえば「日本に向かって西進しているヨット『コウジロー』から航路にビールを浮かしておくと連絡」が入ったときには、今給黎は「単独無寄港」の矜持、―すなわち航海中に誰からも補助を受けないという意味―、を示すどころか、「いただきまーす、ありがとう」[38]と、その差し入れを喜んで受け入れた。またインド洋では、ヘリコプター二機を使って二箱の物資の補給を受けている。箱の中には部品、野菜、ビール、手紙、新聞などが入っていた。[39]

こうしたサポートを受けても言語論的には「単独無寄港」になることは間違いない。だがそれが「単独無寄港」という言葉が喚起するイメージから、乖離したものであることも間違いない。

もう一つの事例として、筆者が南極大陸のパトリオットヒルズ（南緯八〇度一八分）に一か月間滞在していた一九九六年の出来事を挙げておきたい。当時、世界的に流行していたのは、南極点への単独徒歩到達という冒険だった。各国からさまざまな冒険家たちがテレビ・クルーなどを引き連れて南極に上陸して、「単独」の冒険に挑戦していた。彼らは一様にパトリオットヒルズをベースキャンプにしていたのだが、それには理由があった。南極の冒険をサポートする民間企業が一九八五年に設立されたのだが、その会社が設営したのがパトリオットヒルズ基地だったのである。[40] したがって一九九六年ごろの「南極点徒歩到達」という冒険のほとんどは、その言葉の響きから多くの人がイメージするであろう「南極大陸の沿岸部から南極点までを歩く」というものではなく、内陸部のパトリオットヒルズというサポート会社の都合で設定されたポイントから南極点までを歩くことを指していた。アムンゼンやスコットが成功した「南極点到達」と一九九六年当時のものは、字面は同じでも内実は別物になっていた。

写真２　パトリオットヒルズ・ベースキャンプ

　冒険家たちは皆GPS機能がついたSOS発信装置を所持していた。そして万が一の時は、そのスイッチを入れることになっていた。SOSが発信されるとすぐに基地から救援機が飛び立ち、冒険家を救出するという手筈が整っていたのである。筆者が滞在していた間にも、一人の冒険家がその手順に従って無事に救出された。彼は基地に着陸した救援機から降りてくると、すぐに会社が用意したシャワーを浴びに行った。そして小一時間後には、すっきりとした表情ときれいな服装に身を包み、椅子に深く腰掛けて、淹れてもらった熱いコーヒーをすすりながらほっとした表情を浮かべていた。

　数時間前までは極限状態で孤立していたはずなのに、そこから撤退すると判断した瞬間に救援機がやってきて、冒険というステージからいつもの日常へと一瞬で連れ戻してくれる。彼は筆者に「荷物を積んで引いていたソリの精度が製作時から狂っていたのだろう。どのように荷物を積み替えてもソリが右へ右へと流されていく。それで体力をすっかり消耗してしまった」と落胆した様子でつぶやいた。また彼は、その会社を利用する徒歩による南極点制覇という冒険は合計で「二〇〇〇万円ほどかかった」と語った。

　こうした「ごっこ化」こそが現代社会における冒険の大きな特徴である。だが私たちがごっこ化した冒険をメディアをとおして鑑賞し、熱狂してきたこともまた事実である。現代の冒険は、冒険をする演者＝パフォーマーと、それを鑑賞する観客＝オーディエンスという「見る－見られる」関係の中で成立しているのだ。舞台裏をのぞくと、現代の冒険が「冒険はあるがリスクはない」傾向を急速に強めていることがわかる。だが逆に言えば、それがごっこ化しているのならば、冒険からリスクが取り除かれていくプロセスは、ある意味で「当たり前」でもある。

3 冒険家の死が意味すること

ともあれ現在でも活躍している冒険家は多い。一九六二年にヨットで密出国して太平洋の単独横断に成功し、その後も数々の海洋冒険に挑戦し続けている堀江謙一[41]。エベレスト大滑降などスキーの冒険を経て、二〇一三年、史上最高齢の八〇歳でエベレストに登頂した三浦雄一郎。八〇年代から九〇年代にかけて南北両極点に単独で挑み続けた大場満郎。加えて田部井（二〇一六年逝去）、今井、今給黎などが現代日本社会の冒険を牽引してきたパイオニアであり、今でも彼らは社会で自らの波瀾万丈な生き方を発信し続けている。

しかしその一方で、冒険の途中で命を落とした冒険家も多く存在する。たとえば次に挙げる冒険家と事故の経緯はマスコミを賑わしたので、記憶している人も多いことだろう。

植村直己（一九四一－一九八四）

兵庫県出身。日本人初のエベレスト登頂者（一九七〇年）であり、世界初の世界五大陸最高峰完登者である。また自作の筏によるアマゾン川六〇〇〇キロメートルの川下りや、犬ぞりによる北極圏一万二〇〇〇キロメートルの旅を単独で完遂した。一九七八年、犬ぞりによる人類史上初の北極点単独行を達成後、グリーンランドを縦断する。七九年、イギリス王室ビクトリア・スポーツ・クラブから優れた冒険家に与えられるバラー・イン・スポーツ賞を贈られた。八四年、世界初となる北米大陸最高峰マッキンリーの厳冬期単独登頂を果たすも下山せず。八四年、国民栄誉賞受賞。

鈴木嘉和（一九四〇－一九九二）

東京都出身。一九九二年四月、直径五メートルと二・五メートルの風船を二個ずつつけた椅子に乗り、東京都府中市の多摩川河川敷から千葉県の九十九里浜へ向かった。しかしおもりが外れて急上昇したため風船を切り放し、東京都大田区の民家に不時着した。同年一一月、今度は二六個の風船をつけたゴンドラに乗って、琵琶湖からアメリカ・ネバダ州サンド・マウンテンに向けて飛び立った。翌日、海上保安庁の捜索機が宮城県金華山沖付近を飛行する姿を確認したのを最後に消息不明となる。

難波康子（一九四九－一九九六）

東京都出身。一九九六年、日本人女性としては二人目のエベレスト登頂者となる。そしてこれは、日本人女性としては二人目の七サミッターになったことをも意味していた。だが下山途中猛烈なブリザードに遭い、最終キャンプ地の手前わずか三〇〇メートルの地点で力尽きた。

河野兵市（一九五八－二〇〇一）

愛媛県出身。自転車で日本一周をしたあと、日本を飛び出す。植村の影響を受け、アラスカ・ユーコン川をゴムボートで下り、マッキンリーやアコンカグアなどに登頂する。一九九七年、日本人初となる単独徒歩による北極点到達に成功した。二〇〇一年、北極点から自身の出身地である愛媛県の佐田岬まで徒歩などの「人力」で帰還する途中、消息不明となる。後日、捜索隊が北極海にて遺体を発見した。

神田道夫（一九四九－二〇〇八）

埼玉県出身。二〇〇一年、第五回植村直己冒険賞受賞。二〇〇〇年、熱気球でヒマラヤ・ナンガパルバット（八一二五メートル）越えに成功する。一九八四年に熱気球中軽量級長距離世界記録（四一九キロメートル）、一九八八年に熱気球中量級高度世界記録（一二九一〇メートル）、一九九四年に熱気球中量級長距離世界記録（二三六六・一キロメートル）、一九九七年に熱気球中量級滞空時間世界記録（五〇時間三八分）を打ち立てる。二〇〇八年一月、三度目の挑戦となった気球による太平洋横断のために栃木県から単独で離陸したが、二月一日に連絡したのを最後に消息不明となった。

尾崎隆（一九五二－二〇一一）

三重県出身。一九九六年、第一回植村直己冒険賞受賞。一九八〇年、世界初となるエベレスト北壁からの登頂に成功する。これを含め、世界に一四座しかない八〇〇〇メートル峰のうち七座の登頂に成功する。一九九六年には、ミャンマーの未踏峰カカボラジ（五八八一メートル）に登頂する。二〇一一年、エベレストの登山中に死亡した。

渡辺大剛（一九八一－二〇一二）

静岡県出身。二〇〇四年六月に北米最高峰マッキンリーに登頂して七サミッターとなる。これは二二歳二九二日での成功で、日本人最年少記録だった。中国・ウルムチから一万二〇〇〇キロ離れたロシア・ムルマンスクを目指して自転車で走行していた二〇一二年一二月、ゴールのわずか三〇〇キロメートル手前で自動車にはねられて死亡した。

栗城史多（一九八二－二〇一八）

北海道出身。エベレスト以外の六大陸最高峰に単独で登頂する。また四座の八〇〇〇メートル峰の単独・無酸素登頂にも成功する。二〇〇九年からは「冒険の共有」をキーワードにして自身の登山をインターネットで生中継するようになった。二〇一八年五月、成功すれば世界初となる「単独無酸素・エベレスト南西壁ルート」という最難関ルートに挑むも滑落して死亡した。

ここに挙げたのは一例であり、彼ら以外にもさまざまな冒険に挑み、その途中で命を落とした者はいる。また負傷を伴う事故を起こすことも稀ではない。冬山での遭難や事故は、時にメディアを賑わすので、その場合には冒険の軌跡が一般に周知されるが、メディアに取り上げられなかった冒険の場合は、その冒険自体が社会的には「なかった」ことになることもある。

こうした事故は「安全な冒険」が確立しつつあるとはいえ、現在でも冒険には危険な要素が遍在していることを証明している。しかしだからこそ、冒険はいまだに人びとをひきつける魅惑的な行為であり続けているともいえる。生命のリスクを冒さない生き方をしようと思えばそれが可能な、豊かに成熟した日本社会で、あえて危険に身を投じていく彼らの冒険心にオーディエンスは胸を踊らすのである。

そして冒険によって死者や負傷者がでることで、現代の冒険のごっこ的な傾向はかき消される。その結果、冒険のロマンティックなイメージは温存され、それに連動して冒険の苦難と危険度が増幅される。こうしてかつてと同様の真正性を纏った現代の冒険は、それを達成した者に、本多が危惧した「アムンセンやピアリーなみの」社会的評価を与えようとするのである。

ノスタルジックなイメージの維持は、観客＝オーディエンスと冒険家＝パフォーマーの両者がもつ、冒険というスペクタクルへの欲望と願望に支えられているのだろう。そしてオーディエンスも、それを演じたパフォーマーも、達成された冒険に熱狂し「自分らしく」生きることの大切さを学ぶのである。それがまた新たなパフォーマーを誕生させる契機となり、日本社会を離脱して自分だけの冒険を志すことにつながる。パフォーマーに憧れたオーディエンスは、その気になれば、冒険の環境が整備されている現代では、いつでも「軽やか」にパフォーマー側へとポジションを変えることができるのだ。

そして冒険が現代日本社会の中で再生産されていく。オーディエンスとパフォーマーの共同作業によって、冒険の円環ができあがり、そのプロセスで死者や負傷者という犠牲が払われることで冒険が真正性を帯びてくるのだ。

五　冒険と「自分らしさ」

こうして多くの人びとがさまざまな「自分らしい冒険」を日々試みているわけだが、なぜ彼らは命を懸けてまで「自分らしさ」を希求するのだろうか。以下ではそれを探っていこう。

戦後日本は、壊滅した日本経済を立て直すために、きわめてユニークな雇用システムを編み出した。それは「終身雇用」と「年功序列」の二つである。「終身雇用」は、学校を出て一つの企業に就職すれば、定年までその企業に勤め続けることを前提とする雇用側と被雇用側の了解である。「年功序列」は、勤続年数を重ねることで必ずや企業内でその人に見合った「出世」をしていく雇用システムを指す。

この雇用形態は、企業側には、労働者が企業に忠誠を尽くすという恩恵があった。一方、労働者側には解雇される心配もなく、長く勤めればポジションと給与の上昇が確約されていた。両者にメリットがあったのである。こうして戦後日本は大きな資源を持たないにもかかわらず、高度経済成長という世界に例をみないほど飛躍的な経済成長を遂げていった。

一九五六年、終戦からわずか一一年後には、はやくも「もはや戦後ではない」と経済復興を高らかに謳い上げ、その後は七〇年代まで高度経済成長期が続いた。その間、六四年の東京オリンピックや七〇年の大阪万博の開催などによって、日本の復興と近代化を世界中に誇示することもできた。八〇年代はバブル経済が沸騰し、未曽有の好景気に国中が有頂天になった。

しかし戦後日本の長く続いた栄光も終焉の時が来る。一九八九年にベルリンの壁が崩壊し、東西冷戦に終止符が打たれた直後の九一年にバブルがはじけ、その後二〇一〇年代まで「失われた二〇年」と形容されるほどの不況に見舞われた。大きな傷を負った各企業は、いまだにその傷を癒すことができずに、業績不振と格闘し続けている。

東西冷戦の終結とバブル経済の崩壊は、戦後日本の経済復興を牽引してきた雇用システムにも大きな変更を迫った。東西冷戦の終結は単にイデオロギーの対立の解消だけを意味していたのではなく、それは新たな経済システムが地球を覆い尽くしたことをも意味していたのである。つまり新自由主義という、個人の「自由」を基点として「競争」する社会がよりよい社会を築いていくという信念のグローバル化が幕を開けたのだ。

それはこういうことだ。企業は他社よりも高品質低価格の商品を生産するべく、日々努力を強いられている。どの商品を購入するのかは消費者の自由な意思に委ねられており、消費者の支持を得られなかった企業は即刻マーケットから締め出される。これが「自由競争」の意味だ。

各企業が競争することによって「良い」企業が生き残り、「悪い」企業がダーウィンの進化論さながら、自然淘汰されていく。企業努力のプロセスそれ自体が品質やサービスを向上させ、価格を下げる方向に働く。それがよりよい社会の形成につながっていく。こうした理念を基盤とした経済システムが地球規模で展開されているのが、グローバリゼーションの内実だ。

この理念は日本型雇用形態を一瞬のうちに崩壊させた。なぜなら「終身雇用」と「年功序列」には、競争の原理がまったく入っていないからである。新自由主義では成果だけが至高の価値を持ち、それ以外の要素に意味はない。弱肉強食を地で行く社会こそが新自由主義の真骨頂であり、こうした原理が行きつく先は勝者か敗者のどちらかしかない二元論的社会である。

自由競争原理が社会の隅々にまで行きわたるとき、全権をゆだねられた「消費者＝私」は自己に敏感にならざるを得ない。私の生のすべての選択肢が目の前に提示され、どれを選びとるかを、私の自由な意思に一任されているとき、私は「私にとっての最善はなにか」を自己洞察し続けなければならないからだ。

また競争社会を成立させるためには、独占企業の成立を認めてはならない。特定のマーケットを一企業が独占してしまえばそこに競争は生じない。それでは高品質低価格は期待できない。

マーケットに多数の競争相手を維持しておくためには、消費者の好みを多様化しておく必要がある。顧客の嗜好や志向が一つに収斂してしまうと、独占企業が誕生してしまうからだ。こうした状況を成立させるためには、個々人を個性的な存在として存立させておかなければならない。個性化は、自己の嗜好性や志向性が他者とは違うことを意味しており、マーケットを多様化する機能があるのだ。

近年よく見聞きする「自分らしさ」というフレーズは、一見、自分だけの生を自らの手で切り拓いていく溌剌とした表現に映る。だが実はそれは、自己の内省を果てしなく強要する現代社会に対する人びとの苦悩の表現でもあったのである。

つまり現代社会の「自分らしさ」の隆盛は、個々人が「個性的でありたい」と望んでいるというよりは、新自由主義を信奉する社会が個々人にそれを要請している側面が強い。ソ連を代表とする東側国家が崩壊し始めた一九八〇年代後半、つまり新自由主義が世界を席巻した頃から盛んに言われ始め、新自由主義を強力に推進する中曽根内閣によって推奨され、一九九〇年代から導入されたた「ゆとり教育」のスローガンのひとつは「個性を伸ばす」だった。教育改革がこの時期におこなわれたことは、偶然の一致ではないのである。

こうした社会変化を踏まえて冒険を再照射してみると、人跡未踏の地なき時代における冒険が、かつてのそれとは異なった意味を持っていることに気づく。それを端的に言えば、和泉が先鞭をつけた「自分らしさ」のための、すなわち個性を獲得するための冒険である。

日本社会を飛び出して、生命の危険を冒しながら主体的に、自分にとっての未知の世界に挑戦する。それこそは強烈に「自分らしさ」を実感できる実践に違いない。図2で示したように、一九八〇年代後半から女性の八〇〇〇メートル峰への挑戦が急増しているのは、女性の社会進出や、登頂ツアーの「発明」と流行などの要因だけにとどまらず、その背後にある東西冷戦の終結と、新自由主義のグローバル化という地球規模のダイナミックな変化が作用していたのである。

六　「自己にとってのパイオニア・ワーク」の可能性

本章の目的は、人跡未踏の地なき現代社会において、なぜこれほど多くの冒険が実践されているのか、その現代的な意味を探ることにあった。

かつての名だたる冒険家たちは、なぜ歴史に名を残せたのか。その理由は、彼らの主体的に命を賭けた冒険がパイオニア・ワークとしての輝きを放っていたからである。社会はエベレストに最初に登頂した人間の名前は記憶するが、二番目の登頂者の名前を記憶に留めることはない。なぜなら冒険の社会的・政治的価値の一つは、パイオニア・ワークであるからだ。だとすれば人跡未踏の地なき現代では、冒険の社会的・政治的意味はほとんどない。

だがそうであるにもかかわらず、現代社会において驚くほど多くの者が冒険に身を投じているという奇妙な現象が確認できる。この現象は冒険によって「自分らしさ」を実感しようとする人びとによって生じていた。その契機はベルリンの壁の崩壊に代表される一九八〇年代にあった。東西冷戦が終結して、新自由主義のグローバル化が進行したことが「自分らしさ」を希求する根源だった。

なぜなら新自由主義は競争原理を基盤としているからだ。競争を成立させるためには個々人を個性的に育て、嗜好や志向に多様性をもたせなければならない。そして消費者に「選択の自由」を付与しておく必要がある。自由を個々人に保証することこそが「人権」なのだ。現代社会でこれほど「人権」という言葉が重要視されるのは、ある意味で「当たり前」なのである。

つまり新自由主義が最善であると信奉する社会がまずあって、その社会が、自らを成立・維持させるために個々人に「自分らしさ＝個性」を要求しているのである。私たちが自分らしく生きることを欲しているというよりは、強制されている部分が大きい。しかし私たちはそのような社会の強制力を感じることはなく、あくまでも自らの意思によって自分らしさを追求していると思い込んでいる。自分らしく生きることが幸福な人生を送れる道だと信じている。いうなれば社会システムに自発的服従をしているのだ。

ただし繰り返しておくが、新自由主義「だけ」が冒険を変質させた唯一の原因ではない。一九六〇年代に活発化した女性の社会進出、六四年の海外旅行の自由化、八〇年代の商業登山の誕生、雇用形態の変化、人びとの価値観の変化、メディアの発達など、多くの要因が複合的かつ創発的に絡み合っている。それらの総合的な帰結として、現代の冒険が現象しているのである。

こうした状況を確認したうえで、本章が提示したのは、「自己にとってのパイオニア・ワーク」という自己を基点とした冒険の現代的な意味である。たとえ自分が一〇〇人目のエベレスト登頂者であったとしても、「私」にとっては初登頂であり、それを実現したのは他の誰でもなく、かけがえのない自己の身体に他ならない。それがお仕着せの登頂ツアーだったとしても、己が命を懸けたことは、確固たる実感に裏打ちされたまぎれもない事実である。そして主体的に危険な行為に身を投じた自分は、「命を懸けた」という意味においては、過去の冒険家となんらかわりはない。しかも実際に、現代でも多くの冒険家が志半ばで落命したり負傷しているという事実はゆるぎない。

つまり現代の冒険で重要視されるのは、社会や人類にとってのパイオニア・ワークではなく、「私」を起点とした自己にとってのパイオニア・ワークなのだ。現代の冒険家たちは「人跡未踏」を「人類未踏の地」ではなく、「自己にとっての未踏の地」へと読み替えている。「大きな物語」とは接続しにくい現代の冒険は、純粋に自己満足行為なのだ。

ただし二〇〇八年の北京オリンピックで中国が聖火をエベレストの頂上に掲げることに国家の威信をかけたように、「大きな物語」と冒険が常に接続可能だということは自覚しておくべきだろう。

だが究極の自己満足を目指すその一方で、現代の冒険家は過去の冒険家と同様に社会的評価を欲し続けてもいる。

それが今給黎がヘリコプターを二機チャーターしてまでも「単独無寄港」に強いこだわりを示したように、彼らを「日本人初」「最年少」「女性初」などのバリエーションに駆り立てる。人跡未踏の地が消失した冒険受難の時代において、過去の冒険家たちと同様・同質の冒険心を持った者が救済される唯一の方法、それがバリエーションであり「自己にとってのパイオニア・ワーク」という読み替えなのである。きわめて屈折した自己を存立させようとする姿と欲望の発露が、現代の冒険からは滲み出ている。

こうした現代の冒険を、ごっこ化しているなどと批判するのは簡単だ。だがそのような眼差しを向けていては、毎年二〇〇名の者が命を懸けて実践しているという、現代の冒険の熱狂に接近することはできない。

なぜならば屈折した冒険心の発露が、身体的・実践的基礎に支えられていることもまた事実だからである。身体的・実践的基礎によって、彼らは自らの冒険が真正なものであったと自分自身に証明できる。そしてこの証明を確信することによって、彼らの冒険心は救済され、自分らしさを獲得することができる。

こうしたプロセスによって、彼らが自己の生をより良きものとして実感できるのであれば、それこそが現代社会における冒険の意味と存在価値だ。自己の身体と実践を基点とした「自己にとっての真正な冒険」を達成したという実感と確信は、彼らのこれからの生き方の駆動力になりえる。冒険によって新たな生の可能性をきりひらくこと、それが現代の冒険の核心である。

たとえ「冒険はあるがリスクはない」フィクションとしての冒険だったとしても、彼らが冒険後に目指す生き方の地平には、身体的・実践的基礎というファクトに裏打ちされた豊かな世界が広がっているのである。

注

1　ガラード、チェリー『世界最悪の旅—スコット南極探検』中公文庫、二〇〇二年。
2　スコットと同時期に日本の白瀬矗も南極点を目指していた。白瀬については、第三章に詳しい。
3　本多勝一「五人の冒険者を考える」『冒険と日本人』朝日文庫、［一九八六］一九九七年、三〇九頁。
4　植村直己冒険館『植村直己冒険賞』二〇一七年。
5　本多「ニセモノの探検や冒険を排す」前掲書、一二〇‐一二一頁。
6　植村直己『植村直己、挑戦を語る』文春新書、二〇〇四年、三九頁。
7　植村、前掲書、六六頁。

8　植村、前掲書、一七〇頁。
9　植村、前掲書、一一〇頁。
10　植村、前掲書、一七〇頁。
11　植村直己冒険館、前掲書、二頁。
12　植村直己冒険館、前掲書、二頁。
13　たとえば、二〇一二年に植村直己冒険賞を受賞したのは竹内洋岳だった。竹内は八〇〇〇メートル峰一四座のすべてに日本人で初めて登頂した登山家である。一四座のうち一一座は無酸素による登頂だった。とはいえ一四座の完全登頂は、イタリア人のラインホルト・メスナーが、すでに一九八六年に人類で初めて達成している。しかもメスナーは全座無酸素登頂だった。
14　竹沢尚一郎『表象の植民地主義　近代フランスと人文諸科学』世界思想社、二〇〇一年。
15　竹沢、前掲書、四頁。
16　アフリカ探検の雄、デヴィッド・リビングストンはアフリカでの経験を次のように綴っている。「服を失っていた私は、そのまま冷たい土の上に横たわった。惨めな夜になることは確実だった。しかしセケレトゥが親切にも彼の毛布を私にかけてくれた。そして彼自身は何も身に纏わないまま地面に横たわった。私は、真の親切に触れてとても感動した。もし文明化が進むことで、彼のような人間がいなくなってしまうのならば、それは不憫でならない」（Livingstone,David, *Missionary Travels and Researches in South Africa*, Memphis, TN: General Books LLC, 2012, p.203.）（筆者訳）。
17　白幡洋三郎『プラントハンター　ヨーロッパの植物熱と日本』講談社選書メチエ、一九九四年、八 - 九頁。
18　白幡、前掲書、五〇 - 五二頁。
19　植村直己冒険館『植村直己冒険賞』一九九七年、一九九八年、一九九九年、二〇〇〇年、二〇〇一年、二〇〇二年、二〇〇三年、二〇〇四年、二〇〇五年、二〇〇六年、二〇〇七年、二〇〇八年、二〇〇九年、二〇一〇年、二〇一一年、二〇一二年、二〇一三年、二〇一五年、二〇一六年、二〇一七年。
20　児玉俊子「日本山岳会にみる女性の登山」『日本山岳会百年史［続編・資料編］』日本山岳会百年史編纂委員会編、二〇〇七年、一二五頁。
21　日本山岳会百年史編纂委員会編『日本山岳会百年史［本編］』日本山岳会百年史編纂委員会編、二〇〇七年、一〇頁。
22　児玉、前掲書、一二六頁。
23　松田雄一「会員　百年の歴史――会員数・会員制度・会員番号など」『日本山岳会百年史［本編］』日本山岳会百年史編纂委員会編、二〇〇七年、一三七頁。
24　戦後の日本社会は、戦争で崩壊した国内経済を立て直すために一般人の海外渡航を厳しく制限していた。一般人の海外旅行が「解禁」されたのは一九六四年である。
25　日本山岳会 HP、http://www.jac.or.jp/、二〇一八年四

月二二日閲覧。

26　ヨーロッパ・アルプス三大北壁とは、スイス・マッターホルン（四四七八メートル）、スイス・アイガー（三九七〇メートル）、フランスとイタリアの国境に位置するグランド・ジョラス（四二〇八メートル）の北壁を指す。

27　和泉雅子『私だけの北極点　北緯八八度四〇分』講談社、［一九八五］一九八八年。

28　和泉雅子『笑ってよ、北極点』文藝春秋、一九八九年、一五頁。

29　和泉、一九八九年、前掲書、一六頁。

30　和泉による「自分らしく生きるための冒険」という冒険のあり方は、『私だけの北極点――北緯八八度四〇分』（和泉［一九八五］一九八八年、前掲書）という著書のタイトルからも理解できる。一方、今給黎は「自分らしく生きるための冒険」を「まず自分というものに疑問を持ち答えを捜していると自分の進むべき道が見えてくる。そして夢や希望がわいてくる。その自分の捜しだした自分だけの夢に向かうことが一種の冒険ではないだろうか。夢がかなう確率は少ないかもしれないが、とにかく一歩を踏み出してみなければわからない。だれかに背中を押されるのではなく、自分の意思で踏み出すことが最も大切だ。」（今給黎教子『凪になった私　単独無寄港世界一周二七八日の記録』毎日新聞社、一九九二年、二二〇頁）と表現している。

31　登山界では北米、南米、ヨーロッパ、アフリカ、アジア、オーストラリア、南極の七大陸の最高峰を「七（セブン）サミット」と呼んで、全峰に登頂することを名誉としている。それらはアメリカ・マッキンリー（六一九四メートル）、アルゼンチン・アコンカグア（六九五九メートル）、ロシア・エルブルス（五六四二メートル）、タンザニア・キリマンジャロ（五八九五メートル）、オーストラリア・コジアスコ（二二二八メートル）、南極・ビンソンマシフ（四八九二メートル）である。ただし世界初の五大陸最高峰登頂を達成した植村の時代には、ビンソンマシフへの登山はアプローチさえ不可能であり、オーストラリアは、登山界では「大陸」とは考えられていなかった。さらにヨーロッパ最高峰は、政治的な理由からエルブルスではなくフランス・モンブラン（四八一〇メートル）だった。また現在ではコジアスコが他の山に比べて格段に低いため、インドネシアのプンチャック・ジャヤ（四八八四メートル）を指すこともある。七サミッターを目指す登山家はこれらの事情を鑑み、周囲から異論が出ないようにすべての山に登る傾向がある。

32　武田文男「現代の〝マスコミ冒険〟への疑問」、本多勝一・武田文男編『植村直己の冒険』朝日文庫、一九九一年、三三五頁。

33　本多勝一・武田文男「付録　ある女優の北極行とその周辺」、本多勝一・武田文男編『植村直己の冒険』朝日文庫、一九九一年、二二一頁。こうした「ごっこ化した冒険」を逆手にとってパロディ化したのが川口浩探検隊だった。詳細は第九章に詳しい。

34　本田・武田、前掲書、二六七頁。

35　本多・武田、前掲書、二六七頁。

36　本多・武田、前掲書、二七一頁。

37　朝日新聞は、一九八九年五月一一日の朝刊で「「女優の和泉雅子さん北極点に立つ八〇〇キロ六二日目ついに」という見出しのもと「女性が八〇〇キロ近い厳冬の大氷原を走破して極点に達したのは日本で初めてで世界では二人目だ。」と高く評価した。一方、『アサヒ芸能』は一九八五年六月一三日号で、和泉の一回目の北極点への冒険について「あの、お嬢様ツアーが「勇気ある挑戦」なのか⁉」という見出しとともに「演出された芸能イベント」「うなぎのカバ焼きまで空輸されて「女性史上に先鞭をつけた」と持ち上げる大報道のハシャギぶり」と痛烈に批判し、「冒険ショー」と断じている（一八六‐一八九頁）。

38　今給黎、前掲書、三二頁。

39　今給黎、前掲書、二三〇‐二三二頁。

40　筆者はここで、難波が利用したアドベンチャー・コンサルタンツの経営者兼登山ガイド、ロブ・ホールと会った。彼はビンソンマシフの登頂ツアーのガイドとして四～五名の客を連れていた。それはホール隊がエベレストで遭難事故を起こす約半年前のことだった。

41　堀江はこの冒険で、単独で太平洋を横断した初めての人間となった。

コラム6　冒険とリスクマネジメント　村越 真

冒険とリスクマネジメントは、一見相容れないタイトルに思える。前者は危険を主体的に冒す行為であり、後者には危険を回避する行為という印象がある。しかし、これは冒険とリスクマネジメントの両方に対する素朴な印象から来る誤解と言える。冒険の持つリスクについて、冒険者たちはどう考えているのか。人の思考プロセスを学際的なアプローチで解明する認知科学の視点から解き明かすことで、冒険とリスクマネジメントの概念的関係について再考しよう、というのが本コラムの趣旨である。

まずリスクマネジメントである。リスク社会[1]と形容される現代では、生活のあらゆる場面でリスクマネジメントの必要性が強調されている。いつどこで我が身に降りかかるかわからないリスクが遍在する中で生き延びていくには、リスクを適切に扱うことが必要となる。そのための体系的な方法が、リスクマネジメントだが、それはとりもなおさず、リスクを避けることと考えられやすい。しかし、本来リスクとは、利益を求める積極的な行為によって引き起こされる不確実性の影響を意味する。利益を求める以上、それと裏腹にリスクが生まれる。それによって発生する損害を許容可能なレベルに抑えるために行われるのが、リスクマネジメントの本来の考え方である。[2]

リスクを許容可能なレベル以下に抑えるという意味では、冒険ですらリスクへの対応を行っているはずだ。死をも恐れずに冒険に赴くように見える冒険者たちの多くが、生きて戻ることの重要性を語る。マッキンレーで消息を絶った植村直己も「生きて帰ってくるのが冒険だ」と書いている。私がインタビューをした日本を代表するクライマーも「死んじゃったらもう、登山終了。そんなもったいないことはできません」と語る。また、馬目は「登頂はいつでも諦められるけど、帰ることを諦める訳にはいかないですから」と語る。[3]彼らは生還を運に任せることはしない。だとすれば、自然の中にある不確実性によって生まれるリスクによって死という一線を越えることがないよう、マネジメント

が必要になるはずである。

植村直己冒険賞を受賞した竹内洋岳の言葉を、『標高8000メートルを生き抜く 登山の哲学』から引用してみよう。[4]

「他のスポーツに比べれば、登山は確かに『死』が身近に感じられます。だからと言って、クライマーたちは『死んでもいい』と思って登っているわけではない。危険というのは見えやすいほど避けやすいのです。『死』を身近に感じられるからこそ、その『死』をいかに避け、安全に頂上までたどり着くか。それを考えるのが山登り」（一八三頁）、「登れないかもしれないという不安を抱えた状況では、絶対に突っ込んでいくことはありません。〔中略〕困難な道ではあったけれど、決して危険な賭けではなかった」（一八四頁）。

死というリスクを如何に避け、安全に下山するかを考えているのは、竹内洋岳だけではない。「死と隣り合わせ」に見えるアルパインクライマーの雑誌インタビュー記録を分析したり、日本を代表する世界のトップクライマーにインタビュー調査をしたことがある。[5] 彼らの多くが異口同音に、自分たちは危険を制御していると語る。同時に、その制御こそが彼らにとって登山の魅力の源泉である。アイスクライミングの第一人者ジェフ・ロウは、次のように語る。

「コントロールできなくなるのは嫌いだ。コントロール能力すれすれまで自分を追いつめるのは好きだが、いつもコントロール能力の内側にいた。恐怖とコントロール能力の間のかすかな緊張感から来る集中力の高まりと、能力の限界にわずかに触れながら自分が安全圏内にいることを確かめるのが好きなんだ。」[6]

危険をコントロールすることは、不断の努力を要求する。私がインタビューした登山家の一人は、こんな話をしてくれた。「同じ滝を登ったとしても、ほっとする瞬間はこう登って、少し立ち上がって、三歩行ってからほっとするはずなのに、その友人は、二歩でほっとしてるのが分かるんですよ、表情で。俺はもう一歩、滝を登ってから、三歩行ってからほっとしてほしいなって思うんですよね。」日常であれば一歩の違いなど、ないに等しい。だが、彼らが挑戦する環境は、一歩の違いで、倒れた時の重心が地面から支持を受けるかどうかを決めるかもしれない。それは間違いなく生死に直結しているだろう。彼らが「制御している」というのは単なる強がりではない。リスクという不確実な状態によるダメージを回避するため、周囲のリスクの変化を不断に読み取り、対応する行動を採っていることをうかがわせるエピソードである。冒険はリスクマネジメントと対極にあるのではない。むしろ、リスクマネジメントを、先鋭的かつ不断に行っているのが、冒険家達だと言える。

もちろん、一般的なリスクマネジメントと冒険者たちが行うリスクマネジメントは、直感的に異なっているように見える。どこが違うのだろう。私はその核心は「オンサイト性」にあると考えている。規範的なリスクマネジメントは、一般的なリスクを想定し、それに対するマネジメントを事前、つまりオフサイトで行う。一方、高リスクの登山を行うクライマーへのインタビュー結果に基づく質的研究法によれば、私がインタビューした六人全員が「オンサイト」、つまり現場でのリスクマネジメントに言及し、言及の総数は一人あたり平均三を超える二〇にのぼっていた。この総数は、リスクマネジメントに関する言及の中で、もっとも多かった。

オンサイトは、リスクマネジメントの結果が直接その意志決定者に致命的な影響を与える場でもある。どんなに資料を集めても、予想を立てても、確信を持てないことはある。そしてそこには当然「死」という最悪の結果があり得る。しかも、自然環境の変化は多様であり、最悪の結果を招く状況になるかどうかはその時の状況によって異なる。はじめからそれらを全て避けようとすれば、やめるしかない。実際、冒険家達もそうやって自らの命を守ることもある。一方で、オンサイトではリスクに影響を与える状況の変化を、意志決定者自身が感知することができる。たとえば、落石はどこにでも発生し、しかも致命的だから、もし事前にそのリスクをなくそうと思えば、山にいくことを止めるしかない。しかし、まず急斜面がなければ落石のリスクは発生しないし、たとえ発生しても発生箇所と自分との間に一定のマージンがあれば、石が落ち始める兆候を利用して、致死的な状態に対する事前対応が可能なので、実質的にリスクはかなり低減される。従って、はじめから山登りを諦める必要は必ずしもない。しかし、もし沢状の地形を遡上しており、側面に逃げられないのであれば、落石のリスクは制御可能ではない。

オンサイトでのリスクマネジメントを行うことで、リスクに対してより積極的に行動することができる。一方で、オンサイトでのリスクマネジメントは、そのための知識と高いスキルを活動者に要求する。これは一般登山者にとっては大きなハードルだが、冒険者たちはそこにこそ冒険の魅力を見つける。だから、「(情報の多い山では)安全性を高める反面、未知へ挑戦するワクワク感という登山の醍醐味を減らしている。全くの先入観なしに自分の目で見て、耳で聞き、肌で感じた情報だけを頼りに、自分たちで考え、決断する。そんな登山を、ヒマラヤという大舞台でやってみたい」[7]と語る。私がインタビューした登山家も、計画時とオンサイトでのリスクマネジメントの判断を比較する時「計画段階での判断をしてる時は、山登りの行為の一つでもなんでもないから、楽しくないですね。別に楽しいとは思わないですね。山の中の判断を下しているときは、楽しいです」と語る。

リスクマネジメントの本来の趣旨から見れば、冒険とはリスクマネジメントと対極にある行為なのではなく、むしろオンサイトでのリスクマネジメントを楽しむ行為とすら言える。リスクマネジメントの成功失敗がそのまま直接自分に降りかかってくるというオンサイトの緊張感の中で、知識とスキルを総動員することによってそのリスクを制御する。そこに、冒険の本質があるとともに、冒険者たちの喜びもあるのだろう。もちろん、その背後には、竹内が「絶対突っ込んでいくことはない」と語るように、オンサイトでは回避不可能なリスクを事前に峻別し、回避する努力があることを忘れてはならない。

翻って、現代社会に生きる私たち一般人は、法律や倫理観によるオフサイトのリスクマネジメントによって守られている。これを私は安全機能の外化と呼んでいる[8]。もちろん、そうでなければ、街で安心して暮らすことはできないのだが、一方で、安全機能の外化が徹底されることで、安全が何によってもたらされているかを、私たちは忘れがちである。それは同時に、自らのスキルでリスクマネジメントをする事が喜びをもたらすことも忘れてしまっているようだ。冒険が、夢や希望をもたらしてくれる一因は、オンサイトでリスクマネジメントする困難と喜びを、私たちに再認識させてくれるからではないだろうか。

注

1　東廉・伊藤美登里訳『危険社会—新しい近代への道』法政大学出版会、一九九八年。Beck, U., *Risikogezellshaft: Auf dem Weg in eine andere Moderne*, 1986.

2　例えば、リスクマネジメント企画活用検討会編著『SO31000：2009リスクマネジメント解説と適用ガイド』（日本規格協会、二〇一〇年）には、国際規格としてのリスクマネジメントのプロセスが解説されているが、JISにも同様の規格がある。

3　馬目弘仁『コントロールできない不確定要素への挑戦』ノースフェイス二〇一六春・夏カタログに掲載。

4　竹内洋岳『標高8000メートルを生き抜く登山の哲学』NHK出版、二〇一三年。

5　村越真・中村美智太郎・河合美保「高所登山は『死と隣り合わせ』か：高所登山家のリスクの捉えとリスク対処方略を明らかにする」『体育学研究』五九巻二号、一七七‐一九一頁。

6　オコネル・ニコラス『ビヨンド・リスク：世界のクライマー17人が語る冒険の思想』山と渓谷社、一九九六年、ジェフ・ロウへのインタビューより。

7　藏本悠介「ヒマラヤの未踏峰を夢見て」『岳人』二〇一〇年四月号。

8　村越真「安全教育の課題と21世紀型能力」『教科開発学論集』五、二〇一七年、一一七‐一二六頁。

おわりに

冒険者・探検者とは何者なのだろうか。

「はじめに」でも問うたこの問いに、本書の末尾で再び答えるとすれば、冒険者・探検者とは、「それでもなお外に出ようとする人々だ」というものである。

われわれが本書で描こうとしたのは、そうした外へ出ようとする試みもやはり時代の産物であり、社会の内部にある、ということであった。もちろんそれをここで覆すつもりはない。しかし、それでも、冒険者・探検者とは外に出ようとする人々である。常に彼らは辺境をめざし、未知をめざし、外部を目指す人々であり、それがたとえ見果てぬ夢であっても、なお何かを求めて外に出ようとする人々である。

冒険・探検を「研究」するわれわれとしては、簡単にそうしたロマンティシズムにからめとられるわけにはいかないのだが、しかし、だからと言って「どうせ外には出られないのだ」とシニシズムに安住してしまうわけにもいかない。研究もまた見果てぬ外部を目指して為される営為であるからであり、さらにはわれわれの生そのものが、そうした営みにほかならないと思うからである。しかし、わざわざ外に行かなくとも、あらゆることを知ることができるこの世界で、外部を目指すことにはどのような意味があるのだろうか。冒険・探検について考えることは、こうした問いについて考えることでもあろう。これは現代社会に生きるわれわれすべてに突き付けられている重い問いであると思う。

＊

本書は、二〇〇九年に開始された「冒険・探検研究会」のメンバーによって執筆された論文集である。

以下私事にわたるが、研究会をめぐる思い出話を語ることをお許しいただきたい。

そもそも私がこうした研究会をしようと思ったのは、以下のような経緯であった。時は二〇〇〇年代、まだ学内の研究費も今ほど厳しくなかったころ、私は自らの「身体文化学」の研究室で、年に何人か研究者を呼び、ゲスト講師として学生たちに講義を行ってもらった後、学内の教員を交えた研究会を行うという「身体文化学への招待」というシリーズ企画を行っていた。このシリーズを重ねるうちに、せっかくご縁ができた方々と、何か一緒に仕事ができないかと考えはじめ、皆様に興味を持っていただけそうなテーマとして思いついたのが「冒険・探検」だった。

このテーマが降ってきたのは大隈講堂ほど近くの喫茶店、あるシンポジウムの打ち合わせをしている時だった。（その時には、大隈重信が南極探検に深く関わっていることなど全く知らなかったのであるが……）。それはほんの思い付きだった。しかし、そのシンポジウムのコーディネーターであった友人に話をすると、すぐに彼は賛成してくれた。残念ながら彼の参加はかなわなかったのだが、その友人の縁で、すぐに何人かのメンバーが集まった。

こうして、この研究会はスタートした。当初は日英二つの島国における「冒険・探検」の比較史ができないか、とも話していたのだが、実際に考えてみるとあまりにフィールドが大きすぎることから、近代日本をとりあえずは追いかけてみよう、ということになった。そのころに考えていたプランの中には、いくつか実現しなかったものもある。たとえば京大人文研が冒険・探検界に果たした役割や、戦後の学生探検部の盛衰についてはぜひ章を設けたいと思っていた。しかし、今振り返ってみると、当初立てた大きなプランは、それほど変更されることなく、本書に生き残ったのではないかと思っている。比較史についても、近代中国の章を用意できたことで実現した。

第一回の研究会は二〇〇九年一月二三日@奈良女子大学で開催された。その時から二～三カ月に一度、奈良女子大学や京都大学に集まって、冒険・探検談議に花が咲いた。徐々に研究会のメンバーも増えていった。現在のメンバーの中には、論文や著書を見て、私が面識もないのにいきなり声をかけた方も多い。現メンバーからの紹介でご参加いただいた方もおられる。昔からの縁で原稿だけお願いした方もおられる。メンバーの半数は、登山やら冒険やらを実際にやっている／た人間である。それを特に意識したわけではないが、やはりそうした人間が集まることとなるのだろう。

今に至るまでには停滞もあったが、それでも何とかここまでこぎつけられたのは、研究会メンバーのみなさんの叱咤激励のおかげである。また、研究会にお越しいただき有益なご意見をいただいた川島昭夫先生、田中雅一先生、石橋悠人氏、故武上真理子氏、最初に背を押していただいた石井昌幸氏にも感謝申し上げたい。

そして、快くインタビューをお受けくださり、その後出版まで長い間お待たせした堀江謙一氏には感謝の言葉もない。ここに厚くお礼申し上げる次第である。

長年お待ちいただいたせりか書房の船橋純一郎氏には多大なるご迷惑をおかけした。この研究は、実は以前せりか書房で出させて頂いた自分の論文の一節から始まっている。それが大隈講堂前での思い付きとなり、研究会となり、一冊の本となって、同じ書肆から出版される。出版事情が苦しい中お引き受けいただけたことは望外の喜びである。

最後に、本書に収録された研究の一部は公益財団法人三菱財団より平成二六年度三菱財団人文科学研究助成を受けている。記して感謝したい。

平成三〇年八月三一日　　冒険・探検研究会代表　鈴木康史

関連年表

西暦	元号	事項	該当論文
１８５２	嘉永五	福島安正誕生	
１８５３	嘉永六		
１８５４	嘉永七／安政元		
１８５５	安政二		
１８５６	安政三		
１８５７	安政四	『ロビンソン・クルーソー』が『魯敏遜漂行紀略』のタイトルで翻訳	
１８５８	安政五		
１８５９	安政六		
１８６０	安政七／万延元	郡司成忠誕生	
１８６１	万延二／文久元	白瀬矗誕生	
１８６２	文久二		
１８６３	文久三		
１８６４	文久四／元治元		
１８６５	元治二／慶応元		
１８６６	慶応二	河口慧海誕生	←第一章
１８６７	慶応三	南方熊楠誕生	
１８６８	慶応四／明治元		
１８６９	明治二		
１８７０	明治三		

1871	明治四	ヘンリー・モートン・スタンレー、アフリカにてデヴィッド・リヴィングストンを救出
1872	明治五	
1873	明治六	『附音挿図英和字彙』に「冒険」の語が日本で初出
1874	明治七	
1875	明治八	
1876	明治九	押川春浪誕生／ヘンリー・ウィッカム　ヘベア・ブラジリエンシスの種子をイギリスに「密輸」
1877	明治一〇	
1878	明治一一	ジュール・ヴェルヌ原作・川島忠之助訳『八十日間世界一周』刊行／榎本武揚シベリアを横断
1879	明治一二	「東京地学協会」創立
1880	明治一三	ジュール・ヴェルヌ原作・井上勤訳『月世界旅行』刊行／渡辺洪基・曽根俊虎ら「興亜会」設立
1881	明治一四	
1882	明治一五	
1883	明治一六	「興亜会」「亜細亜協会」に改名
1884	明治一七	
1885	明治一八	
1886	明治一九	
1887	明治二〇	大橋佐平博文館創業
1888	明治二一	
1889	明治二二	
1890	明治二三	矢野龍渓『報知異聞　浮城物語』刊行／田口卯吉南島商会を組織し、天祐丸で南洋探検／横尾東作南洋貿易会社「恒信社」設立

←第二章

西暦	和暦	事項	章
1891	明治二四	三宅雪嶺ら翌年にかけて軍艦比叡で南洋視察／「吉佐移民会社」設立／福本日南ら「東邦協会」設立	
1892	明治二五	福島安正シベリア横断に出発／内田魯庵『文学一斑』刊行／恒屋盛服・曽根俊虎「日本移住組合」設立	第一章→
1893	明治二六	郡司成忠千島に出発（白瀬矗も同行）／福島帰朝／榎本武揚ら「殖民協会」設立	
1894	明治二七	日清戦争開始／西村天囚編（福島安正閲）『単騎遠征録』刊行	
1895	明治二八	日清戦争終結／『少年世界』創刊／白瀬矗千島越冬から帰還／志賀重昂「探検及び移住の方針」発表	
1896	明治二九	台湾最高峰の玉山に日本人初登頂／ジュール・ヴェルヌ原作・森田思軒訳「冒険奇談 十五少年」『少年世界』に連載開始	
1897	明治三〇	河口慧海西蔵へ出発／春日俊吉、板倉勝宣誕生	←第三章
1898	明治三一	近衛篤麿「東亜同文会」設立	
1899	明治三二	第二次南アフリカ戦争勃発、玉村仲吉イギリス側で従軍	
1900	明治三三	巌谷小波渡独、江見水蔭『少年世界』主筆を引き継ぐ／押川春浪『海島冒険奇譚 海底軍艦』刊行	
1901	明治三四	河口慧海ラサ着	←第五章 ←第六章
1902	明治三五	梁啓超「進取冒険を論ず」を発表／陸軍第八師団歩兵第五聯隊八甲田山で遭難し一九九名が死亡／佐々木照山内蒙古入り／宮崎滔天『三十三年の夢』連載	
1903	明治三六	巌谷小波『少年世界』主筆に復帰／『少年世界』に押川春浪「絶島通信」の連載開始／河口慧海帰国し西蔵旅行記の連載開始	
1904	明治三七	日露戦争開始／押川春浪博文館入社、『日露戦争 写真画報』主任記者となる	
1905	明治三八	日露戦争終結／「日本山岳会」設立	
1906	明治三九	『日露戦争 写真画報』を改題した『写真画報』で押川春浪主筆となる／『探検世界』創刊	
1907	明治四〇		
1908	明治四一	『写真画報』の終刊に伴い『冒険世界』創刊／『殖民世界』創刊	
1909	明治四二	ロバート・ピアリー人類史上初の北極点到達、フレデリック・クックと大論争	

1910	明治四三	白瀬隊南極探検に出発／佐々木照山『二千九百年前西域探検日誌』連載
1911	明治四四	アムンゼン隊人類史上初の南極点到達／白瀬隊一時シドニーに帰還／押川春浪博文館退社
1912	明治四五／大正元	『武侠世界』創刊／白瀬隊南極に到達し帰国／スコット隊アムンゼン隊に遅れること三五日で南極点に到達するも帰路全滅
1913	大正二	台湾合歓山で探検測量隊が遭難、八九人の死者・行方不明者を出す
1914	大正三	第一次世界大戦勃発／福島安正、陸軍大将に進級と同時に後備役となる／押川春浪没
1915	大正四	
1916	大正五	台北一中に登山部が設立
1917	大正六	
1918	大正七	第一次世界大戦終結／浪人会による白虹事件と吉野作造との公開討論会
1919	大正八	
1920	大正九	
1921	大正一〇	槇有恒らアルプスのアイガー東山稜初登頂
1922	大正一一	『極北の怪異』（映画）公開
1923	大正一二	槇有恒・三田幸夫・板倉勝宣ら松尾峠で遭難し、板倉が死亡、槇有恒『山行』刊行
1924	大正一三	船田三郎「アルピニズム」発表
1925	大正一四	日本でラジオの本放送開始
1926	大正一五／昭和元	今西錦司ら京都帝大、三高の学生ら前穂高岳で遭難し、一名が死亡
1927	昭和二	西北科学考査団（隊長ヘディン）中央アジア探検（一九三五年まで）
1928	昭和三	
1929	昭和四	中国で徒歩旅行ブーム起こる／伊藤純一（春日俊吉）「山岳受難記」発表
1930	昭和五	潘徳明世界一周旅行（一九三七年まで）／慶應大生ら北岳大樺沢で雪崩に遭い、一名が死亡／東京帝大と慶應大の学生ら劔沢で雪崩に遭い、六名が死亡

西暦	和暦	出来事
1931	昭和六	満州事変勃発／東京帝国大学山の会編『劔沢に逝ける人々』刊行
1932	昭和七	北海道帝大の学生ら常念一の沢で雪崩に遭い、三名が死亡／「日本学術振興会」設立
1933	昭和八	春日俊吉『日本山岳遭難史』刊行
1934	昭和九	春日俊吉「横から見る山岳遭難の諸相」発表／『第一次満蒙学術調査研究報告』刊行開始
1935	昭和一〇	春日俊吉「傷痕（山岳小説）」発表／春日俊吉『随想と小品 山岳漫歩』刊行／今西錦司ら百頭山遠征
1936	昭和一一	神戸商大山岳部台湾遠征／春日俊吉「山の遭難ひとり言」発表／立教大学山岳部OBナンダ・コート登頂成功
1937	昭和一二	日中戦争開始
1938	昭和一三	堀江謙一誕生／映画『ナンダコット征服』公開／ヘディン著・岩村忍訳『中央亜細亜探検記』刊行、翌々年にかけてヘディンの翻訳が多数刊行される
1939	昭和一四	第二次世界大戦勃発／『蒙疆の自然と文化―京城帝国大学内蒙古学術調査手記』刊行
1940	昭和一五	
1941	昭和一六	太平洋戦争開始／『内蒙古渾善達克砂丘地帯の学術調査』刊行
1942	昭和一七	今西錦司ら大興安嶺の学術探検を実施／『台北帝国大学海南島学術調査報告』刊行
1943	昭和一八	『山西学術探検記』刊行／『蒙古横断―京都帝国大学内蒙古学術調査隊手記―』刊行
1944	昭和一九	今西錦司『ポナペ島―生態学的研究―』刊行
1945	昭和二〇	第二次世界大戦終結
1946	昭和二一	
1947	昭和二二	
1948	昭和二三	
1949	昭和二四	
1950	昭和二五	
1951	昭和二六	

コラム3（1931–1951）

第三章→（1935–）

第五章 →（1936–）

第六章 →（1937–）

1952	昭和二七	今西錦司編『大興安嶺探検』刊行	
1953	昭和二八	エドモンド・ヒラリーとテンジン・ノルゲイ人類史上初のエベレスト登頂	←第十章
1954	昭和二九	映画『エヴェレスト征服』日本で公開	
1955	昭和三〇		
1956	昭和三一		
1957	昭和三二	第一次南極観測隊昭和基地を設置	
1958	昭和三三		
1959	昭和三四	『兼高かおる世界飛び歩き』（TBS系列、のちの『兼高かおる　世界の旅』）放送開始	
1960	昭和三五		
1961	昭和三六	小田実『何でも見てやろう』刊行	
1962	昭和三七	堀江謙一人類初のヨットによる単独太平洋横断に成功、『太平洋ひとりぼっち』刊行／金子健太郎ドラム缶製のいかだで太平洋横断を試みるも失敗／映画『世界残酷物語』公開	
1963	昭和三八	映画『太平洋ひとりぼっち』公開／小林鉦明『十九才・ニッポン―日本一周自転車旅行』刊行／科学研究費に「海外学術調査」枠できる	
1964	昭和三九	東京オリンピック／日本で海外旅行自由化	
1965	昭和四〇		
1966	昭和四一		
1967	昭和四二		
1968	昭和四三	池本元光自転車世界一周に出発（一九七二年帰国）／本多勝一『冒険と日本人』刊行	
1969	昭和四四	『ショック!!』（日本テレビ系）放送開始	←第九章
1970	昭和四五	植村直己と松浦輝夫日本人初のエベレスト登頂、これにより植村世界初の五大陸最高峰登頂を達成	
1971	昭和四六	今井通子女性初となるヨーロッパ三大北壁の登頂に成功／谷口正彦『雪男をさがす』刊行	

1972	昭和四七	荘司としお『サイクル野郎』連載開始／ユースホステルの会員数と施設数がピークに／堀江謙一ヨットでの東回り単独無寄港世界一周に挑むも失敗	←第八章
1973	昭和四八	堀江謙一翌年にかけて小型ヨットでの西回り単独無寄港世界一周に成功	
1974	昭和四九	佐藤京子ら世界初の女性による八〇〇〇メートル峰（マナスル八一六三）登頂	
1975	昭和五〇	田部井淳子女性としては世界初のエベレスト登頂	
1976	昭和五一		
1977	昭和五二		
1978	昭和五三	「川口浩探検シリーズ」（テレビ朝日系）放送開始／植村直己犬ぞりでの北極点単独行に成功／堀江謙一世界初の縦回り世界一周に出発	
1979	昭和五四	『サイクル野郎』連載終了	
1980	昭和五五		
1981	昭和五六		
1982	昭和五七	堀江謙一縦回り世界一周に成功、帰還	
1983	昭和五八	川口浩ピラニアに噛まれ負傷（六月放送「川口浩探検シリーズ」にて）	
1984	昭和五九	植村直己史上初となるマッキンリーの厳冬期単独登頂に成功するが下山せず。同年に国民栄誉賞を受賞	
1985	昭和六〇	川口浩ガンのため闘病生活に入り、「川口浩探検シリーズ」終了	
1986	昭和六一	映画『植村直己物語』公開	
1987	昭和六二	中国人長江のボート下りに成功	
1988	昭和六三		
1989	昭和六四／平成元	「中国科学探険協会」設立／和泉雅子日本人女性初の北極点到達に成功／堀江謙一世界最小のヨットでの太平洋単独横断に成功	
1990	平成二		
1991	平成三		

1992	平成四	今給黎教子日本人初となるヨットによる東回り単独無寄港世界一周に成功／鈴木嘉和（風船おじさん）太平洋上で行方不明に／堀江謙一翌年にかけて世界初の足漕ぎボートでの太平洋単独横断に成功	
1993	平成五	「中国探険協会」設立	
1994	平成六		
1995	平成七		
1996	平成八	「植村直己冒険賞」創設／難波康子エベレストに登頂し日本人女性二人目のセブンサミッターになるも下山中に遭難死／堀江謙一アルミ缶リサイクルのソーラーパワーボートでの太平洋単独横断に成功	
1997	平成九	河野兵市日本人初となる単独徒歩による北極点到達	
1998	平成一〇		
1999	平成一一	堀江謙一生ビール樽のリサイクルヨットで二〇世紀最後の太平洋横断に成功	
2000	平成一二	神田道夫熱気球でヒマラヤ・ナンガパルバット（八一二五）越えに成功	
2001	平成一三	河野兵市北極点から故郷の愛媛県まで人力で向かう途中に北極海に転落して死亡	
2002	平成一四	堀江謙一リサイクルヨットで二一世紀最初の太平洋横断に成功	
2003	平成一五		
2004	平成一六	堀江謙一翌年にかけて小型ヨットでの東回り単独無寄港世界一周に成功／渡辺大剛二二歳二九二日でマッキンリーに登頂し、日本最年少のセブンサミッターになる	
2005	平成一七		
2006	平成一八		
2007	平成一九		
2008	平成二〇	神田道夫天気球による太平洋横断に挑戦するも消息不明に／堀江謙一波の力だけを動力とするウェイブパワーボートで太平洋横断に成功	
2009	平成二一	冒険・探検研究会開始	
2010	平成二二		

第十章

2011	平成二三	尾崎隆エベレスト登山中に死亡			
2012	平成二四	渡辺大剛自転車で中国・ウルムチからロシア・ムルマンスクに向けて走行中に交通事故死／竹内洋岳ダウラギリ（八一六七）に登頂し、八〇〇〇メートル峰一四座の完全登頂を達成			
2013	平成二五	三浦雄一郎八〇歳でエベレストに登頂し最高齢記録を樹立			
2014	平成二六				
2015	平成二七				
2016	平成二八				
2017	平成二九				
2018	平成三〇	栗城史多エベレストの最難関ルートである南西壁ルートの単独無酸素登頂に挑むも滑落死／角幡唯介『新・冒険論』刊行			

らず、その後はなぜかインドアで地理学史の研究に勤しんでいる。

坂元正樹（さかもと　まさき）
1974 年生。神戸市立外国語大学非常勤講師。スポーツ社会史、イギリス文化史。単著:『十九世紀イギリス自転車事情』（共和国、2015）。論文：「一九世紀の「盲目旅行家」ジェームズ・ホルマン」（志村真幸編著『異端者たちのイギリス』共和国、2016）等。中学生のころから JR 全線完乗を目指していたが、今は記録を記したノートがどこにあるかもわからない。好きな車両はキハ 66 系。

高井昌吏（たかい　まさし）
1972 年生。東洋大学社会学部准教授。文化社会学、メディア論、スポーツ社会学。単著：『女子マネージャーの誕生とメディア』（ミネルヴァ書房、2005 ）。編著：『健康優良児とその時代―健康というメディアイベント』（青弓社、2008)、『メディア文化を社会学する』（世界思想社、2009 年)、『「反戦」と「好戦」のポピュラーカルチャー―メディア・ジェンダー・ツーリズム』（人文書院、2011）等。子どものころから家にこもりがちで、冒険・探検・旅などはテレビで観るタイプ。尊敬する人物は、兼高かおる、川口浩。

大野哲也（おおの　てつや）
1961 年生。桃山学院大学社会学部教授。冒険、スポーツ、移動、ツーリズム研究。単著：『旅を生きる人びと　バックパッカーの人類学』（世界思想社、2012)、共著：「3　ボランティア」『実戦で学ぶ！学生の社会貢献　―スポーツとボランティアでつながる―』（成文堂、2018)「第 4 章　バックパッカーたちのメディア　バックパッキングとその社会的機能の変容」『観光メディア論』（ナカニシヤ出、2014）等。1993 年から 98 年の 5 年 1 ヶ月をかけて、自転車で世界を放浪した。その間に北米、南米、アフリカ、オーストラリアの各大陸最高峰と、ヨーロッパアルプス最高峰に登頂し、南北両極点に立った。

村越 真（むらこし　しん）
1960 年生。静岡大学教育学部教授。認知心理学（リスク認知・安全教育)。共著：『山のリスクと向き合うために』（長岡健一と共著、東京新聞、2015)、『山岳読図・ナヴィゲーション大全』（宮内佐季子と共著、山と渓谷社、2017）等。オリエンテーリング競技者として現役約 25 年。ナヴィゲーションを通して不確実性の高い環境下での知的行動を研究、最近では南極観測隊員のリスクマネジメントも研究（論文に村越真・菊池雅行「第 58 次南極地域観測隊員の南極のリスクに対する態度、知識、対応スキルの実態等」（2017）がある)。

＊

堀江謙一（ほりえ　けんいち）
1938 年生。ソロ・セーラー。著書：『太平洋ひとりぼっち』（文藝春秋新社、1962）― 菊池寛賞受賞。
（堀江氏についての詳細は第七章や年表をご覧ください。）

編著者・執筆者紹介

鈴木康史（すずき　こうし）
1967年生。奈良女子大学人文科学系准教授。身体文化学、大衆文化論、明治のスポーツ～身体文化研究。共著：『オリンピック・スタディーズ』（せりか書房、2004）。論文：「押川春浪の『武侠六部作』の構造と読者共同体―『冒険世界』に参加する読者たちと媒介者としての春浪―」（『奈良女子大学文学部研究教育年報9』2012）等。かつてはオリエンテーリング競技で山を走り回っていた。北欧の森で途方に暮れて引退。

＊

志村真幸（しむら　まさき）
1977年生。慶應義塾大学非常勤講師。南方熊楠研究。単著：『日本犬の誕生－純血と選別の日本近代史』（勉誠出版、2017)、編著:『異端者たちのイギリス』（共和国､2016)、共訳:『南方熊楠英文論考［ノーツ アンド クエリーズ］誌篇』（集英社、2014）等。自作の筏で漂流した経験をもつ。

武田悠希（たけだ　ゆき）
1986年生。武庫川女子大学等非常勤講師。日本近代文学。論文：「押川春浪『英雄小説武侠の日本』の小説像―素材・構造・執筆動機を鍵として―」（『日本近代文学』91集、2014）、「「日露戦争写真画報」における押川春浪―家庭を対象とした雑誌編集の実践―」（『近代文献調査研究論集』国文学研究資料館、2016）等。学校の図書室で、地元の図書館で、本の世界でなら、様々な「冒険・探検」を経験した。

熊谷昭宏（くまがい　あきひろ）
1976年生。同志社大学等非常勤講師。日本近代文学。共著：『戦後詩のポエティクス 1935～1959』（和田博文編、世界思想社、2009）。論文：「小島烏水「鎗ヶ嶽探険記」論―要請された「その土地特有の景象」について―」（『同志社国文学』60号、2004）、「小説「作法」が紀行文を変える時―田山花袋の紀行文の変化について―」（『解釈』59巻1･2号､2014）等。高校時代は山岳部に所属し、トレーニング嫌いの弱小チームで奇跡の愛知県大会4位入賞を経験。大学院進学後、登山を再開。2002年、念願の槍ヶ岳登頂を果たす。好きな山の花は、トリカブト。

高嶋 航（たかしま　こう）
1970年生。京都大学大学院文学研究科教授。東洋史学。編著：『帝国日本とスポーツ』（塙書房、2012年）、『軍隊とスポーツの近代』（青弓社、2015年）、『中国ジェンダー史研究入門』（共編、京都大学学術出版会、2018年）、『スポーツの世界史』（共編、一色出版、2018年）等。長年国内外でクライミング全般、山岳マラソンを楽しんできた。印象に残るのはグラン・カピュサン東壁、冬の丸山東壁、黒部と奥利根の沢、バンフの氷など。

柴田陽一（しばた　よういち）
1981年生。摂南大学外国語学部特任講師。人文地理学。単著：『帝国日本と地政学―アジア・太平洋戦争期における地理学者の思想と実践―』（清文堂出版、2016）。学部生の時は、自転車で六甲山に登るのがほぼ日課だった。にもかかわ

冒険と探検の近代日本——物語・メディア・再生産

2019年2月12日　第1刷発行

編著者　鈴木康史
発行者　船橋純一郎
発行所　株式会社 せりか書房
〒112-0011　東京都文京区千石1-29-12 深沢ビル
電話 03-5940-4700　振替 00150-6-143601　http://www.serica.co.jp
印　刷　信毎書籍印刷株式会社
装　幀　工藤強勝＋勝田亜加里

ISBN978-4-7967-0379-6